JN025485

知っておきたい

日本の宗教

岩田文昭・碧海寿広［編著］

ミネルヴァ書房

はじめに

　日本の宗教について、基本的なことを説明できるようになろう。これが本書のコンセプトです。とりわけ、外国の人たちに、現代日本の宗教をめぐる諸事情について解説できるようになる。そのために必要な知識やポイントを、本書では幅広いテーマから示しています。

　大学で若い学生たちに宗教学を教えていると、彼ら・彼女らのあいだに見える、宗教に対する無知や誤解の広がりに、毎年のように驚かされたり、残念に感じたりします。けれど、宗教は現代日本でもけっこう重要な役割を果たしているし、あるいは、通常は宗教とは無関係だと思われている事象のなかにも、実は宗教的な要素や背景があるのだよ、といった話をすると、学生たちは、わりと強い興味関心を持ってくれます。

　そして、学期末に「外国人に日本の宗教について説明する」という課題のレポートを提出させてみると、彼ら・彼女らは、思いのほか面白いレポートを作成してくれます。日本の文化や社会のあり方について考えたり、外国の人たちにそれを語ったりする上で、宗教がいかに大事なのか。この事実に、学生一人ひとりが、それぞれのレポートを作成する過程で気づいていく様子が、そこにはうかがえます。

　本書のコンセプトは、このような経験をもとに生まれました。したがって、まずもって本書の念頭にある読者は、これまで宗教を学ぶ機会に乏しく、ときに無防備な、学生たちです。とはいえ、若い学生でなくても、多くの日本人は、宗教についてあまりよく知らず、誤解も少なくない。「インテリ」とされる人のなかにさえ、しばしば宗教に関する間違いだらけの話をしている人がいます。それゆえ、本書は学生のみならず、幅広い層の読者が基本的なことを学べるよう、書かれています。

また、「外国人に日本の宗教について説明する」能力は、グローバル化の進む現代社会において、一つの基礎的なスキルだと思います。近年では、確かに、外国人や移民に対して排他的な姿勢をあらわにする政治的リーダーが出現したり、自国民を礼賛し他国民を悪く言う歪んだナショナリズムが、世界各地で見られたりします。また、2019年の末ごろより世界中で猛威をふるうようになった感染症のため、国をまたぐ人の移動にストップがかかるようにもなりました。

　しかしながら、外国人への排他的な態度が強まるのは、異なる国と国の関係、世界中の人と人のつながりが、ひたすら強化され続けていることへの（ネガティブな）反応でしょう。グローバル化の流れは、今後も長期的には停止しないはずです。また、感染症が地球上の人類に一挙に襲いかかったことで、それぞれの国の文化や社会のあり方が、はからずも、くっきりと浮かび上がったりもしました。

　つまり、世界が一つになりつつある一方で、各国の文化や社会の特徴が、史上かつてないほどに明瞭に見えるようになった時代が、今なのです。あるいは、自分たちの国の特徴をよく理解しておくことで、グローバルに起こる事態への自分たちの反応の仕方も賢く把握できる時代が、今だと言えるでしょう。

　そして、宗教は自国の文化や社会のあり方を学ぶ上で、決して欠かせないものの一つです。世界のなかの日本とは、いったいどのような国なのか。宗教という切り口から、その本質をつかむための学習に取り組んでみてください。

　2020年8月

　　　　　　　　　　　　　　　　　　　　　　　　　　碧海寿広

知っておきたい 日本の宗教

目　次

はじめに

They are an extremely undevotional people,
without being on that account irreligious.

彼らは熱烈な信仰からは遠い国民である。
しかしだからといって非宗教的なのではない。

(E. Arnold, *Japonica*, 1891)

日本人は無宗教なのか

岩田文昭

日本人は自分のことをよく「無宗教」だといいます。外国人からするとそれはどう見えるでしょうか。また「無宗教」という人も、ほんとうに宗教と関わっていないのでしょうか。

1　日本人は無宗教か

日本人は自らを「無宗教」だという人が少なくありません。そして「無宗教」ということを人に語っても、とくに変わっているとはいわれません。逆に、「宗教」を特別なものとして敬遠する人もいます。

ところが、日本人にとってはあたり前の、このような「宗教」観は、世界の人からみると必ずしも普通のことではありません。それは世界の宗教人口の調査からも裏づけることができます。

■世界の無宗教者の数

Religions of the World（第 2 版）によると、2010年において、とくに信仰を持っていないという「無宗教者」は世界の人口の9.3％です。また、宗教を明

確に否定する「無神論者」は2.0％とされています。両者をあわせても11.3％にすぎません。つまり、世界全体から見ると特定の宗教に関わっていない人は、むしろ少数者となるのです。もちろん、多数者の意見がいつも正しく、少数者が間違っているということはありません。ただし、外国人の多くに特定の信仰を持っているほうが普通だという感覚があることは理解しておく必要があるでしょう。

　かつて、熱心なクリスチャンのベルギー人一家から筆者は、「無宗教者」という言葉には「無政府主義者（アナーキスト）」のような感じを覚えると聞いたことがあります。宗教が根底にない生活を送ってる人には、不安を感じるというのです。これは一例にすぎませんが、このように考えている外国人はそれほどめずらしくありません。

　ちなみに、*Religions of the World* によれば、世界で一番信者が多いのは、キリスト教で22億9245万人です。世界の総人口の33.2％がクリスチャンです。つぎに多いのがムスリム（イスラム教徒）で、15億4944万人。世界の人口の22.4％です、その次がヒンドゥー教徒で、9億4850万人で13.7％となっています。世界の多くの人は特定の宗教の信者なのです。

■日本の無宗教者

　さて、ここで重要なのは、日本人の大多数は本当に「無宗教者」なのかという問題です。たしかに、日本人の多くが無宗教者であることを肯定する統計がいくつもあります。たとえば、2008年読売新聞全国世論調査には、「あなたは、何か宗教を信じていますか」という項目がありました。それに対して、回答した1837人のうち「信じている」と答えた人は26.1％でした。他方、「信じていない」と答えた人は、71.9％でした。

　この結果からは、さしあたり3割弱の人が何らかの宗教を信じており、7割の人が無宗教者だといえます。これと同じような、学生を対象にした調査もあります。2015年にさまざまな大学の6017人の学生に宗教学者がした調査では、「現在、信仰をもっている」と答えた学生は10.2％だけでした。したがって、

日本人の学生の大半が「無宗教者」だと、ひとまずはいうことができます。

■初詣にいく日本人

　ところが、これとは矛盾するような別の数字があります。上述の読売新聞全国世論調査にもそれがあります。たとえば、以下の問いへの回答です。「次の宗教に関することのなかで、あなたがしていることやしたことがあるものがあればいくつでもあげてください」。この問いに対して、「正月に初詣に行く」という人が73.1％いました。「盆や彼岸などにお墓参りをする」人が78.3％。「しばしば家の仏壇や神棚などに手をあわせる」人が56.7％、となっています。

　先に紹介した6017人の学生調査でも同じような数字があります。「今年の初詣はどうしましたか」という問いに対して、61.4％の学生が初詣に行ったと答えています。家族の誰も行かなかったと答えた学生は、21.3％です。正月の風景を思い出してみましょう。毎年、大晦日から元旦にかけて NHK が「ゆく年くる年」を放映します。このテレビ番組では、12月31日に除夜の鐘を聴く人々や、１月１日の初詣をする多数の人々が登場します。このような状況をみた外国人が日本人の多くは「無宗教者」だと考えていると知ったら驚くのではないでしょうか。

▶YouTube^{JP}　ゆく年くる年　nhk　🔍

※上の「YouTube」表記はロゴ付きの検索ボックスを示す。

■文化庁の統計

　さらに、日本人の多くが宗教に関わっているという別の数字があります。文化庁は毎年『宗教年鑑』を刊行し、日本の宗教に関する数字を提供しています。平成30年12月の状況を示している令和元年版によれば、神道系の信者数は、8721万9808人です。また、仏教系の信者は8433万6539人です。神道も仏教も信者が8000万人を越えており、あわせると１億7000万人以上になり、日本の総人口より多くなります。この統計は、個々の信者に質問するのではなく、宗教団

体からの申告をまとめたものです。つまり、多くの日本人はそれと自覚がなくても、神社の氏子や寺院の檀信徒として数えられているのです。

　しばしば、日本人の行動は自虐的に語られます。クリスマスを楽しみ、一週間後の大晦日にはお寺で除夜の鐘をつき、年が明けると神社に初詣に行く。あるいは、七五三を神社で行い、結婚式は教会（チャペル）であげ、葬儀は仏式でするなどです。このことに鑑みると、『宗教年鑑』の数字も日本の宗教の一つの現実を示しているといってよいでしょう。

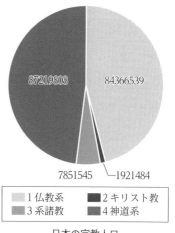

日本の宗教人口

　要するに、一方で「無宗教者」が多いという数字があり、他方に特定の「宗教」に関わっている日本人も多いという数字があるわけです。この矛盾するような事態をどう捉えたらいいのでしょうか。

2　なぜ日本人は自分を無宗教だと思うのか

　そもそも、日本人は自身で思っている以上に、宗教と関わってるいるのかもしれません。あまりに身近に数多くあるので違和感をもっていないのかもしれません。

■宗教概念　宗教⊂仏教
　矛盾するような数字の意味を整合的に捉えるためには、まず「宗教」という概念の特殊性を理解する必要があります。人間は概念を通して物事を見ます。自らが使っている概念によって、知らず知らずのうちに物事の捉え方が左右されるのです。「宗教」という概念は、その典型です。現代人の感覚だと仏教は宗教の一つであると思われます。しかし、過去においてはそうではありませんでした。

古くから「宗教」という概念はありました。ところが、それは「仏教」の一部分を表す概念だったのです。宗教が仏教に含まれる関係、つまり宗教⊂仏教でした。それがある時点から、宗教⊃仏教の関係になったのです。この経緯については、仏教学者の中村元の論文が有名です。

　もともと「宗教」は「宗」と「教」の二つの概念から成り立った複合概念でした。「宗」とは、仏陀に由来する「根本的真理」を意味し、まずは唯一のものです。インドで誕生した仏教の真理の核心が「宗」と名づけられるのです。そして、「宗」は仏教を信奉する人によって主体的に体得されます。これに対して、「教」はその真理を言葉で説き表わすことを意味します。「教」は真理を他者に伝えるために言語化されたものです。根本的真理は唯一であってもその説き方はいろいろに考えられるので、「教」は複数ありえます。すると、「宗教」という概念は、「根本的真理」と「言葉で説くこと」という二つの概念から成り立つことから、「根本的真理」の「教え」という意味を持つことになります。そこで、もともとは元来唯一であった「宗」も、次第にさまざまな「教え」が成立するにしたがって、意味が変わってきました。その結果、「宗教」は客観化しうる複数の仏陀の教えという意味をもってきたのです。

■religion の翻訳

　明治以前の日本では「宗教」はそれほど一般的な概念ではありませんでした。しかし、それが religion の訳語として採用されて以来、広く使われるようになりました。

　明治維新前後、欧米の制度や思想を学び、それを日本に導入しようとした人たちは、この religion の訳語に苦心しました。なぜ、「宗教」という訳語が採択されたのでしょうか。まず「宗旨」「宗門」などという言葉がすでに使われ、「宗」という語は親しまれていました。その上で、この時代、「説き表わす」という意味をもつ「教」が重要視されてきたことが大きな背景としてありました。真理を文字で表現する「教」は文明開化の時代に相応しい言葉だったのです。明治の時代精神が「教」という翻訳語をあとおししたのです。そして、仏教は

宗教の一部として捉えられ、宗教つ仏教の関係になったのです。

3　明治維新以降の「宗教」の捉え方

このような「宗教」の訳語はたんなる概念ではなく、明治政府がおこなった政策の運用によって、現実的な重みがもたらされました。そのことが日本人の宗教観に大きな影響を与えたのです。明治政府はこの概念をもとに、「宗教」と「宗教でないもの」とを区別したからです。

■神社非宗教論と迷信

明治憲法は、一定の条件下で「信教の自由」を認めました。しかし、それは国家が公認した「宗教」を信じる自由でした。現代では「宗教」と考えられているものの、この時代にはそうでなかったものが二種類あります。一つは、「神社神道」です。神社は、特定の「宗教」ではなく、全国民が尊崇すべきものとされました。この考え方を「神社非宗教論」といいます。伊勢神宮や明治神宮などの全国の神社に参拝することは、「宗教」的行為ではないと位置づけられたのです。「宗教でないもの」のもう一つは、近代文明にふさわしくないとされた民間信仰です。民間信仰のなかには時代の要請にあうように再編成され、「宗教」として公認されたものもありましたが、そうでないものは、合理的な思考に反する迷信のようにみなされたのです。明治における「宗教」は、近代文明を引率するモダンな概念だったのです。

■戦後の宗教観

ところが第二次世界大戦以降、大きな変化が起こりました。日本の敗戦後、新しい憲法が公布され、信教の自由が徹底され、政教分離の考えが明確にされたのです。そして、公認宗教制度が廃止され、神社神道も「宗教」とされました。伊勢神宮も明治神宮も一「宗教」施設となったのです。

とはいえ、現在の日本人の多くは、寺院や神社で参拝したり、祭りに参加し

たりしても、「宗教」行事に関わるという意識が強くありません。さまざまな統計が示しているように、「風習」「慣習」「伝統行事」などを行っているという感覚をもっているのです。このようなことが生じているのは、戦前における「宗教」概念がいまでもイメージとして根強く残っているからです。日本人の多くが「無宗教者」を自認していても、実際には特定の「宗教」に関わっていることは、「宗教」概念の歴史性を知れば、整合的に理解できるでしょう。

　マスコミ報道も、現代の日本人の宗教観に影響を与えています。テレビや新聞が宗教について報道するのは大雑把にいって二つの場合です。一つは、初詣やお盆など年中行事や伝統行事についてです。これらは日本の風物詩を紹介するという観点から報道されています。もう一つは、事件に関わる報道です。伝統的な宗教団体であれ、新宗教であれ、犯罪や不祥事が宗教団体に起こった場合、通常の事件以上に大きく報道がなされます。宗教者は倫理的な振る舞いをするはずだという前提のもと、その宗教者が悪事をしたときには、通常の事件より報道の機会が増えます。とくにオウム真理教の一連の犯罪とその報道は、「宗教」という言葉に悪い印象を強く与えました。これらの報道の存在を考えれば、「宗教」とは無関係だと思う人が多くいるのも不思議ではありません。

4　宗教について学ぶ意義

　世界には実際、多くの宗教があり、さまざまな形でそれは生活と結びついています。旅行するにしろ、ビジネスをするにしろ、その土地の宗教についての知識がなければ、外国の文化やそれによって生きる人々を十分に理解することはできません。宗教について学ぶ意義は、まず他者理解を深めることにあるのはたしかです。この場合の他者とは、外国人だけとは限りません。日本人の中にも一定の自覚的な宗教者がいます。また、過去の日本人の歴史を理解するには宗教の知識が欠かせません。

　しかし、より重要なのは自己理解です。多くの他者は自覚的に「宗教」と関わっています。そうである以上、自分自身はどうなのかと自問自答しながら、

自己理解を深めることが求められます。「他者にとって重要である宗教にあたるものが自分にあるのか否か」。「あるならそれはどのような意味をもっているのか」。また「ないなら、自分にとってそのことはどういう意味を持つのか」などと反省することで、自身の人生を深く捉えることができます。その際、外国人と対話することはたいへん有意義です。必ずしも実際に対話しなくても、頭の中で考えるだけでも意味があるでしょう。日本にあるさまざまな宗教的施設や行事、慣習、制度。また自分自身の考え方や行いについて、新たな観点からみなおすことで、これまでにない自己を発見できるでしょう。

　最後に、「学ぶ」ということについて考えてみましょう。学ぶとは、たんに多くの知識を得ることでありません。もちろん知識は大切で、本書にも多くの知的情報が記載されています。しかし、たんに情報を増やすことだけでなく、さまざまな事象をどう見るか、どう捉えるか、またそれらの事象をどう連関づけるかという方法を体得することはさらに大切です。本書で紹介される多くの宗教的事象をたんなる情報として受け取るのではなく、そのような宗教的事象をどのように理解するかという点をぜひ学んでいただきたいと思います。そして、そのような学びは宗教だけでなく、多くの他の分野の知識にもきっと応用できると思います。

まずはここから読んでみよう

　阿満利麿『日本人はなぜ無宗教なのか』（ちくま新書、1996年）

　末木文美士『日本宗教史』（岩波新書、2006年）

　島薗進『国家神道と日本人』（岩波新書、2010年）

もっと知りたい人のために

　池上良正ほか編『岩波講座　宗教』全10巻（岩波書店、2003～2004年）

　池澤優ほか編『いま宗教に向きあう』全4巻（岩波書店、2018～2019年）

　島薗進・鶴岡賀雄ほか編『〈宗教〉再考』（ぺりかん社、2003年）

第1章
京都の宗教施設を外国人に案内しよう

菊地　暁

京都は宗教施設で満ち溢れています。世界遺産「古都京都の文化財」（1994年登録）の構成遺産17件のうち16件が寺社であるのをはじめ、大小無数の宗教施設が居並んでいて、どこから案内すればよいのかわからなくなるほどです。

```
┌── CONTENTS ──── KEYWORD ──┐
│  1  伏見稲荷大社     ◇多 神 教        │
│  2  清 水 寺        ◇神仏習合        │
│  3  本 願 寺        ◇現世利益        │
│  4  町なかの神仏     ◇生活のなかの宗教  │
└─────────────────────┘
```

1　伏見稲荷大社──自然信仰

■「インスタ映え」する「千本鳥居」

まず、実際に多くの外国人が訪れている宗教施設に行ってみましょう。伏見稲荷大社（京都市伏見区）は、稲荷山のふもと、京都と奈良を結ぶ街道沿いに位置し、最寄駅から徒歩5分というアクセスの良さで、年間200万人を超える参拝客を集めています。近年は過半が外国人観光客。そのお目当ては「千本鳥居」。朱塗の鳥居がトンネル状に連なる様はまさしく「インスタ映え」で、インスタグラマーたちが、そこかしこで撮影に興じています。

■無数の信者と無数の信仰

そもそも鳥居は、神域を画するための標識でしたが、その奉納が神恩に感謝

し加護を祈願する方法となった
ため、伏見稲荷には参道を覆い
つくすように鳥居が設置され、
その数は約1万基に及んでいま
す。鳥居の裏側に回って奉納者
の住所氏名を見ますと、各地の
さまざまな個人、団体、著名な
スポーツ選手やアーティストの
ものもあります。伏見稲荷が全

伏見稲荷神社の鳥居

国の幅広い層から信仰されていることがわかるでしょう。

　境内のあちこちに祀られる「お塚」も、伏見稲荷への篤い信仰を物語るもの
です。お塚とは、「稲荷大神様に別名をつけて信仰する人々が、石にそのお名
前を刻んで、お山に奉納したもの」（伏見稲荷大社HPより）で、その数、およ
そ1万基、台座の上に神名を刻んだ石碑を据え、その前に鳥居を配するのが基
本形となっています。「末広大神」「力松大神」等々、「別名」は実にさまざま
で、それはすなわち、お塚を祀る人々の願いの多様さなのでしょう。また、狐
は稲荷の使いとされ、さらに「狐憑き」など、神憑りに縁の深い動物でもある
ため、神憑りに従事する祈祷師たちが、狐の霊力、その源泉たる稲荷の神威に
与るべく、しばしば「お塚」を祀っています。

■原始の神から万能の神へ
伏見稲荷大社は、食物をつかさどる宇迦之御魂（ウカノミタマ）をはじめとす
る祭神5神を、711年（和銅4）、渡来系氏族の秦氏が祀り始めたのが起源と伝
えられています。ただし、稲荷山の山頂からは古墳時代の祭具が出土しており、
実際には太古の自然崇拝にまでさかのぼるようです。平安遷都後、東寺の鎮守
として仏教との習合がすすみ、やがて「正一位」の位を獲得します。その信仰
は全国各地に伝えられ、現在、神社本庁所属神社8万社のうち約3000社弱が稲
荷神社となり、その総本社が伏見稲荷大社であるわけです。

このような「お稲荷様」の姿は、日本の宗教を知る格好の手がかりでしょう。原始的な自然崇拝にまでさかのぼる信仰は、時代とともに新たなご利益を追加し、今や無数の「別名」すなわち無数の願いを引き受けるオールマイティーな神様にまで成長しました。その成長は、さまざまなご利益を願ってやまない民衆と、その願いに形を与える宗教者との、有史以来続けられてきた交渉の産物といえそうです。

2　清水寺——現世利益

■本当に飛び降りた「清水の舞台」

つぎに清水寺（京都市東山区）に行ってみましょう。寺号・音羽山。境内から流れ出る音羽滝は霊験あらたかとして珍重され、ここで修行する僧侶に征夷大将軍・坂上田村麻呂が寺を建立したことが、清水寺の始まりであると伝えられています。もともとは奈良・興福寺を本山とする法相宗の寺でしたが、現在は北法相宗の総本山です。

清水寺の本堂、いわゆる「清水の舞台」はなんといっても有名で、大きく太い柱を組んだ舞台の上に本堂が屹立する姿は、これまた「インスタ映え」そのものです（現在の御堂は江戸時代のものですが、古くからの様式に倣っています）。さらには、舞台から眺める桜や紅葉といった四季折々の風景が、国内外からの観光客を魅了してやみません。

ことわざで「死ぬつもりで思い切った決断をすること」を「清水の舞台から飛び降りる」といいますが、これは実際に諸願成就のために飛び降りる人がいたことに由来します（当然、負傷も死亡もします）。この悪習は1872年の禁止令まで続きました。

■観音信仰の広がり

ところで、こうした清水寺への熱狂的な信仰は、本尊である観音様の御利益によります。飛鳥時代に朝鮮半島から伝来した仏教は、平安時代、庶民への広

がりをみせ始めます。そこで信
仰の対象となったのが、来世を
極楽に導く阿弥陀如来であり、
現世の苦しみを取り除く観音菩
薩です。この時代に大変よく読
まれたお経である『法華経』に
は、人々が苦しむと観音菩薩は
ただちに33の姿に変化して救い
に現れると書かれています。こ

清　水　寺

うして、観音の慈悲にすがろうとする貴賤男女がこぞって「清水詣」するよう
になり、参道沿いの三年坂（産寧坂）には、早くから門前町が発達しました。

■「現世利益」を求めて

　清水寺の御利益は、説話、能、狂言、説教節、御伽草子など、数々の文学作
品にも描かれています。説経節「俊徳丸」では、義母が俊徳丸を無きものにし
ようと祈願したために、彼は失明してしまいます。「呪い」を成就させてしま
うのは不思議な気もしますが、観音様の慈悲はそれほどまでに広大であるとい
うことなのでしょう。こうした観音信仰の広がりは、近畿二府四県と岐阜県の観
音霊場をめぐる「西国三十三所」の巡礼を生み出し、清水寺は16番目札所と
なっています。

　清水寺の賑わいは、日本の仏教が世俗から一線を画する「出世間」のためで
はなく、世俗のなかで、「現世利益」を享受するために受け入れられたもので
あることを、端的に示しているといっても良いでしょう。

3　本願寺──伝統仏教と近代化

■日本最大級の二つの本山

　今度は本願寺（京都市下京区）に向かいましょう。京都には仏教各派の本山

が集まっていますが、浄土真宗の東西本願寺（大谷派と本願寺派）はその最大の
もので、両派合計、全国約1万8000の寺院の総本山であり、門徒（信者）の数
は1500万人を超えます〔令和元年版『宗教年鑑』より〕。浄土真宗は、一般に鎌倉
新仏教と呼ばれる仏教改革のなかで、悪人でも極楽に往生できることを説いた
親鸞を祖師とする宗派です。本願寺は、もともと京都東山の親鸞墓所に開かれ
ましたが、戦国時代、他宗派や織田信長ら戦国大名と対立して百年あまり各地
を転々、1591年、天下統一した豊臣秀吉より堀川七条の現在地を与えられ、よ
うやく京都に戻りました。その後、江戸幕府を開いた徳川家康は、本願寺が強
大になるのを恐れて分裂を工作、1602年、烏丸七条に東本願寺が開かれ、本願
寺は東西に分かれて現在に至っています。

■門徒を集める巨大宗教空間

　東西本願寺のどちらも、総門をくぐると二つの大きな御堂が目に飛び込んで
きます。阿弥陀如来をまつる阿弥陀堂と祖師親鸞をまつる御影堂です。西本願
寺の内部は492畳の大広間となっていて、法要の際には僧侶と門徒でいっぱい
になります。こうした大人数の宗教行事を可能にする空間であることが、真宗
寺院の特徴といえます。ほかにも多くの建物がひしめきあい、西本願寺の飛雲
閣、唐門など、安土桃山時代を代表する国宝建築も見どころです。

■お寺を支える「お坊さんの銀座」

　東西本願寺周辺には、宗教活動を支えるさまざまな「御用達」の店が立ち並
んでいます。一部では「お坊さんの銀座」とも呼ばれ、仏壇・仏具店、法衣店、
等々、僧侶に必要なあらゆるグッズがそろうといいます。西本願寺前の和菓子
屋・亀屋陸奥は、本願寺が大坂石山で織田信長と対峙していた頃から従う門徒
の店で、銘菓・松風は籠城の際に考案されたものだと伝えられています。東本
願寺前の法藏館は、江戸時代から門徒に必要な仏書の出版を担った書店で、蔵
には膨大な版木が残されています。

　御用達とともに特徴的なのは、詰所と呼ばれる宿泊施設です。もともと、本

願寺の御堂修復などのた
めに各地から集まった門
徒のための簡易宿舎でし
たが、のちに、法要の際
などにも利用されるよう
になりました。「飛騨詰
所」「となみ詰所」など、

西本願寺門前町

詰所はそれぞれ地名を掲げ、その土地の出身者に供します。1877年に京都駅が
開業すると、東西本願寺周辺はその駅前となり、詰所が鉄道利用客のための旅
館になったものもあります。宗教的移動が近代ツーリズムの起源となる例は世
界各地にありますが、詰所もその一例といえそうです。

■「近代仏教」が生きる町

　さて、明治時代になりますと、廃仏毀釈の嵐のなか、仏教界は近代化を求め
られることになります。その変革の先頭に立ったのが本願寺で、積極的に近代化
を推し進めました。龍谷大学大宮本館は、1879年に建てられた、いわゆる「擬洋
風」の建物で、二階講堂は、まるで教会のような部屋の正面に阿弥陀如来が安置
されています。1912年築の伝道院も、レンガ造りのモスクのような不思議な外観
で、こちらは東京大学の建築学科教授・伊東忠太の設計になり、ユーラシア各
地の建築を研究した伊東ならではのユニークなデザインが異彩を放っています。
　近代化する社会のなかでどう仏教を実践するのか、模索は現在も続いてます。
東西本願寺とその門前町は、その現れということもできるでしょう。

4　町なかの神仏──市井に生きる宗教

■地蔵祠と地蔵盆

　ここまで本社、本山級の宗教施設を眺めてきましたが、最後に、町なかのど
こにでもある宗教施設について見てみましょう。じっさい、宗教施設（宗教装

化粧地蔵（京都市伏見区）

置）は至るところにあふれています。家々の玄関口には御札、鍾馗様、祇園祭のちまき、五山の送り火の木炭など、さまざまな魔除けが置かれていますし、路傍には神仏のホコラに至るところで行き会います。

なかでも多いのは地蔵祠です。地蔵を拝む人の姿は、町なかでしばしば見かけられます。ほとんどすべての町内に一個以上の地蔵祠があり、また、そのなかにまつられている地蔵も、多いところでは数百体にもなります。京都市中には、度重なる火災や河川の氾濫の結果、数多くの石仏が埋まっており、それが工事などで出土すると、粗末に扱うと祟られるのではという心配から、町内で管理されることになります。ときどき、どう見ても石仏には見えない石ころまでが、赤いよだれかけをまとって祀られています。

８月24日の地蔵の縁日（または、その前後の土日）には、こうした各町内の地蔵を囲んで「地蔵盆」が開催されます。地蔵は子どもが無邪気に遊ぶのを喜ぶといわれており、この日は、町内の地蔵の前に設けられたテントなどに子どもたちが集い、ゲームなどで１日楽しく過ごします。このとき、地蔵を彩色する町内もあり、「化粧地蔵」と呼ばれています。子どもたちの手によって思い思いに描かれた地蔵のカラフルでダイナミックはお姿は、なかなかの見物です。

■「小鳥居」の抑止力

話はかわって、「小鳥居」も興味深い宗教装置です。鳥居が神域を画する標識であることは先に触れましたが、その小型版あるいは小型図像が、繁華街や住宅街に置かれたり描かれたりすることがあります。じつはこれは、立小便避けとして設置されたものなのです。京都では祇園、先斗町、木屋町などの繁華街に濃密に分布しています。

形状は立体と平面に大別され、いずれも既製品と自製品があります。小鳥居

のなかには、塩や水が供えられ、賽銭箱が置かれたものまであります。

　近年は、抑止対象がゴミの不法投棄、違法駐輪にまで広がっているようです。

　あらためて考えてみますと、小鳥居は日本の宗教のユニークさを示す好例のように思われます。宗教シンボルが立小便の抑止などという些事に活用されることは、世界的にみても、ほとんど知られていないからです。日本の神だけが、このささやかではあるが切実な願いを聞き入れるという事実は、きちんと考えてみる必要があるでしょう。

小鳥居（蘆山寺）

　大きな神社や寺院から、小さな祠や鳥居まで、新旧大小雅卑さまざまな宗教施設・装置が、京都に満ちあふれています。そうした多様な宗教のいとなみが、ときに接触・交渉しつつも、結果的に並立・併存しているところが、日本の宗教の特色なのかもしれません。気をつけて、いろいろ見比べてみてください。きっと、発見があるかと思います。

まずはここから読んでみよう

岩井洋『目からウロコの宗教——人はなぜ「神」を求めるのか』PHP研究所、2003年。

高取正男『日本的思考の原型』平凡社ライブラリー、1995年。

林屋辰三郎『京都』岩波新書、1962年。

もっと知りたい人のために

上田正昭ほか『京の社——神々と祭り』人文書院、1985年。

大谷栄一・菊地暁・永岡崇編『日本宗教史のキーワード——近代主義を超えて』慶應義塾大学出版会、2018年。

村上紀夫『京都　地蔵盆の歴史』法藏館、2017年。

第2章

東京の宗教施設を外国人に案内しよう

平藤喜久子

　毎年1000万人以上の外国人観光客が訪れる日本の首都・東京。明治神宮や浅草寺を訪れると、外国人観光客が日本の寺社で絵馬を奉納したり、おみくじを引く姿をよく見かけます。東京と江戸を味わう寺社巡りを提案してみましょう。

```
──── CONTENTS ────  ──── KEYWORD ────
  1  明治神宮          ◇神仏習合
  2  神田神社          ◇神仏分離
  3  浅 草 寺          ◇民間信仰
  4  七福神巡り        ◇近代の神社
```

1　明治神宮──近代の神社

　お正月の風物詩といえば初詣。日本人の7～8割が三が日に寺社に詣でるといいます。最も多くの人が訪れるのが明治神宮。毎年三が日には300万人以上の人々が参詣します。

■祭神と歴史

　人気の明治神宮ですが、祭神や歴史については知らないと答える人も多いようです。どんな神が祀られているのか、意識せずにお参りをするというのも日本人の神社についてのよくみられる態度でしょう。

　明治神宮の祭神は、明治天皇とその后である昭憲皇太后です。江戸時代に終止符を打ち、王政復古の名の下に近代化を進める日本の君主となった明治天

皇は、1912年（明治45）に崩御します。その死後、天皇を慕う市民たちから神宮建設の運動が始まりました。1914年（大正3）の昭憲皇太后崩御の後、翌1915年に官幣大社としての明治神宮創建が決まります。官幣大社とは、皇室が「幣帛」という神への捧げ物を奉った、最も社格の高い神社のことです。

■壮大な境内と見所

明治神宮は内苑と外苑からなります。内苑の場所は代々木で、かつて肥後藩主加藤家、彦根藩主井伊家の屋敷があり、豊島世伝御料地（代々木御料地）となっていた地に造営されました。壮大な人工林「代々木の杜」の造営に当たっては、全国各地から10万本以上、365種もの木が寄せられ、現在ここでしか見ることのできないような貴重な昆虫や絶滅危惧種も生息しています。

外苑には、明治天皇の事績を描いた絵画を展示する聖徳記念絵画館のほか、明治神宮球場をはじめとするスポーツ施設、結婚式場である明治記念館があり、各種行事に使用され、デートスポットとしても人気です。

明治神宮の見所としては、加藤家、井伊家の庭園でもあった「御苑」が挙げられます。明治天皇が昭憲皇太后のために造営させた菖蒲田は、6月にはたくさんの見事な花が咲くことで知られています。また、近年では御苑にある「清正井」という湧き水の井戸がパワースポットとして話題になりました。ある芸人がこの井戸の写真を撮り、携帯電話の待ち受け画面にしたところ、仕事が増えたということで人気に火がつき、写真を撮るのに3時間待ちも当たり前という状況も生まれました。

■参拝と祭礼について

参拝者にとって、めずらしいと思われるのがおみくじでしょう。明治神宮のおみくじは、一般的な寺社でみられるような吉凶が記されたものではありません。「大御心」といって祭神である明治天皇と昭憲皇太后の和歌、詩のなかから教訓的なものを選び、解説を付したものとなっています。最近は外国人の参拝者にも配慮し、英訳したものも用意されています。

もっとも重要な祭礼である例祭は、明治天皇の誕生日である11月3日に行われます。そのほか、毎年正月には「手数入り」と呼ばれる横綱の奉納土俵入りがあり、毎年多くの観覧者が訪れています。

近代に生まれた神社である明治神宮は、日本を代表する現代的な聖地として、また文化、スポーツ、自然に親しむ場として機能しています。

2　神田神社──江戸と現代の"聖地"

江戸城の鬼門すなわち北東にあり、江戸の総鎮守として崇敬を集めた神田神社。その頃からの呼び名・神田明神として今も知られています。ポップカルチャーの発信地である秋葉原が近く、アニメの「聖地」としても大人気です。

■祭神と歴史

祭神は、三柱です。一之宮に祀られているのは大己貴命、つまりオオクニヌシ。オオクニヌシは、縁結び、医療などの神徳で知られています。二之宮に祀られるのは、このオオクニヌシとともに稲作を広めたり医療を広めたりした少彦名命。天にいる親神の指の間から落ちてしまったとされる、小さな神です。そして三之宮には、平安時代に関東で東国の独立を目指して乱を起こした平将門が祀られています。

社伝では、一ノ宮に祀られるオオクニヌシの子孫が730年（天平2）に現在の東京都千代田区大手町のあたりに創建したのがはじまりとされています。武士の間に平将門への崇敬が広まっていたなか、徳川家康によって江戸幕府が開かれます。江戸城守護のため、鬼が出入りするという鬼門、北東の方角にあたる現在地に社殿が造営されることとなりました。裏鬼門である西南の「山王さん」・日枝神社とともに、将軍から庶民まで広く江戸の人々に信仰されることとなりました。社殿は、関東大震災で焼失した後に当時の社殿建築としてはじめて鉄筋コンクリートで再建されたものとなっています。そうした建築に注目するのも面白いでしょう。

■現代的な聖地として

　神田神社のそばにはポップカ
ルチャーの発信地として世界的
にも有名な秋葉原があります。
2010年代にはマンガやアニメな
どメディアミックスで展開した
「ラブライブ！」シリーズの舞台
にもなり、ファンが訪れる「聖
地巡礼」でも話題となりました。

アニメファンによる神田神社の絵馬

境内には、「ラブライブ！」のキャラクターを描いた絵馬や、その他参拝者がお
気に入りのアニメやマンガのキャラクターを描いた絵馬が多数掲げられ、それ
らは「痛絵馬」と呼ばれています。学業成就や縁結びなどの願いを記す一般的
な絵馬とはまったく違った絵馬を眺めるのも神田神社の楽しみの一つです。現
代的な聖地のあり方を神田神社にみることができるでしょう。

■近隣の宗教施設

　神田神社の周辺にはほかにも多様な宗教施設が存在しています。神田神社を
裏手に抜け、湯島へと向かうと、江戸での学問の振興を願って創建された湯島
天満宮（湯島天神）があります。入学試験の季節と梅の季節にはたくさんの参拝
客で賑わいます。志望校の名を記した絵馬が鈴なりになっている様子は、神田
神社と対照的です。さらに北、本郷へと向かうと明治から昭和にかけて活躍し
た真宗大谷派の僧近角常観が布教活動を行った求道会館、キリスト教の伝道
者、思想家として知られる海老名弾正ゆかりの弓町本郷教会などがあります。
　逆に、神田神社から御茶ノ水駅方面に向かうと孔子を祀る湯島聖堂（史跡）
があります。江戸時代、1690年に徳川綱吉の命で建てられたもので、1787年に
は幕府直轄の学校である昌平坂学問所が開設された場所でもあります。関東大
震災で焼失し、現在の大成殿は再建されたものですが、世界最大といわれる孔
子像があります。湯島天満宮とともに学業成就を願われる場所となっています。

さらに御茶ノ水駅を超え駿河台へと向かうと、ビザンティン様式の大きな教会が目に飛び込んできます。東京復活大聖堂、通称ニコライ堂です。日本正教会の大聖堂で、国指定の重要文化財です。明治期に創建され、関東大震災で被災しますが、ほぼ古い姿を伝えており、貴重な教会建築として知られています。

　このように神田神社を中心に、複数の宗教にかかわる見所の多い施設をまわることができるおすすめの地域です。

3　浅草寺──神仏分離

　浅草といえば外国人にも人気の観光スポットです。その中心となっているのが浅草寺。本堂へと向かう仲見世は、いつも大勢の人で賑わっています。

■沿　革

　下町の風情が残る浅草ですが、浅草寺の歴史はかなり古いものと伝えられています。寺社に伝わる由来のことを「縁起」といいます。浅草寺の縁起によると、はじまりは628年（推古36）、漁師の檜前浜成・竹成兄弟が漁をしているとき、網に一体の仏像がかかります。2人は仏像のことを知らなかったので、また水中に戻し、場所を変えて網を投げます。するとまた同じ仏像が網にかかります。不思議に思った2人は、その像を持ち帰って文化人であった土師真中知に見せました。すると聖観世音菩薩であるとわかります。彼らは里のお堂に像を置き、土師真中知は出家して観音像への礼拝供養に生涯を捧げました。

　こうした不思議な由来を持つ観音像は、秘仏となっているため見ることはできませんが、その功徳は広く知られ、平安期には伽藍の整備も行われ、関東を代表する聖地となっていき、源頼朝や足利尊氏など名だたる武将たちが参詣することとなりました。徳川家康も浅草寺を祈願所と定め篤く信仰しました。

　江戸幕府が開かれると、上野に徳川家の菩提所、また江戸の守護として天台宗の寛永寺が建立されます。浅草寺は、幕末までこの寛永寺の下に組み込まれることとなりました。

　この江戸時代に浅草寺、そして浅草は庶民の信仰の場であるとともにレジャーの場としても発展します。浅草寺境内の奥、西側は「奥山」と呼ばれ、そこでは奇術や曲独楽などの大道芸が繰り広げられます。そばには芝居小屋も建ち、人が人を呼ぶ観光地となりました。現在もにぎわう「仲見世」も、この頃表参道への出店が許されたことに起源があります。明治に入ると、浅草には日本初のエレベータをそなえたビル・凌雲閣が建造されるなど、浅草寺を中心として日本を代表する歓楽街になっていきました。

　1945年（昭和20）の東京大空襲で、浅草寺の堂宇は大きな被害を受けました。現在の本堂は1958年（昭和33）の再建。雷門はパナソニックの創業者松下幸之助の寄進により、1960年（昭和35）に再建され、次第にかつての賑わいを取り戻していきます。

■三社祭と神仏分離

　浅草がもっともにぎわうのは、初詣と三社祭でしょう。三社祭は5月の第三週の金、土、日に行われます。最終日、本社神輿が大勢の氏子たちのかけ声のなか、雷門を入っていくところは圧巻です。浅草寺の仲見世を神輿が進んでいくので、三社祭は浅草寺の祭礼と思われがちですが、実は浅草寺に隣接する浅草神社の祭礼です。このお祭り、たしかに江戸時代は観音祭りと呼ばれる浅草寺のお祭りでした。浅草神社は、かつては浅草寺の鎮守（守り神）で両者は一体でした。しかし、時代が明治に変わることを期に、1868年に維新政府から「神仏判然令」が出されることとなります。いわゆる「神仏分離令」と言われるものです。神と仏、神社とお寺、神道と仏教をはっきり区別しようというもので、こ

三社祭のようす

23

れをきっかけに浅草神社と浅草寺は別の宗教施設となります。浅草神社は、浅草寺の建立に深く関わった土師真中知、檜前浜成、檜前竹成を主祭神としています。そのため、三社様とも呼ばれています。浅草寺の参道を行く三社祭の神輿に、かつての神仏習合と神仏分離の歴史を垣間見ることができます。

4 七福神巡り——民間信仰

いまは空前のご朱印ブーム。ご朱印とは寺社が参詣の証として本尊の名や寺社の名などを記し朱印を押すもの。記念の日の特別なご朱印には長蛇の列も珍しくありません。最近はご朱印を頂きながら七福神を巡る人も多いようです。

■七福神の概略

七福神とは、福の神を七神組み合わせたもの。由来ははっきりしませんが、室町時代ころに七神を集めて信仰することがはじまったと考えられています。なぜ七つかは、諸説ありますが、その一つは「竹林の七賢人」の画題になぞらえたというものです。中国の七人の賢人が竹林で遊ぶ様子を描いた水墨画が流行し、それに真似て七福神が描かれ、広まったといいます。一般的に、七福神を構成するのは恵比寿、大黒天、毘沙門天、弁才（財）天、福禄寿、寿老人、布袋。福禄寿と寿老人が同じ神とされ、吉祥天や猩々（架空の動物）が入ることもありました。七福神の顔ぶれが固定化し、七福神詣でが盛んになるのは江戸時代半ばといいます。この七福神、出自はばらばらで、恵比寿だけがもともと日本の神です。大黒天は日本の大国主神とインドのシヴァ神にルーツを持つ仏教の大黒天が習合したもの。毘沙門天と弁才天のルーツもインドです。福禄寿、寿老人は中国。そして布袋も中国ですが、唯一もとは人間の禅僧でした。

■東京の七福神巡り

関東では元旦から七日の間、関西は元旦から15日までの間に七福神巡りをし、年初の祈願をします。江戸時代に七福神めぐりが盛んだった東京には、多くの

七福神巡りの組み合わせがあります。なかでも
谷中七福神、日本橋七福神、浅草七福神などは
よく知られています。ここでは日本橋七福神を
紹介しましょう。日本橋七福神は、構成してい
る神社が近くに固まっており、もっとも短い時
間で七福神を巡ることができます。人形町など
の下町の風情を味わいながら巡ることができる
のも魅力です。

　日本橋七福神は次の神社からなります。小網　　　　　日本橋七福神御朱印
神社（福禄寿）、末廣神社（毘沙門天）、椙森神社（恵比寿）、松島神社（大黒天）、
茶ノ木神社（布袋）、笠間稲荷神社（寿老人）、水天宮（弁財天）。正月七日まで
は、七福神参拝のご朱印を頂くことができます。

　都内の寺社は明治期の神仏分離や関東大震災、そして東京大空襲などいくつ
もの変化を経験してきました。近代化やさまざまな災害を経験するなかで、宗
教の伝統的な要素として何が伝えられてきたのか、またどこが革新的なのかを
考えながら歩いていただきたいです。

まずはここから読んでみよう

　平藤喜久子『神社ってどんなところ？』ちくまプリマー新書、2015年。

　槇野修・山折哲雄『江戸東京の寺社609を歩く 山の手・西郊編』PHP新書、
　　2011年。

　槇野修・山折哲雄『江戸東京の寺社609を歩く 下町・東郊編』PHP新書、
　　2011年。

もっと知りたい人のために

　山口輝臣『明治神宮の出現』吉川弘文館、2005年。

　長沢利明『江戸東京の庶民信仰』講談社学術文庫、2019年。

　岸川雅範『江戸天下祭の研究』岩田書院、2017年。

第3章

日本人は岩や山を拝んでいるのか

大道晴香

日本で神社に行くと、境内の大きな木や岩に「注連縄」と呼ばれる縄が付けられ、人々から神聖視されている様子を目にするかと思います。なぜ、日本では、岩や木のような自然物が崇拝されるのでしょうか。

CONTENTS	KEYWORD
1 神霊が宿るモノ	◇アニミズム
2 神霊がいる場所	◇依り代
3 自然観とのかかわり	◇山中他界
4 現代の自然への信仰	◇パワースポット

1 神霊が宿るモノ

■神社の御神木

日本で生まれ育った人にとっては、あまりに当然のこととなり過ぎていて、あらためて「なぜ岩や木を拝むのか」と問われると答えにつまってしまうかもしれません。そのくらい日本では、自然物を神聖視するような価値観が、日々の生活を通じて人々のなかに深く根づいています。

約30年前に公開され、今なお高い人気を誇る宮﨑駿監督の映画『となりのトトロ』(1988年) には、古い神社の境内にある注連縄のつけられた巨大なクスノキが登場します。このクスノキのように、注連縄のつけられた特別な木は「御神木」と呼ばれ、神の宿る「御神体」として崇拝の対象となってきました。映画のメインキャラクターであるトトロは、クスノキの洞に住む不思議な生き物

といった設定となっていますが、それが御神木である点からすれば、トトロは神社の大木に宿る神的な存在と捉えられるわけです。

　人知を超えた存在の住処に御神木が選ばれ、そうした描写が違和感なく視聴者に受け入れられているのは、社会のなかに、広く自然物に神霊が宿るという宗教観が共有されているからだといえるでしょう。

■アニミズム

　森羅万象あらゆるものに霊魂が宿るとみなすような思考を、宗教学や人類学では「アニミズム（animism）」と呼んでいます。アニミズムは「気息」や「霊魂」を意味するラテン語の「アニマ」に由来する言葉で、イギリスの人類学者エドワード・B・タイラーによって、宗教の原初形態を考えるための分析概念として提起されました。

　タイラーはアニミズムを、高度な一神教の文化へと進化する前の低級な宗教形態と位置づけましたが、アニミズムは現在ではこうした宗教進化論から切り離され、宗教現象の特徴を捉えるために使用されています。さらに、人間と非人間的存在とをつなぎあわせるその思考法は、人類学的な認知や近代合理主義へのアンチテーゼとしても再評価されています。

　アニミズムは、世界中に広くみられる現象です。たとえば、日本では植物である稲のなかに、稲の生命力と直結した「稲魂（いねだま）」と総称される霊魂の存在を認めてきました。この稲魂の観念は、稲作を営んできた東アジアの諸地域・諸民族にも見受けられるものです。また、タイでは稲のみならず、耕作に欠かせない水牛にも「クワン（魂）」があると考えられきましたが、動物に人間と同等の人間性を認める文化は、世界各地に見いだすことができます。日本は、こうしたアニミズムという現象が顕著にみられる国だと考えられています。

■依り代・磐座・神籬

　神霊の宿る対象のことを、日本では「依（よ）り代（しろ）」と表現しています。依り代には自然物・人工物を問わずさまざまな物が見受けられますが、自然物ではとりわけ

大神神社

岩石や木が古くから用いられてきました。この神の依り代とされる岩を「磐座」「磐境」、榊など樹木を用いた依り代を「神籬」と呼んでいます。

また、木や岩といった個々の自然物を内包するような、より規模の大きな対象が御神体とみなされる場合もあります。その一例が、奈良県桜井市にある大神神社です。大神神社では、社殿の背後にそびえる三輪山を御神体としてお祀りしています。三輪山は大物主大神の鎮まる山と信じられ、従来、立ち入りが厳しく制限されてきました。大神神社の拝殿の奥には御神体を納める本殿がなく、代わりに三ツ鳥居という特殊な形状の鳥居が設けられ、これを通じて御神体である三輪山を拝する方法がとられています。山内には三か所に磐座があり、注意事項を遵守すれば誰もが入山可能となった現在では、直接参拝することが可能になっています。

自然物を御神体とするケースは、仏教や神道の要素が混ざり合う民間信仰の領域でも頻繁に見受けられます。漁師の網に引っかかった石や変わった形状の石といった具合に、他と区別される特異な特徴を有する石は、取得者や宗教的職能者の霊感を通じて神の現れと理解され、小祠に祀られてきました。聖地の石をむやみに拾って持ち帰ると凶事があるとの話を聞きますが、これも、人々が石に対して単なる「物」とは異なる神聖性を認めていることを示す例といえるでしょう。

2　神霊がいる場所

■他界としての山

神霊が宿る自然物としての山について述べましたが、山は自然物であると同

時に、空間的な広がりを持つ「場」でもあります。したがって、神霊の依り代である山は、言い換えれば、「神霊がいる場所」としての山という視点でも捉えることができます。

民家の裏山から日本最高峰の富士山に至るまで、周辺より高く盛り上がった「山」には、神や死者の魂、また妖怪と呼ばれる怪しげなものが住まうと考えられてきました。神や死者の世界というと、私たちが今生きているこの世界とは全く別なところにある、隔離された世界と思われるかもしれません。しかし、山は当然のことながら、私たちの暮らす世界のなかに物理的に実在している場所です。日常世界と地続きでいつも目にする場所ではあるものの、日頃は立ち入らない、世俗とは区別された非日常的な場所。そうした場所に、日本では、神仏や死者の世界であるところの「他界」が存在すると考えられてきました。

山のなかに他界を想定するような世界観を、宗教学や民俗学では「山中他界観」と呼んでいます。この「神霊がいる場所」という観点もまた、山やそれを構成する自然物が崇拝される理由の一つであると考えられます。

■修験道

山中他界観に基づき、日本では各地の山で山岳信仰が生まれ、霊場が発展してきました。山は、私たちの日常世界と物理的に地続きの他界です。よって、そこは人が入り込むことも可能な場所、すなわち、人と神霊とが交わる可能性をもった場所ということになるでしょう。だからこそ、神霊との交わりを求める人々は進んで山に入り、山を修行の場としてきました。その代表として挙げられるのが修験道です。

山に籠って修行をする山岳修行者は奈良時代頃から現れはじめ、平安時代に入ると仏教、とりわけ密教の影響を強く受けながら、従来の神観念・道教・陰陽道などの諸要素を融合させつつ山岳修行を体系化し、鎌倉時代に修験道として確立するに至ったとされています。大峯山（紀伊山地）、羽黒山（山形県）、英彦山（福岡県・大分県）といった、数々の霊場が見いだされました。

修験道では、山を密教の教えを図像化した曼荼羅のような仏教世界と重ね合

わせ、ここに身を置き、一体となることで霊力が得られると考えられてきました。そして、この山で得た験力をもって、修験者は加持祈祷などの儀式を行い、里に暮らす衆生の希求に応えてきました。神仏習合の価値観のもとに、山は修験者たちの霊力の源泉となってきたわけです。

■死霊の集まるところ

また、山は崇高な神仏の領域であると同時に、私たちが亡くなった後にその魂が赴く、死者の領域でもありました。有名な所では、恐山（青森県）、出羽三山（山形県）、立山（富山県）、熊野三山（和歌山県）などが挙げられます。とりわけ、火山活動が顕著な恐山や立山のような場所では、草木の生えない岩肌と吹き出す熱湯という火山特有の光景が「地獄」と結びつき、山中他界観を発展させました。

死者の霊魂が集まる山は、決して標高の高い大きな山ばかりではありません。民俗学者の柳田國男によれば、人間が死ぬとその魂はどこか遠くへ行ってしまうのではなく、ムラの近くにある小高い山のなかに住み、子孫を見守っているのだといいます。死者の魂は、子孫に祀られることによって徐々に個性を失い、祖先たちの魂の集合体である「祖霊」に融合するとされます。この祖霊は、山の神と同一の存在で、春には山から子孫のいる里に下りて田の神となり、収穫が終わると山に戻って山の神になると考えられました。柳田の説は歴史的事実に即しているとは限りませんが、日本人の祖霊観のイメージをうまく表現しています。トトロの住処である神社も、よくみると水田のなかの小高い森に位置しています。標高が高い山だけでなく、生活空間に隣接した比較的身近な山にも、死者の霊がいるという説に現代人も説得力を感じるのです。

3　自然観とのかかわり

さらに、日本における自然への信仰は、自然をいかなる対象と捉えるかという、自然観とも密接な関わりをもつと考えられています。日本における自然観

の特徴は、西洋との対比によって説明されてきました。その引き合いに出されるのが「科学」です。

　科学は西洋で生まれ、発展してきた思考と知の枠組みです。なぜ科学が日本で進歩しなかったのかを考えるなかで、物理学者の寺田寅彦は、日本の環境条件に応じた自然に対する態度に着目し、①自然の恵みの豊かさに身をゆだねる、②自然の厳しさや恐ろしさにひれ伏す、という二つの態度によって自然への順応が促された結果、日本では「人間の力で自然を克服せん」とする科学的な思考が育ちづらかったのでは、との推測をたてています。

　この「自然の克服」という考え方は、ユダヤ・キリスト教に基づく、西洋の自然観の典型を表すものです。自然を支配する法則とは、それを創造した神の理性の顕現に他ならず、科学はその理性の探究に始まる営為でした。

　西洋と日本にみる自然観の違いは、自然との具体的な関わり方にも見て取ることができます。よく知られているのは、水との関わり方の違いです。西洋で発展した水の文化である噴水は、重力に逆行して水を吹き上げるという、自然の人為的な統御に重きを置く点に特徴があります。ここには、先に述べた人間の手による自然の完全な支配を是とするような、ユダヤ・キリスト教由来の自然観が表れていると言えるでしょう。

　これに対して、日本で好まれた庭園の小川や滝、鹿威しなどの装置は、同じ人工の水流ではあるものの、自然の水の流れに倣うところに独自性があると考えられてきました。つまり、自然を人間と対置される低位の客体としてではなく、むしろ自身の模範とすべき望ましい存在と捉えているわけです。

　日本における自然観の独自性は、近代を迎え、日本と欧米諸国との物理的・文化的交流が活発化するなかで盛んになった議論です。欧米の知識人による日本論はもちろんのこと、自国に向けられた西洋のまなざしを受け、20世紀前半には日本人自身によっても「日本らしさ」が語られるようになりました。そこで好んで取り上げられたのが、日本庭園です。

　禅と茶の湯の影響で発展した日本庭園は、とりわけ石を重視した庭だと理解されていますが、その石は、自然の石を用いなければならないとされています。

これは、加工して人間の望む形に成形した石を計画的に配置する、西洋の庭園の手法とは大きく異なります。他にも、庭園の外にある景色を庭園の一部に取り入れる「借景」の技術など、人の手が加わっていながらも、基本的に自然を理想の状態とみなし、人工と自然との区別が曖昧な日本庭園のあり方は、ベルサイユ宮殿の庭園に代表される、左右対称で幾何学的な配置の整形庭園のあり方とは一線を画すものでした。

　自然を理想の状態と捉え、自らと不可分なものと位置づけるこうした価値観もまた、日本における自然への信仰の源泉になっていると考えられます。

4　現代の自然への信仰

　現在でも、国土の大半を山地と森林が覆う状況に変わりはありませんが、近代以降、やはり日本でも人間と自然との関わり方は大きく変化したと思われます。近代的な土木技術の流入によって、自然はある程度人間の意志で統御や操作が可能なものとなり、また、工業化の進行に伴い、自然と直接的に関わる第一次産業の従事者は減少の一途をたどりました。

　ただし、だからといって自然に対する信仰心も衰退したかといえば、必ずしもそうではありません。情報化社会という国や地域を越境するような新たな状況下において、自然への信仰は再生産されて続けています。その代表は、「スピリチュアル」と呼ばれるような現象です。語源である「スピリチュアリティ(spirituality)」とは、個々人の霊性に着目するような新たな宗教動向を指す言葉です。日本では1980年代頃から顕著となり、2000年代に入るとマスメディア主導でスピリチュアルブームが巻き起こりました。以降、スピリチュアルは文化として定着し、一定のニーズを獲得しています（第28章参照）。

　そのブームの際に話題となったのが、訪れると良い効果を得ることができる「パワースポット」です。パワースポットには既存の神社仏閣とともに、山・樹木・滝・岩といった自然物の在所が多く含まれてきました。たとえば、先ほど取り上げた三輪山も、有名パワースポットの一つとして知られています。ほ

かにも、富士山をはじめとした「霊山」と呼ばれる山々、縄文杉の生育する屋久島、熊野の那智の滝、国外ではアメリカのセドナ、オーストラリアのウルルなど、豊かな自然を特徴とする場所は屈指のパワースポットとなっています。

　これらの場所は元々個別に信仰を集めてきた聖地ですが、スピリチュアリティのもとに再解釈されることで、「良いパワーの源泉」という、個々の文化の枠を超えた従来とは異なる聖性を帯びています。しかも、その「パワー」には「癒し」「開運」「恋愛成就」のような効果が期待されているのであり、伝統的な自然信仰の要素を取り入れつつも、自然の聖性を崇拝の対象と捉える以上に、個人の霊性に還元されるものと位置づけているところに特徴があります。

　とはいえ、そこに聖性が生じる背景には、自然という空間の非日常性や神霊の依り代としての自然物といった、前近代より長きにわたって育まれてきた価値観が存在しているものと考えられます。今後も変わりゆく自然とのかかわりのなかで、新たな信仰の形態が生み出されていくことでしょう。

まずはここから読んでみよう

　鈴木正崇『山岳信仰──日本文化の根底を探る』中央公論新社、2015年。

　平藤喜久子「アニミズム」月本昭男編『宗教の誕生──宗教の起源・古代の宗教』山川出版社、2017年。

　村武精一『アニミズムの世界』吉川弘文館、1997年。

もっと知りたい人のために

　奥野克巳・山口未花子・近藤祉秋編『人と動物の人類学』春風社、2012年。

　五来重『石の宗教』講談社、2007年。

　宮家準『霊山と日本人』講談社、2016年。

第4章

日本にはどんな聖地や巡礼があるのか

岡本亮輔

　日本には多くの聖地巡礼がありますが、本章では、世界的な潮流である歩き巡礼の復活に注目します。現代の聖地巡礼では、信仰はそれほど重要ではなく、歩くこと自体に価値が置かれるようになっています。

```
┌─ CONTENTS ──────────┐  ┌─ KEYWORD ──────┐
│  1  四国遍路          │  │  ◇観　光       │
│  2  現代の聖地巡礼     │  │  ◇世界遺産     │
│  3  世界遺産を歩く     │  │  ◇歩き巡礼     │
│  4  信仰なき時代の聖地巡礼 │  │  ◇サンティアゴ巡礼 │
└────────────────────┘  └──────────────┘
```

1　四国遍路

■空海伝説と同行二人

　日本の巡礼と聞いて、最初に思い浮かぶのが四国遍路ではないでしょうか。四国四県に点在する札所と呼ばれる 88 の寺院をめぐる巡礼です。札所は弘法大師空海が開創したと伝えられますが、史実ではないでしょう。しかし、のちに日本宗教に絶大な影響を与えた空海の謎に包まれた人生が四国遍路の魅力の源泉であることは間違いありません。実際に空海が四国でどのような修行をしたのかは定かではありませんが、遣唐使の一員として唐に渡った時点で密教についてのそれなりの知識を持ち、驚異的な速さで長安の青龍寺にて奥義を伝授されています。空海の奇跡とも呼べる足跡の秘密が、四国での修行にあったと考えたくなるのは自然なことではないでしょうか。

司馬遼太郎の小説『空海の風景』（1975年）では、空海が雑密と呼ばれる密教の断片的知識を四国の山林修行で入手していたのではないかという魅力的な想像がなされています。近年では、空海と最澄を描いたおかざき真里の漫画『阿・吽』（2014年から連載中）で、四国を舞台に青年期の空海の霊的彷徨が鬼気迫る筆致で描かれています。こうした現代のフィクションにも通底する空海をめぐる民衆的想像力が無数の弘法大師伝説を産み落とし、四国遍路という聖地巡礼を下支えしてきました。

おかざき真里『阿・吽』第1巻
（©おかざき真里（2015年）、小学館）

札所をめぐるお遍路さんたちのあいだには「同行二人」というキャッチフレーズがあります。遍路グッズの一つである菅笠にも書かれています。これは、お遍路さんはたとえ1人で歩いていても常に弘法大師とともにあるという意味です。ここから「お接待」という独特の遍路文化も生まれました。お接待とは、四国の地域住民がお遍路さんに食べ物・飲み物・金銭・休憩場所などを施すことです。お接待は、もちろんお遍路さんへの支援ですが、それだけではありません。お遍路さんとともにいる弘法大師へのお供えという意味があるのです。

四国遍路は身体的に過酷な巡礼です。1番札所の霊山寺（徳島県鳴門市）から88番の大窪寺（香川県さぬき市）まで、四国を時計回りにつなぐ道の総長は1400kmを越えます。一度に徒歩で回ろうとすれば50日近くを要します。12番焼山寺への山道をはじめ、途中には「遍路ころがし」と呼ばれる難所がいくつもあります。また、真横を大型トラックが次々と通り過ぎる長いトンネルや、日陰もない国道沿いを歩くのも、現代ならではの苦難と言ってよいでしょう。

2 現代の聖地巡礼

■現代聖地巡礼のモデル

　四国遍路以外にも、日本には無数の聖地巡礼があります。関西の古刹をまわる本邦最古の巡礼とされる西国三十三所、熊野を目指す巡礼などです。なかでも伊勢参りは、江戸時代に何度か大ブームとなり、宗教観光の先駆けとなりました。移動の自由が大きく制限されていた江戸時代、伊勢参りは遠くへ旅する口実となりました。神宮に詣でるのが目標でしたが、前後に京や奈良にも足を伸ばし、さらに往路と復路で道筋を変えるなど、多分に観光的な要素が含まれていました。

　また各地に、坂東八十八所や秩父三十三所といった写し霊場もあります。本場の四国遍路や西国三十三所をコピーしたものです。規模の小さいコピーも含めれば、ほぼすべての都道府県に聖地巡礼は存在するでしょう。海外では、イスラームの聖地メッカ（マッカ）が知られています。毎年の巡礼月には世界中から数百万人が集まり、カアバ神殿に詣でます。異教徒には閉ざされている点では、日本の聖地とは大きく異なります。

　各地に残る聖地巡礼は長い時間をかけて地域で育まれ、大切に受け継がれてきた文化資源です。ですが、現代の聖地巡礼として考えるのであれば、四国遍路こそが代表と言えます。その理由は、決して多くはないものの、歩き巡礼者が存在し、それが重視されているからです。

　なぜ歩くことがそれほど大切なのでしょうか。実は、2000年代以降、欧米や日本でかつての聖地巡礼が復活する現象が見られますが、それらの多くはある巡礼をお手本にしています。それがサンティアゴ・デ・コンポステラ巡礼（以下、サンティアゴ巡礼）です。

　この巡礼はスペイン北西部にあるサンティアゴ・デ・コンポステラ大聖堂を目的地とします。サンティアゴとはイエスの12使徒の１人である聖ヤコブです。44年頃、ヤコブはエルサレムで殉教します。伝承によれば、弟子たちがヤコブ

の遺体を守るために舟に乗せ、生前ヤコブが宣教していたというスペインに流れつきました。その埋葬地が9世紀頃に発見され、ヤコブを祀る聖堂が建てられたのが始まりとされます。とくにヤコブとスペインを結びつけたのが、イスラーム勢力からイベリア半島を取り戻す失地回復運動です。キリスト教勢力が押されると、どこからともなく白馬に乗ったヤコブが現れ、イスラム勢力を押し返したというのです。サンティアゴ・マタモロス（ムーア人殺しの聖ヤコブ）伝説と呼ばれるもので、ヤコブはスペインの守護聖人とされています。

　カトリックでは、サンティアゴ大聖堂は、エルサレム、ローマに続く第3の聖地と位置づけられ、中世には毎年50万人もの巡礼者がいたとされます。その結果、現在でもサンティアゴ巡礼は、中世以来の歴史を持つ聖地巡礼として語られますが、事実は異なります。

　サンティアゴ巡礼には特定のスタート地点や決められたルートはありませんが、徒歩か馬で100km以上、自転車で200km以上の旅をすると巡礼証明書が発行されます。この証明書の発行数を見てみると、1991年の巡礼者数は約7000人でした。それが2001年に約6万人、2011年に約18万人となり、2018年には32万人以上を記録しており、30年弱のあいだに約45倍に増加していることがわかります。歴史と伝統があるとされるサンティアゴ巡礼は、実のところ2000年代以降になって復活した聖地巡礼なのです。

　なぜサンティアゴ巡礼は復活したのでしょうか。2000年代になって熱心なカトリック信仰を持つ人々が突然増加し、その霊的欲求を満たすために巡礼が活性化したのでしょうか。事実は正反対です。20世紀後半以降、ヨーロッパ諸国では、教会離れが進んでいます。西欧諸国はかつてキリスト教を国教としていましたが、現在では教会は信頼を失い、日曜礼拝に出かける人は少数派です。たとえばフランスでは、教会に定期的に通う人々は数％程度と見積もられています。しかも、数少ない教会出席者のほとんどは70代以上の高齢者です。一方、サンティアゴ大聖堂を目指して数百キロの巡礼路を歩いているのは20〜40代の人々です。つまり、明らかに信仰を持たない人々によって、カトリック第三の聖地への巡礼路は埋め尽くされているのです。

3　世界遺産を歩く

■巡礼者はなぜ歩くのか

　教会へ通わない人々は、なぜヨーロッパの果ての大聖堂を目指してわざわざ歩くのでしょうか。巡礼証明書を取得するには100km歩けば十分です。しかし、多くの巡礼者はスペインとフランスの国境から旅を始め、900km近い道のりを行きます。それよりもはるかに長く、スイスやスウェーデンの自宅から歩き始めたという人もいます。神を信じていないのに、なぜ数か月もの時間を巡礼に費やすのでしょうか。

　現地調査から見えてくるのは、彼らは信じていないからこそ歩くということです。本来、なぜ聖地へ行くのかと言えば、カトリックの場合、教会に安置される聖遺物が目的です。聖遺物とは、イエスやマリアをはじめとする聖書の登場人物の遺骸や衣服などです。過去の聖人が遺した物を前にすることで、より深い祈りができると信じられているのです。しかし、信じていない人々には、聖遺物は価値を持ちません。

　重要なのは、神や聖遺物の力を信じているのであれば、聖地までどのような手段で行くのかは問題にならないことです。教会で聖遺物を前に祈ることが目的なのですから、できるだけスムーズに到着できる方が好ましいはずです。中世の巡礼者はなぜ歩いていたかと言えば、他に交通手段がなかったからです。歩くことに宗教的な意味があったわけではありません。現在、サンティアゴに行こうと思えば、車でもバスでも電車でも飛行機でも行くことができます。実際、そうした交通手段を利用して最短でサンティアゴを目指すカトリック巡礼団は無数にあります。

　一方、信じていない巡礼者にとって、聖地サンティアゴは特別な意味を持ちません。到着したところで、あるのはヨーロッパではそれほど珍しくない大聖堂です。彼らにとって大切なのはいかに到着するのか、つまり旅の過程なのです。彼らが巡礼の思い出として語るのは、巡礼路で出会ったさまざまな地域か

らの仲間との交流です。あまり言葉も通じないけれど何日も一緒に歩いた、見知らぬ人が水を分けてくれたといった出来事を忘れがたい思い出として語ります。聖遺物に意味を見出せない以上、巡礼者同士の交流体験こそが巡礼の魅力の源泉になるのです。したがって、現代の巡礼者たちは、歩きという最も効率の悪い手段をあえて選択し、できるだけ到着を先延ばしにしようとするのです。

■徒歩巡礼の広がり

　信じていないがゆえに交流体験を求めてあえて歩く、これがサンティアゴ巡礼が先鞭をつけた現代の聖地巡礼の最大の特徴です。そして、こうした巡礼のあり方が日本でも取り入れられつつあります。面白いのは、そうした動きがユネスコの世界遺産という文化財保存制度と密接に絡んでいることです。

　サンティアゴ・タイプの聖地巡礼を日本で最初に目指したのは熊野です。「紀伊山地の霊場と参詣道」は、2004年に世界文化遺産に登録されました。その構成資産は広い地域に点在しますが、なかでも紀伊半島南部の熊野本宮大社、熊野速玉大社、熊野那智大社は中核的な資産です。この3社は記紀時代の創建とも伝えられ、中世には貴族から庶民まで参詣したことで知られます。熊野古道と呼ばれる巡礼路そのものが世界遺産に登録されていますが、これもサンティアゴに倣ったものです。

　ただ、サンティアゴとは異なり、熊野古道の場合、古来の巡礼路が保全されてきたわけではありません。熊野古道の多くは地域住民の生活道や山道です。しかも、台風が直撃する地域でもあり、石畳が埋まってしまったり、土砂が流出することも頻繁にあります。興味深いのは、熊野古道を保全しようとする動きが、世界遺産登録後、数年経ってから活性化したことです。道普請と呼ばれるもので、和歌山県が企業や各種団体、学校などに呼びかけ、ボランティアを集めて巡礼路をメンテナンスするのです。保全と言われていますが、実際には補修のために土を運び込み、それを固めて新たに道が作られています。

　同様の動きは四国遍路でも生じています。四国遍路はまだ世界遺産登録されていませんが、登録を目指して「四国八十八箇所霊場と遍路道」世界遺産登録

推進協議会が活動しています。面白いのは、登録準備の過程で、何が四国遍路の中心的価値かという議論がなされたことです。世界遺産登録のためには、簡単に言えば、そこに残された物の普遍的価値や卓越性を証明する必要があります。ただ、四国の場合、札所寺院の多くは戦災などの被害にあい、古い物はあまり残っていません。そこで協議会は、歩き遍路こそが四国の中心的価値だと位置づけたのです。しかし、実際には四国遍路を歩く人はあまりおらず、全体的に見れば、むしろ減少傾向にあります。それにもかかわらず、歩くことこそが四国遍路であるという風に語られるのは大変興味深い現象だと言えるでしょう。

4 信仰なき時代の聖地巡礼

■錯綜するまなざし

　信じていないが歩くのではなく、信じていないからこそ交流を求めて歩くのが現代の聖地巡礼の特色です。日本や欧米といった先進国で、昔ながらの信仰を持ち、そのために巡礼に行くという人は少数派です。歩く巡礼者たちは、信じていないからこそ、歩く過程での濃密な体験を必要とします。

　こうした点で興味深いのが、歩き巡礼者とバス巡礼者のまなざしのすれ違いです。前述の通り、本来、巡礼の目的は教会や寺院で祈ることです。しかし、若い歩き巡礼者は、信仰は持っているが肉体的に歩けない高齢のバス巡礼者を偽物と語ります。そして、バスに乗る信仰を持った巡礼者たちも、車窓から見える歩き巡礼者こそが本物で、自分たちは偽物だと語るのです。こうした現象はサンティアゴ巡礼にも四国遍路にも見られます。信仰の有無ではなく移動手段が重視され、歩きこそが本物であり、バスなど交通手段を用いた巡礼は偽物とされるのです。

　また、信仰がない巡礼者といっても、それがどのような意味で信仰がないのかという点は吟味する必要があります。四国遍路研究の第一人者・星野英紀は、早くから本章で述べてきた「歩きの自己目的化」を指摘していました。星野に

よれば、信仰なき巡礼者も、完全に非宗教的であるとは言い切れません。というのも、彼らは、歩く過程において、異界への没入感、精神的な浄化、生かされているという認識、自然との一体感などを獲得しているからです。もちろん、これらは弘法大師信仰とは直結しません。しか

同行二人と書かれた傘をかぶって歩く大学生の遍路

し、星野は、こうした体験や気づきは、たとえ本人たちが認識していなくとも、これまで宗教的体験と言われてきたものと同様のものだとするのです。

　このように考えると、現代の聖地巡礼は単に信仰なき巡礼者たちによってトレッキング化しているわけではありません。弘法大師やヤコブといった信仰対象は確かに意味を持たなくなっていますが、それに変わるような新たな体験や気づきが、歩くことで延長された巡礼の過程で見いだされつつあるのです。

まずはここから読んでみよう
　岡本亮輔『聖地巡礼 世界遺産からアニメの舞台まで』中公新書、2015年。
　星野英紀ほか編『聖地巡礼ツーリズム』弘文堂、2012年。
　星野英紀・浅川泰宏『四国遍路──さまざまな祈りの世界』吉川弘文館、2011年。

もっと知りたい人のために
　岡本亮輔『聖地と祈りの宗教社会学──巡礼ツーリズムが生み出す共同性』春風社、2012年。
　門田岳久『巡礼ツーリズムの民族誌──消費される宗教経験』森話社、2013年。
　山中弘編『宗教とツーリズム──聖なるものの変容と持続』世界思想社、2012年。

第5章

正月やお盆の行事とはなんなのか

岡本亮輔

　正月とお盆は日本人にとって特別な季節です。今でもこの時期には日本中で大移動が起こります。正月やお盆にはどのような行事が行われ、どのような意味があるのでしょうか。現代宗教論の観点から考えてみましょう。

1　正月とお盆の行事

■正月の行事

　正月とお盆にはさまざまな儀礼や実践が行われますが、これを年中行事と呼びます。毎年、同じ時期に同じように繰り返し行われる行事のことです。正月とお盆には多くの年中行事が存在しますが、いくつか取り上げてみましょう。

　正月には、前年末から大掃除をする、鏡餅を供えるといったことが行われますが、これは新年とともに訪れる年神（歳徳神とも呼ばれる）を迎えるための実践です。神を迎えるために家を清め、神の依りどころとなる餅を供えるのです。常緑樹である門松を飾るのも、年神の来訪を示すサインでしょう。

　正月関連の年中行事は地域ごとに多様ですが、来訪神をめぐるものが興味深いでしょう。来訪神の典型は、秋田県男鹿半島で続いてきたナマハゲです。異

形の神が年に 1 回人々の前に姿をあらわすのです。2018年11月には、日本全国10件の来訪神関連の行事が「来訪神：仮面・仮装の神々」としてユネスコの無形文化遺産に登録されました。ナマハゲの他に、スネカ（岩手県大船渡市）、アマハゲ（山形県飽海郡遊佐町）、アマメハギ（石川県輪島市）なども登録されました。これらはいずれも正月や小正月（ 1 月15日）に来訪する神で、人々に勤労や勤勉を誓わせ、新年とともに心機一転を求める神々です。

■お盆の行事

　お盆は、仏教の盂蘭盆会（うらぼんえ）という言葉に由来します。『盂蘭盆経』というお経があります。釈迦の弟子の 1 人が、死後、餓鬼道に堕ちた母親を救うために供養を行ったことが説かれています。『盂蘭盆経』は仏教の発祥地インドで成立したのではなく、後世に中国で作られた偽経と考えられていますが、先祖や親を重視する東アジア地域の文化風土に適合し、今日でも、日本だけでなく香港・台湾・韓国でも、お盆関連の行事が見受けられます。

　このように、お盆は餓鬼道で苦しむ人々のための供養（施餓鬼（せがき））に由来します。施餓鬼自体は、お盆の時期だけに行われるものではありません。また先祖や親といった血縁だけを対象とする儀礼でもありません。毎日夕刻に施餓鬼を行う寺院もありますし、東京の夏の風物詩である隅田川花火大会も、徳川吉宗の時代に行われた川施餓鬼に由来すると言われます。しかし、一般的には、施餓鬼は、お盆に行われる先祖供養として定着していると言えるでしょう。

　さて、お盆行事は地域ごとにさまざまです。そもそも時期にも違いがありますが、いくつか理由があります。大きいのは明治新政府によって1872年に新暦が導入されたことです。政府のあった東京などでは新暦に合わせてお盆を行うようになりました。現在でも全国的に多いのは 8 月15日ですが、これは農繁期との重なりを避けることができ、現実に即したものと言えるでしょう。

　お盆の際、多くの家庭では精霊棚が設けられます。普段、位牌は仏壇のなかに安置されていますが、お盆の時には外に出して飾るのです。そして、僧侶が檀家をまわり、精霊棚の前で読経します（棚経（たなぎょう））。故人の魂の乗り物とするた

めに、ナスやキュウリを馬や牛に見立てて飾る精霊馬も一般的でしょう。

　玄関先で火を焚く風習も広く見られます。13日に焚かれるのが故人の霊魂を迎えるための迎え火、16日に焚かれるのが霊魂を送り返す送り火です。2019年の新海誠監督の大ヒット映画『天気の子』でも、迎え火をまたいで厄払いするシーンが描かれました。詳しい起源は不明ですが、大文字として知られる京都五山の送り火も、施餓鬼の一環として行われていたと思われます。そして、盆踊りも多くの地域で行われますが、これは施餓鬼によって苦しみを逃れた死者たちが喜ぶ様子を表現したものとされています。

2　年中行事は宗教なのか

　正月も盆も含めた年中行事は、日本人の生活と深く結びついてきました。民俗学者・柳田國男は年中行事一般について次のように述べています。

　　一年は三百六十五日、その三百日余はただの日、またはフダンの日といって、きまった仕事をくり返し、忘れて過ぎて行くのをあたりまえのように思っている中に、特に定まったある日のみは、子供が指を折って早くから待ち暮し、親はそのために身の疲れもいとわず、何くれと前からの用意をして、四隣郷党一様に、和やかにその一日を送ろうとする。これが今日いうところの民間の年中行事であった。正月や盆のように幾日かを続けたのもあるが、大体にこの行事の日は、一年の間によいあんばいに割りふられている。これは古くから自然にそうなったか、ただしはまた近頃の祝祭日のように、昔も評議をして人がきめたものであろうか。もしきめたとすれば発頭人は誰かということになるが、正月以外にはその心あたりはないから、それは要するに社会の力、すなわちまた一つの自然ということになりそうである。
　　　　　　　　　　　　　　　　　　　（柳田國男『年中行事覚書』1977年）

　柳田によれば、年中行事が行われるのは数少ない特別な日です。1年の大部

分を占めるケに対するハレの日です。そのなかでも正月と盆は数日に渡って続くハレの日であり、数ある年中行事のなかでも別格です。正月とお盆には帰省を主目的とした全国民的な大移動が生じます。その結果、大規模な交通渋滞や商店の閉店といった形で、さらにはそうした事態を報じるニュース映像などによって、現代でもこの期間の非日常性が可視化されていると言えるのではないでしょうか。

　なぜ、正月やお盆に実家や故郷に帰るのでしょうか。それは、親族血縁が改めて絆を確認する機会だからです。実際、お盆だけでなく、正月に来訪する年神も、一部の地域では祖霊と同一視されてきました。要するに、正月とお盆は祖先に関わる行事であり、同じ祖先を迎える人々の結びつきを強化・確認する機能を持っているのです。

■脱宗教化する年中行事

　一方で、現代宗教の観点から正月とお盆をとらえ返すことも必要でしょう。現代では、核家族化・少子化・個人化などの進展に合わせて、正月やお盆の中核概念である先祖・家という観念が掘り崩されています。その結果、本家や実家との結びつきが弱くなった人にとっては、正月と盆はゴールデンウィークと同じような長期休暇であり、海外旅行に出かける機会になっています。

　より重要なのが先祖崇拝や仏教信仰をめぐるリアリティの問題です。前述の通り、お盆は仏教信仰に由来する概念で、それが日本では先祖崇拝と結びついて定着してきました。しかし、お盆になると、どこかに実在する地獄の釜の蓋が開き、迎え火を目印に祖霊が戻って来ると本当に信じている人は現代ではあまりいないでしょう。

　曹洞宗は定期的に自宗の僧侶や信徒を対象にした大規模な調査を行なっています。2012年に刊行された『曹洞宗檀信徒意識調査報告書』では、寺院で行われる各種行事への参加率が明らかにされています。盂蘭盆会（59.3％）、春と秋のお彼岸（それぞれ43.1％と40.1％）といった先祖供養に関わる行事は、一定数の信徒が参加している様子がうかがえます。しかし、2015年の調査データも踏ま

えた分析によれば、死者がホトケになると信じている人は17.7%にとどまります（相澤・川又編『岐路に立つ仏教寺院』2019年）。つまり、年中行事そのものはなんとなく行なっているものの、その宗教的な意味を分かっていたり、信じていたりする人はごく少数なのです。

3　インフラが作った実践

■鉄道が作った初詣

　こうした信じていないがなんとなく実践しているものの典型が初詣です。毎年、大晦日から元旦にかけて放映されるNHKのテレビ番組『ゆく年くる年』でも、浅草寺、出雲大社、厳島神社といった各地の神社仏閣に並ぶ初詣客が映し出されます。

　初詣は前近代以前から存在していました。たとえば、大晦日に家長が氏神を祀る神社で一夜を明かす「年籠り」という習慣がありました。また、その年に年神がいるとされる方角（恵方）にある寺社を参拝する恵方詣りも行われてきました。しかし、初詣が現在のように正月の国民的イベントとなったのは明治期以降のことです。その理由は、初詣の参拝者ランキングを見るとわかります。多少の変化はありますが、首都圏では明治神宮、成田山新勝寺、川崎大師、浅草寺などが上位にきます。

　これらの寺社は、それぞれ毎年200〜300万人の参拝客を集めます。単純に比較することはできませんが、イスラームの聖地メッカ（マッカ）への巡礼月に世界中から集まる信者数が300万人程度です。日本には、それと同規模の人数を正月三が日だけで集める寺社がいくつも存在するのです。日本の初詣は、世界的に見ても稀有な大規模移動と言えるでしょう。さて、初詣客数上位の寺社を見てみましょう。東京都心にあり、繁華街を抱える明治神宮や浅草寺が上位に来るのはわかります。一方、成田山と川崎大師は都心から離れていますが、なぜ、この二つが300万人超の初詣客を集めるのでしょうか。

　鉄道に詳しい平山昇によれば、実はこの二つこそが初詣という慣習を生み出

した寺院なのです。初詣は鉄道会社の乗客獲得戦略のなかで作られました。川崎大師の場合、明治期、新橋と横浜に日本初の鉄道が敷かれた際、途中駅として川崎停車場が設けられました。当時の人にとっては、鉄道に乗ることそのものが特別な体験であり、また都心から離れた川崎は郊外散策を楽しめる地域でもあったのです（平山昇『鉄道が変えた社寺参詣』2012年）。

　要するに、初詣の人出は、その寺社に祀られる神仏やご利益とはあまり関係なく、そこに行くためのインフラの整備具合に左右されたわけです。平山によれば、首都圏以外の伏見稲荷、住吉大社、熱田神宮なども複数路線が乗り入れる寺社であり、だからこそ初詣客を集めるというのです。数百万という参拝客を集めるには、当然、彼らを効率的に大量輸送できる手段が不可欠です。現在のような初詣のあり方は、鉄道という交通インフラの拡充によって初めて可能になったのです。氏神や年神への参拝であった初詣が、近代の交通インフラの整備によって、小旅行を兼ねた有名寺社への参拝へと変化してきたのです。

　より近年の現象としては、メディアの影響を考える必要があります。2000年代以降、それまで有名とは言えなかった寺社が「パワースポット」として全国的な知名度を獲得するようになりました。浅草寺から1kmほどの所にある今戸神社は、恋愛成就と猫の絵馬やお守りで高い女性人気を誇ります。また、熱海の来宮神社は、神社近くにテレビで有名なスピリチュアリストが別荘を買ったことで一躍知られるようになりました。これらは、伝統的な格付けでは決して高い地位を与えられていない、地域に根づいた神社でした。それが、テレビや雑誌といったマスメディアだけでなく、SNS などによる情報拡散で突然多くの人を集めるようになり、初詣の定番になったのです。

4　信仰なき実践

■気分や情緒としての宗教

　日本各地には無数の正月儀礼やお盆行事があります。たとえ似たような行事でも、地域によって行われる時期が違ったり、その行事が持つ意味が違ったり

神田神社の初詣客

もします。おそらく無限とも言える多様性があるのでしょうが、それらを網羅したり分類・体系化することに、あまり学問的な意味はありません。というのも、年中行事の背後に、とくに一貫した信仰体系や宗教的信念があるわけではないからです。ほとんどは、地域や家で行われてきたものがなんとなく継続されており、行事や儀礼を行う本人たちも、その意味を強く意識しているわけではないでしょう。初詣に行ったからといって、その人が参拝した寺社の信者であるとは言えません。

　こうした日本人と年中行事の関わり方は、とくにキリスト教と比較すると大変興味深い特徴として見えてきます。キリスト教には聖書という神の言葉が記されたと信じられる聖典があり、さまざまな儀礼や行事の意味が聖書に基づいて説明されます。ハロウィンのような異教の習慣も、諸聖人の日というキリスト教の祭りとして再定義され取り込まれました。一方、日本の正月やお盆の行事は、仏教や神道をはじめ、さまざまな土着信仰が寄せ集められていつの間にかできたものであり、一つ一つの意味を説明することは困難です。意味はわからないまま、なんとなくやっているのです。

　こうした状態を宗教学者・柳川啓一は「信仰なき宗教」として説明しています。柳川は、日本には「特別に心の問題として信じるものを持たなくても宗教が持てるというかたち」があるとした上で、初詣を例に挙げます。明治神宮に行く人が天皇の霊魂の存続を信じているか、そもそも誰が祀られているか知っているかというと、ややたよりない。とはいえ、初詣をしないとなんとなく年があらたまった気がしない。ちょっと特別な気分転換として初詣は実践されて

いるというのです。柳川は他の例もあげています。日本には、亡くなった人や馬のために供養塔を建てる習慣があります。

> が、それは、信仰というふうなものからでたのではなく、もっと直裁に、ちょうど年の初めに心の改まりを感じたいと思えば神社にお参りするように、それが何を願うというのではなく、ごく一般的な家内安全というようなものを願う、信仰箇条はないけれども、しかし単なる日常の挨拶とは違う、一つの気分というものを作っています。死んだ馬、死んだ人間をかわいそうだと思い、供養することは、宗教の教理を見てもなかなか出てこないのですが、しかし、人間の気持ちとしては、非常にわかりやすいものです。
> （柳川啓一『現代日本人の宗教』1991年、14頁）

　今では供養塔を建てる機会はあまりありませんが、それでも悲惨な事件や事故が報じられると自然と現場に人が集まり、花や飲み物が供えられます。こうした行動は、死後の魂だとか天国地獄の実在を信じているかどうかとは無関係でしょう。そうしたものを信じていなくても、なんとなく実践しているのです。正月やお盆をめぐる日本人の実践は、情緒や気分としての宗教という日本の宗教文化の特徴を最もよくあらわすものだと言えるでしょう。

まずはここから読んでみよう

岡本亮輔『江戸東京の聖地を歩く』ちくま新書、2017年。

門田岳久・室井康成編『〈人〉に向きあう民俗学』森話社、2014年。

平山昇『鉄道が変えた社寺参詣』交通新聞社、2012年。

もっと知りたい人のために

相澤秀生・川又俊則編『岐路に立つ仏教寺院』法藏館、2019年。

室井康成『柳田国男の民俗学構想』森話社、2010年。

俵木悟『文化財/文化遺産としての民俗芸能――無形文化遺産時代の研究と保護』勉誠出版、2018年。

第6章

日本の祭りや儀式とは

鶴　真一

　私たちの身近なところで、一年を通してさまざまな祭りや儀礼が行われています。古くから続くものもあれば新しく生まれるものもあります。祭りや儀式には、いったいどのような機能があるのでしょうか。

```
┌─ CONTENTS ──────┬── KEYWORD ──────┐
│  1  さまざまな祭り  │  ◇祇 園 祭        │
│  2  祭りの機能      │  ◇祭儀と祝祭       │
│  3  通過儀礼        │  ◇聖 と 俗        │
│  4  祭りの変化      │  ◇葬 　 儀        │
└────────────────┴───────────────┘
```

1　さまざまな祭り

■祭りの時季

　宗教というと「信仰」や「教義」を思い浮かべる人が多いでしょうが、「祭り」や「儀礼」なども宗教を考える上で重要です。第5章で正月やお盆などの年中行事を紹介しましたが、それ以外にも、年間を通してさまざまな祭りが催されています。世界を見渡すと、秋に盛大な祭りが行われています。秋は麦や米といった穀物の収穫期にあたりますから、豊作を神に感謝する儀式です。

　日本でも秋を含め年間を通して多くの祭りがあります。小正月（1月15日）の行事には、第5章でふれたように、そこには心機一転させ除災招福を祈るという意味があります。ナマハゲのような行事の他にも、「左義長」「どんど焼き」「鬼火焚き」「おねっこ」などがあります。これらは地方によって呼び名は

違っても、いずれも火を焚く行事で、禊ぎ払いによって除災招福を祈ります。正月の松飾りなどを集めて焼き、その火であぶった餅や団子を食べれば風邪をひかないなどと言い伝えられ、無病息災を願います。

　そのほか小正月には、「予祝」と「年占」にかかわる行事もあります。「予祝」とは豊作を期待しそれを予め模擬的に実演する行事です。あらかじめ期待する結果を模擬的に表現すると、そのとおりの結果が得られるという信仰にもとづきます。「年占」としては、青竹の筒を粥に入れて炊き、取り出した筒のなかの粥の量で豊凶を占う筒粥神事が代表的です。

■夏 祭 り

　正月や秋だけでなく、夏にも祭りがあります。夏祭りの主な目的は疫病対策です。大規模な自然災害や疫病が発生すると、当時の人々は何かの祟りによるものではないかと疑い、これを鎮めることで事態を収めようとしました。非業の死をとげた者や怨みを抱いて死んだ者の霊は、死後に怨霊となって人々に災いをもたらすものと信じられていたからです。“死者の霊が災いをもたらす”という発想は現代においても、ホラー映画のモチーフとしてよく取り上げられるように、世界的に見られるものです。

　京都の夏の風物詩で日本を代表する祭りの一つである京都祇園祭りも、日本各地で発生した疫病や自然災害を鎮めるために869年（貞観11）に行われた御霊会が起源とされています。御霊会とは、疫病をもたらす疫神や怨霊などを鎮める儀式で、疫病の流行により863年（貞観5）に宮中の神泉

祇園祭り　山鉾巡行の様子

苑で行われたのが最初です。夏祭りは祟りを鎮めるという目的をもっていたので、疫神や怨霊の機嫌を直してもらうために、華美な飾りつけをした神輿や山車を連ねて街中を練り歩いたり、歌や踊りをともなったりと、賑やかな行事へと発展していきます。もともと疫病対策であったので、疫病が流行する夏に行われるようになったわけです。

　夏祭りでは、大阪天満宮を中心として大阪市で行われる天神祭りも有名です。そもそも、天神祭りは菅原道真の霊を鎮めるための祭りとして、平安時代から各地で行われてきました。なかでも、大阪の天神祭りは、例年130万人ほどの観覧客で賑わう「水と火の祭典」として有名です。6月下旬から諸行事が行われますが、とくに7月25日の夜は、大川（旧淀川）に100艘ほどの船が行き交う船渡御が行われ、5000発もの奉納花火が打ち上げられ、夜空が彩られます。

2　祭りの機能

■祭儀と祝祭

　「祭り」とひとくちに言っても、厳かなものもあれば賑やかなものもあります。また、こうした二つの相反する性格をもった行事が、一つの祭りに含まれていることもあります。祭りにおいて、厳かなものを「祭儀」、賑やかなものを「祝祭」といいます。

　「祭儀」は「形式的コミュニケーション（交流）」であると言われ、社会秩序の"徹底"という性格が強調されます。参加者の序列は社会的地位に応じて決められており、参加の資格を得るためにも「精進潔斎」と呼ばれる禁欲行為による浄化を経なければなりません。参加に際しても、正装が求められ、所作などに関する一定の手続きを厳格に守ることが重視されます。正月の仕事始めに会社の従業員が集団で参拝したり、プロ野球球団がキャンプ地の最寄りの有名な神社で優勝祈願を行ったりするといった際に見られる光景です。参加者はみな正装し、代表者が奉納を行い、その礼拝に合わせて他の参加者も礼拝します。ここでは組織内の上下関係が厳密に守られており、社会秩序という「形

式」の徹底的な尊重が儀式的に再現されているのです。

　これに対し、「祝祭」は「演技的コミュニケーション（交流）」であると言われます。社会秩序の"破壊"という性格が強調されます。勇壮な祭りとして知られる河内地方の「だんじり祭」や諏訪大社の「御柱祭」、西大寺会陽の「はだか祭」などがその典型例です。たとえば、だんじり祭では、速度に乗っただんじりを方向転換させる「やりまわし」が有名ですが、これによって死傷者が出たり、家屋等に衝突して破壊してしまうなど非常に危険な行為です。日常生活では許されないこうしたさまざまな行為を「演技」的に行うのが祝祭の特徴です。祝祭においては、社会学者のエミール・デュルケームの言う「集団的沸騰〔熱狂〕」、あるいは、社会学者のロジェ・カイヨワの言う「聖犯」が生じ、人々は熱狂し、日常生活では忌避されることをあえて行おうという雰囲気が生まれます。祭りの参加者たちは、こうした興奮状態に巻き込まれることで日常生活における自己を忘れ、集団のなかで一体感を感じるのです。このように、祭儀にせよ祝祭にせよ、祭りは人々に共同性を確認させ一体化する機能があるのです。

■聖と俗

　第5章で示した「ハレとケ」によっても、祭りの機能を論じることはできますが、「聖と俗」という観点から考えることもできます。デュルケームは宗教を定義して、「宗教とは、神聖すなわち分離され禁止された事物と関連する信念と行事との連帯的な体系、教会と呼ばれる同じ道徳的共同社会に、これに帰依するすべての者を結合させる信念と行事である」（『宗教生活の基本形態』）と述べています。神聖である「聖」は、日常の平板さを意味する「俗」と対比されます。宗教的に特別な場所を「聖域」と言ったり、人々が普段の生活を営む世界を「俗世」と言ったりするのも、「聖と俗」という基準で世界が空間的にも時間的にも区別されている証です。祭りはさまざまな起源を有しているにしても、その機能としては、聖なるものへの信仰を基盤として、人々を結合させるのです。

3　通過儀礼

■伝統的な通過儀礼

　年中行事としてなされる祭り以外にも、日本には伝統的な行事があります。その代表は、誕生・成人・結婚・葬儀といった人生の折節におこなう人生儀礼です。これらの儀礼は、人間が一生の間に経過する各成長段階ごとに行われます。それぞれの人が属する社会のなかでの位置づけが変化し、新たな役割を獲得するときに行われる儀礼です。人生儀礼は、人間の成長の節目に特別な意味を与え、個人の人生を新しい段階に移行させるのを容易にする機能があります。

　人生儀礼は世界各地でおこなわれてきました。人類学者のファン・ヘネップはそれらを幅広く考察し、「通過儀礼」と名づけました。ヘネップは通過儀礼に、分離・過渡（移行）・統合の3段階あることを指摘し分析しています。

　世界各地で行われてきた伝統的な成年儀礼を例にとって、分離・過渡・統合の段階を説明しておきましょう。成人する若者たちは、典型的な仕方では、親もとから引き離され、離れた場所に連れていかれます。この分離の段階の次は過渡です。若者たちは、生活空間から離れた場所で、多くの義務が課せられます。勇気や気力を試されたり、集団の伝承や伝説、新しい秘教的知識などを伝授されたりします。そのさい、しばしば割礼や刺青など身体の苦痛を伴うこともなされます。第三は統合で、日常生活に再び統合される段階です。この3段階を経ることで、若者たちは心理的に自立するとともに、若者たちの親も子どもを独立した成人としてみなすことができるようになります。

　現在、遊園地などのアトラクションの一つとしてなされている、バンジージャンプは、もともとは南太平洋の島国バヌアツでなされていた成人儀礼であり、それにヒントを受けて考案されたものです。

▶YouTube^{JP}　　| バヌアツのバンジージャンプ　　　　　| 🔍 |

■現代の通過儀礼

　現代日本でも人生儀礼は行われていますが、伝統的な通過儀礼とはかなり様子を異にしています。社会の構造も複雑になり、過去の日本の地縁・血縁的共同体が有していたつながりは弱くなってきました。そのため、伝統的な儀礼は簡略化あるいは消滅化の方向にあります。そして、それと反比例するように、個人による選択が重要視され、自己責任で生き方を決定することが強調されます。このような孤立しがちな個人に対して、人生儀礼はどのような意味を持つのでしょうか。

　現代の成人式は、しばしば形骸化されていると批判されます。成人式において、バンジージャンプなどの試練や義務を課せられることはありません。そもそも、成人になることは、成人式に出るか否かではなく、民法の成年年齢によって定められています。しかし、精神的に成熟し、自己責任をともなう成人になることは、必ずしも簡単なことではありません。それゆえ、形式的であるとはいえ、成人式にも一定の意義が認められるのではないでしょうか。たしかに、成人式に出席しても、若者自身も親たちも成人であることの自覚が顕著に深まることはないかもしれません。しかしそうであっても、成人式はひとりひとりが友人・知人とのつながりを確認し、親たちが若者の成長を喜びそれを応援する貴重な機会となる可能性を有しています。

　もっとも、成人式のかわりに、現代日本では就活が成人への通過儀礼の役割を担っているともいえます。大学生が一斉にリクルートスーツを着、面接マナーを身につけ活動します。このような就活中に資本主義社会の現実に直面して、自己をみつめなおし、社会人になっていくことが多いからです。

　葬儀という通過儀礼は、死後の世界の存在を前提し、死者が死後の世界へ移行する儀礼です。葬儀は、生者との別れをする告別式などの分離の儀礼が主要なものだという印象をもつ人もいるかもしれません。ところが、ヘネップはそうではないと指摘しています。世界の多くの葬儀を調査したところ、むしろ過渡の段階の儀式の方が分離の儀礼より発達しており、さらにもっとも重要視されるのは、死者の世界に統合される儀式なのです。ヘネップによれば、統合が

重視されるのは、死者のためであると同時に、生者のためです。たとえば喪にかかわる儀礼は、遺族が親しい人の別れを受け入れ、現世社会での新たな生活を容易に再開するために行われているというのです。

　現在、グリーフケアという取り組みがあります。遺族の複雑で深刻な心の状態を理解し寄り添うことで回復のサポートをする取り組みです。葬儀という通過儀礼は、古くから遺族のためのグリーフケアも兼ね備えていたのです。観点をかえていえば、親しい人が亡くなったときに葬儀を行わないなら、葬儀に替わる別の文化的装置が必要となるといえるでしょう（第8章を参照）。

4　祭りの変化

■時代の変化と祭り

　通過儀礼と同様、祭りも時代ともに変化しています。柳田國男が『日本の祭』を執筆したのは1942年ですが、そのころにはすでに時代の変化が祭りにも影響を及ぼしていたようです。柳田はそうした祭りの変化を、「祭と祭礼」「公祭と私祭」という概念を通して考察しています。

　「祭と祭礼」という概念は、宗教的性格によって祭りを分類するためのもので、「祭」とは、参加者によって伝承されてきた宗教的行為（神事）としての祭りで、「祭礼」とは、祭りを見物しに人々が集まってくる行事やイベントとしての祭りのことです。「公祭と私祭」という概念は、祭りにかかわる人びとの心理的関心によって祭りを分類するためのもので、「公祭」とは信仰にもとづいて地域住民が行う祭りで、「私祭」とは祭りの行われる地域に属さない人々がそれぞれの思いによって参加する祭りのことです。

　伝統的な祭りは地域に根差した「祭」であり「公祭」ですが、都市部では地方からの人口流入によって、地縁のない人々が祭りにかかわるようになり、「祭礼」や「私祭」という性格が増していくことになります。また、伝統的な祭りを伝承してきた地域住民の意識も変化し、誰もが自由に参加できる祭りへとスタイルを変えていこうとする試みも出てきます。

このように、祭りは、特定の信仰にもとづいて、その地域の住民たちによって行われるものから、信仰もなければ地域にも属さない人々が、自分の満足のために消費するものへと変化する傾向にあります。

■新たな祭り

伝統的な祭りであれ、新しい祭りであれ、そこにおいて人と人とのつながりがたしかめられる点では同じです。しかし、伝統的な祭りでは、地縁や血縁を中心とした結びつきが深められるのに対し、新しい祭りでは、地縁などとはあまり関係ない、友人・知人や趣味を同じくする人たちとつながります。加えて、現代では、伝統的な祭りとは異なる場所やイベントでも、祭りと似たような体験ができます。たとえば、東京ディズニーランド・ディズニーシーや大阪のUSJ に行けば、だれでもそこでお祭り気分を味わい、ハレの感覚を堪能することができます。また、ロックフェスティバルや年末のカウントダウンフェスのような行事でも多くの人との一体感を体験することができます。

祭りは本来、信仰を共有する人々が集い、所属する共同体の一員であることを再認識し連帯を強めるためのものです。しかし、それだけにとどまらず、信仰や所属、地域を共有していなくても、私たちは祭りに参加したり見物したりすることによって楽しみを共有し、それまでかかわりのなかった大勢の人々と結びつきを新たにもとうとしているのです。

まずはここから読んでみよう

桜井徳太郎『祭りと信仰　民俗学への招待』講談社学術文庫、1987年。

宮田登『冠婚葬祭』岩波新書、1999年。

柳田國男『日本の祭』角川ソフィア文庫、2013年。

もっと知りたい人のために

柳川啓一『祭りと儀礼の宗教学』筑摩書房、1987年。

ファン・ヘネップ『通過儀礼』岩波文庫、2012年。

芦田徹郎『祭りと宗教の現代社会学』世界思想社、2001年。

第7章

日本人の休日とは

岩田文昭

　日本人があたりまえに使っている暦には、宗教的なものに関わるものが多く存在しています。時間を規定する超越的なものについて知り、等質な時間を生きることが人間にはいかに困難であるかを考えてみましょう。

```
─ CONTENTS ──────    ── KEYWORD ─
1  祝 祭 日              ◇西　暦
2  紀 年 法              ◇直線的時間観
3  なぜ日曜日が休みなのか    ◇円環的時間観
4  元号・六曜             ◇イースター
```

1　祝　祭　日

■日本の祝祭日

　日本には多くの祝祭日があります。そのなかには、「皇室」に関係ある日や、「伝統的宗教・習俗」に関係ある日もあります。以下の日で、「皇室」に関係ある日と、「伝統的宗教・習俗」に関係ある日を調べてみましょう。

```
元日　成人の日　建国記念の日　天皇誕生日　春分の日　昭和の日
憲法記念日　みどりの日　こどもの日　海の日　山の日　敬老の日
スポーツの日　文化の日　勤労感謝の日
```

　考えていただきたいのは、なぜ祝祭日があるかという点です。たんに休息が

必要というのではなく、人間はいつも同じような日常的時間だけで生きること
が難しいのではないのでしょうか。のっぺりとした日常的時間だけでは耐えき
れず、その時間を越えたなにものかに触れたいのかもしれません。

■各国の祝祭日

　日本以外の国々も、建国や独立などその国の成立にかかわる日や、宗教儀礼
上の重要な祭祀を行う日が祝祭日として休日となっています。それはその国の
成り立ちと宗教事情と大きく関係します。たとえば、インドネシアには信教の
自由はありますが無神論は認められず、イスラーム、キリスト教（カトリック・
プロテスタント）、ヒンドゥー教、仏教、儒教のいずれかに属することになりま
す。そのため、これらの宗教・伝統に対応するような祝祭日があります。外国
の祝祭日を調べるとその国を支えている精神性の一端を知ることができます。

2　紀　年　法

■直線的時間観と円環的時間観

　宇宙科学の理論によれば、宇宙は138億年ほど前にビッグバンで誕生したと
されます。それではそれ以前になにがあったのでしょうか。高名な理論物理学
者のホーキング博士は、その前になにがあったかを問うことは意味がないとい
います。「前」を示すための時間の概念がないからというのがその理由です。

　宗教では、ユダヤ教・キリスト教の考え方では、宇宙はあるときに時間とと
もに永遠の神によって創造され、それ以来、時間は過去から未来へと進んでき
たとされます。これは直線的時間観といえます。

　人類の作成する暦は、天体の周期と密接に結びついてきました。1日は地球
の自転、1月は月の満ち欠けの周期、1年は地球の公転周期をもとにします。
1日は24時間、1月は29.53…日、1年は365.242…日です。月の周期をもとに

つくられるのが太陰暦で、太陽をもとにするのが太陽暦で、その両方の周期に配慮するのが太陰太陽暦です。しかし、完全な暦を作成するのは容易ではなく、人類は正確な暦をつくるのに努力してきました。

　暦と天体の周期との密接な関係を背景にして、天体の運行や季節の循環は無限に繰り返されてきたという考え方が存在します。宇宙ははるかかなたの「原初のとき」に誕生して以来、天体の運行や季節の循環は永いあいだ、繰り返されたという円環的時間観です。この円環的時間観では、時間は定期的に更新されます。儀式などをとおして、原初のときにたち帰り、新たな世界と新しい時間が再生されるのです。

　日本で用いられてきた循環的な暦に、干支があります。十干（甲・乙・丙・丁・戊・己・庚・辛・壬・癸）と十二支（子・丑・寅・卯・辰・巳・午・未・申・酉・戌・亥）を組み合わせて時を示す干支は広く用いられてきました。還暦とは、干支（十干十二支）が一巡し60年で誕生年の干支に還ることですが、現在の日本でも還暦祝いに赤色の衣服を贈り、それを着るという慣習があります。そこには生誕時に還るという意味が込められています。

■西　暦

　現在の日本人は西暦を用いています。西暦は、イエス・キリストが誕生したとされる年を基準につくられました。A.D. とはラテン語の anno Domini の略語で「主の年に」を意味します。B.C. は英語の before Christ の略語でキリスト誕生以前の意味です。

　しかし、現在の学問的知見にもとづけば、イエスは B.C. 4 ～ 7 年ころに誕生したとされています。そもそも、イエスの誕生日について、『聖書』には特定できる記述はありません。西暦のもとになったイエスの誕生年は、6世紀のローマの修道僧ディオニュシウス・エクシグウスの計算方法にもとづきます。ただし、エクシグウスはイースター（復活祭）の日取りを決めることを目的に生誕年を推定したのにすぎません。キリスト教では、イエスの「復活」は重要な宗教的意義をもっています。死から復活したことがイエスが救世主であるこ

との証しと考えられるからです。

　イエスが十字架にかけられた日、死亡日は、新約聖書の四つの福音書で微妙に違っています。『ヨハネによる福音書』では、ニサンの月（ユダヤ暦の正月）の14日、それ以外の三つの福音書（共観福音書といいます）では、ニサンの月の15日です。1日違っていますが、どちらにしろユダヤ教の「過越祭」の時期と結びついています。過越祭とはモーセの出エジプトを記念する祭りで、ユダヤ教では最も重要視される祭りの一つです。ニサンの月の14日に子羊が生贄にされ、その日没後にそれが食べられます。イエスがこの時に死刑になったのは偶然ではなく、旧約聖書に由来するこの祭りの真の意味を完成するため、すなわち全人類の罪を贖うために磔刑にあったとクリスチャンは解するのです。イエスの死亡日はいまの西暦でいうと、30年4月7日金曜か33年4月3日金曜のどちらかだと大半の研究者は考えています。そして、イエスはその次の日曜日に復活したと信じられているのです。

　西ヨーロッパの多くの国では、イースターを春分の日から最初の満月のあとの日曜としています。これは3月22日から4月25日の間の日曜日になります。暦の作成において、不完全な太陽暦と不完全な太陰暦とを合わせようという数々の試みがなされてきましたが、キリスト教社会においては、両暦の歩調を合わせる試みがイースターの日付を知るためという目的をはらんでいました。1582年にそれまで用いられてきたユリウス暦が、現在の日本でも用いられているグレゴリオ暦にかわったのにも、その目的がありました。ユリウス暦日と実際の太陽年から得られる暦日のずれがあったのですが、そのずれを修正しようとしたのは、春分の日を起点に定義されるイースターの日程のずれを補正することにあったのです。しかし、イエスの誕生年は修正されることはありませんでした。

■紀　年　法

　起算の年を定めて紀元として計算する方法を紀年法といいます。西暦のグレゴリオ暦と違う紀年法を用いているところもあります。イスラームでは、ヒジュ

ラ暦が用いられています。ムハンマドがメッカ（マッカ）からメディーナ（マディナ）へと移住した年が元年とされます。完全な太陰暦であるため、ラマダーン（断食月）など宗教的行事の日程は太陽暦とは、ずれていくことになります。

　ブッダの入滅年を紀元とする仏暦も用いられています。インド、スリランカ、ミャンマーでは B.C. 544年を紀元とし、タイやビルマではその翌年の B.C. 543年を紀元とします。日本では、戦前に皇紀が用いられることもありました。『日本書紀』の神武紀を根拠として、神武天皇が即位したとされる年をB.C. 660年と推定し、それを元年としたのです。しかし、戦後は用いられることはなくなりました。

3　なぜ日曜日が休みなのか

■七曜の起源

　上で述べた以外にも、人間は時間を分節して暦を作成してきました。七曜はその典型です。なぜ、1週間は7日で、日曜日が休みなのでしょうか。10本の指があることから生まれた十進法にもとづき、10日ごとに時間を区切ることの方が自然とも考えられます。実際、月の周期を30日とし、上旬・中旬・下旬として区切ることもされてきました。しかし、現在では、日本も含めて多くの国では、七曜が用いられています。結論的なことをいえば、現代の七曜は、概念的に異なる二つの週の考え方が混交したものです。その二つとは、土曜日からはじまる「惑星に関連する週」と、日曜日からはじまる「ユダヤ・キリスト教の週」です。そもそも、7日をサイクルとする考え方は古代バビロニアで誕生したとされます。その後、ヘレニズム時代に占星術が広まり、地球に遠い順に七つの天体、土星、木星、火星、太陽、金星、水星、月が一時間ごとに人間を支配するとされました。そして、その日の1時の天体がその日を支配するとされたのです。図のように、1日目は土星が最初の時間を支配するので土星の日であり、次いで日、月……となっていきます。

　他方、ユダヤ・キリスト教の週は、聖書の天地創造にもとづきます。ただし、

1時	土星	太陽(日)	月	火星	水星	木星	金星
2時	土星	金星	土星	太陽(日)	月	火星	水星
3時	火星	水星	木星	金星	土星	太陽(日)	月
4時	太陽(日)	月	火星	水星	木星	金星	土星
〜〜							
22時	土星	太陽(日)	月	火星	水星	木星	金星
23時	木星	金星	土星	太陽(日)	月	火星	水星
24時	火星	水星	木星	金星	土星	太陽(日)	月

占星術の考え方にもとづく曜日の順序（惑星に関連する週の起源）

ユダヤ教では月曜、火曜とはいわず、第一日、第二日などといいます。そして、第七日がユダヤ教の安息日となります。そして、第七日である安息日が「惑星に関連する週」の土曜日にあてはめられました。ところが、キリスト教はユダヤ教の考えをそのままは受け継がず、イエス・キリストが復活した日曜を聖なる日、主の日としました。つまり、1週が7日であり、そのうちの1日が宗教的な日であることをキリスト教はユダヤ教から受け継ぎましたが、復活を重要視し、休みの日を変えたわけです。したがって、伝統的なクリスチャンは日曜日に教会に行くわけです。

　なお、ムスリム（イスラム教徒）は金曜日に集団礼拝をしています。

■合理的な暦の実現の困難

　7日を一区切りとし、その1日を宗教的理由で仕事を休むことは不合理だとし、七曜に反対する試みがなされたことがあります。1793年のフランス革命暦は各月を30日として、10日ごとに祝いの日を設けました。日曜日に休む公務員は解雇までされました。しかし、反発が強く、まもなく革命暦は廃止されました。同じように、1922年のソヴィエト連邦の暦は、土日をなくし、週5日制として、5日間の各日に5分の1ずつが休む制度を設けました。しかし、この暦も長続きせず、1940年には日曜日が復活されました。占星術にその名称の起源

を有する七曜は、ユダヤ・キリスト教の影響のもと、人間存在に深く根づいてきたのです。

4　元号・六曜

■元　号

日本では、元号が用いられています。元号とは、年につける称号・年号のことです。世界初の元号は、前漢の武帝が定めた「建元」で、それは皇帝による支配の象徴でした。その後、元号は漢字や儒教などとともに日本や朝鮮半島、ベトナムに広がりましたが、現在では日本でのみ使用されています。日本初の元号は、645年の乙巳の変のときに制定された「大化」です。そして歴史的に、元号の最終決定者は天皇となってきました。

平成から令和に変わるときにも、実際上は内閣が元号を決定したものの、事前に当時、皇太子であった現天皇の承諾を得たとされています。そして、その他の政令と同じく、最終的に天皇が元号を改める政令に天皇の御名・御璽（署名・押印）を得た上で、官報に掲載され公布されたのです。

■六　曜

友引や大安などといった六曜の使用は、現在の日本人の時間観を理解する好例となります。六曜は、先勝、友引、先負、仏滅、大安、赤口を暦の注としてつけるもので、「暦注」といわれるものの一つです。科学的根拠はなく、迷信だと批判されながらも、市販の手帳のカレンダーなどに記載されています。

六曜の起源を、中国に求める意見をありますが、現在の六曜は江戸時代の中期以上には遡れません。しかも、流布しはじめたのは、明治の太陽暦採用後です。そして、実際に多くの人が用いるようになったのは、昭和の高度成長時代に冠婚葬祭の解説書がブームになったときです。六曜は現代の産物といっていいものです。

六曜が現代的だというのは、それ以前の暦注と比べることで理解できます。

古来の暦注には、日時・方角の吉兆禍福、禁忌、二十四節気、日月食などが記載されていました。それらには中国由来のものが多く、日本人には意味不明なのもありました。また暦注の法則や判断は専門家でなければ理解できないのもあり、地方や時期によって解釈が異なることもありました。江戸時代に、これらはかなり整理されたものの、暦注の用語はいまだ難解でした。しかし、それにもかかわらず、人々は生活のなかで日や時刻の吉兆を暦注をとおして意識し、生業の繁栄や安全を祈願したのです。これに対して、六曜は面倒な暦注の知識は不要です。現在、六曜が実際に意識されるのは、結婚、葬式、引越しなどの人生儀礼に関わるときです。つまり、六曜は、生業・日常生活に影響を与えずに、しかし、特別の日には意味づけを求めたいという現代人の欲求に呼応しているのです。

　現代日本人の多くは、日常生活と宗教を分離し、宗教と限定的に関わろうとする傾向があります。しかし、それでも人生の重大時に、その意味づけをなんらかの超越的のものに求めがちです。平成の最終日ではなく、令和元年の初日に婚姻届を出した人が多かったということはその一例となるでしょう。あたり前に使っている暦にも人間と宗教との関係を考察する手がかりがあるのです。

まずはここから読んでみよう

　所功『「国民の祝日」の由来がわかる小事典』PHP研究所、2003年。

　中牧弘允『ひろちか先生に学ぶ　こよみの学校』つくばね舎、2015年。

　渡邊敏夫『暦入門　暦のすべて』雄山閣、2012年。

もっと知りたい人のために

　片山真人『暦の科学』ベレ出版、2012年。

　中牧弘允編『世界の暦文化事典』丸善出版社、2017年。

　H・マイヤー『西暦はどのようにしてうまれたのか』野村美紀子訳、オリエンス宗教研究所、1987年。

第8章

日本では終活が盛んときいたが

問芝志保

「終活」ということばを聞いたことはあるでしょうか。人々がどのように自らの高齢期や終末期と向き合っているのかを見つめてみましょう。そのあり方は、日本の社会や宗教の「いま」を表しているのかもしれません。

```
┌─ CONTENTS ──────────┬─ KEYWORD ──────┐
│ 1  終活とはなにか          │ ◇死 生 学        │
│ 2  終活ブームの担い手       │ ◇超高齢・多死社会    │
│ 3  エンディングビジネスの成長  │ ◇自己決定        │
│ 4  終活と宗教のこれから      │ ◇終活市場        │
└──────────────────┴──────────────┘
```

1 終活とはなにか

■流行語になった終活

就活や婚活、妊活など、いろいろな「○○活」がありますが、終活とは、自らの終末期や死後に備えた活動を意味します。具体的には、介護や医療、葬儀、墓、相続についての情報収集をしたり、それらの生前契約を済ませたり、財産や所持品を処分して身辺整理をしたり、延命治療や葬儀・墓をどうしてほしいかについて自らの意思を書き残したりすることなどが挙げられます。

『現代用語の基礎知識 2011年版』によれば、終活ということばは、2009年に『週刊朝日』の「現代終活事情」と題した連載記事で初めて用いられたとされています。終活は2012年には「ユーキャン新語・流行語大賞」のトップ10に選出されましたが、一時の流行語で終わることなく、その後もマスメディアで頻

繁に話題にされ続け、定着をみました。

■欧米の死生学・死の準備教育

　もともと死の準備をめぐる動きは、世界に先んじて少子高齢化を経験した欧米諸国で始まり、死や死生観に関する研究や教育活動、社会活動が先行するかたちで展開してきたといえます。アメリカではすでに1960年代から、富裕層が葬儀や棺、墓石などにあまりにも高額な金銭をつぎこんでおり、しかも葬儀産業がそれを助長していることに、批判の声があがっていました。一方欧州でも1960年代後半、よりよい終末期ケアの必要性が叫ばれ、ホスピス運動が始まります。その流れを受けて、1970年代には死生学（Thanatology あるいは Death Studies）と呼ばれる学問領域や、死の準備教育（Death Education）という教育実践が、急速に発展しました。

　その一例として、デスカフェと呼ばれる社会活動があります。一般市民がお茶などを飲みながら、死に関する疑問や不安を気軽に語り共有する場です。もとはスイスで始まった試みですが、現在では世界数十か国に広まっています。

　やがて日本でも、欧米の後を追って、死生学やホスピスの取り組みがさかんに行われるようになりました。しかし、近年の日本の終活現象は、そうした流れとは別に、産業の主導によって起こり、とくにこの数年で急速に普及したといえます。以下ではこの点を、終活市場での需要と供給という切り口から考えてみましょう。

2　終活ブームの担い手

■多死社会とリタイア後の長い余生

　2005年、日本の年間死亡者数は初めて出生数を上回り、ついに人口減少社会に突入しました。それ以降も死亡者数は増加の一途をたどり、2019年の年間死者数は約136万6000人と推定されています。近年の終活ブームはまさに、社会全体で多数の死者が出る多死社会を背景としています。

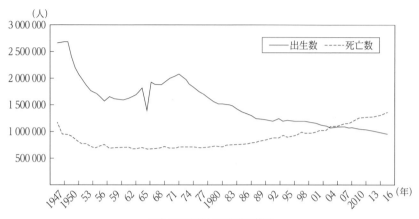

（人）

日本の出生数と死亡数の推移
（厚生労働省「人口動態推計 平成29年」をもとに筆者作成）

　より具体的に言えば、終活ブームの担い手は、2010年代に高齢期に差し掛かった人々です。とくに注目されるのは、上のグラフにみられるように、毎年260万人以上と日本でも突出して年間出生数が多かった、1947〜1949年生まれのいわゆる団塊世代の動向です。団塊世代は、現在の日本で最も年齢人口が多い層であるばかりか、経済面でも体力や時間の面でも比較的余裕があり、巨大な消費市場と言われています。終活が流行語となった2012年がちょうど、団塊世代が65歳となり会社をリタイアし、いわゆる高齢者となり始める年にあたることは、決して偶然ではないでしょう。

　高齢者とは言っても、今どきの65歳の方々には、大変お元気で若々しい方が多いように思います。厚生労働省によれば、2018年現在の日本人の平均寿命は男性81.25歳、女性87.32歳で、過去最高を更新しています。医療技術の発展により、突然の死、あるいは短期の闘病で亡くなってしまう人の数は激減し、日本は世界屈指の長寿国となりました。それはもちろん喜ばしいことですが、一方でそれは、多くの人々が会社をリタイアした後、20年、30年以上もの余生を過ごすなかで、自らの老いや病、そしてどのように死を迎えたいのかや、どう葬送されたいかを考える期間が長くなったことを意味するのです。

■自己決定としての終活

　もう一つ、終活ブームの大きな背景として、自己決定という考え方の普及が挙げられます。1990年代頃から、延命措置や脳死判定、臓器移植といった医療技術の進歩とともに、自らの生命や身体をどうするかは医療側にコントロールされるのではなく、本人の意思を優先すべきだとの社会的風潮が高まりました。回復が見込めない場合の対処法や自分の終末期の過ごし方、そして葬儀や墓のかたちまで含めて、あらかじめ本人が選択しておくのが良いと考えられるようになっていったのです。

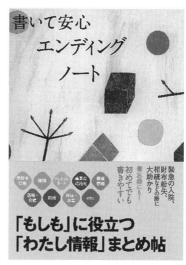

エンディングノートの例
（『書いて安心　エンディングノート』主婦之友社、2016年）

　このような自己決定をまとめる終活ツールの一つに、「エンディングノート」と呼ばれる冊子があります。近年市販・頒布されているエンディングノートには、預貯金・保険など財産関係の覚書のほか、自分の葬儀についての事細かな希望や、家族や友人へ伝えたいメッセージ、自分史として人生の思い出を振り返るためのページなどが充実しています。

■キーワードは「自立」「迷惑をかけない」「自分らしさ」

　消費者のニーズに合わせて、商品は変化、多様化します。たとえば墓もそうです。戦後全国的に普及した家墓ですが（第9章参照）、1990年頃になると、都市化や、直系家族制から夫婦家族制への移行、ライフスタイルの多様化、少子高齢化といった社会構造の大きな変化を背景に、子孫（とくに男子）がいない人にとっては家墓を維持することが難しくなってきました。しだいに、妻が夫の墓に入る慣行や、子孫に墓守を継承する慣行、また葬儀・墓・供養・戒名等の費用が高額すぎること、形骸化していることなどに対し、社会的な批判が高まり始めました。

このような動きを受けて、葬送関連の事業者や市民団体、一部の寺院などが、「永代供養」「散骨」「樹木葬」「合葬墓（合祀墓）」「手元供養」「電動搬送式納骨堂」等々の新しい形態の墓や埋葬方法の提供を開始しました。これらは、墓の後継ぎの必要がないとか、宗教や金額にとらわれない、自分らしい、環境への負荷が少ない、遺骨を自然に還すといった特徴を有しています。人々は、自らの事情や好みに合わせて、これらの選択肢から墓や葬送を選べるようになったのです。

3　エンディングビジネスの成長

■供給側の戦略

終活マーケットの供給側に目を向けてみましょう。終活が大きな潮流となったのは、高齢者が増えて需要側のニーズが拡大したというだけでなく、それをビジネスチャンスとみた供給側の存在があったためでした。

終活が急速に社会に受け入れられた秘訣の一つに、葬祭業や墓石業、霊園業など、死に関わる事業者たちが巧みに横文字や前向きな言葉を多用したり、好感度の高い著名人を広告に起用したりすることで、終活のイメージ転換に成功したことが挙げられます。そもそも高齢者が遺言状を書いたり身辺整理をしたりすることは、昔から普通に行われていたことです。事業者たちはそれを、ネガティブな「死の準備」ではなく、「終活」という名称に置き換えました。そして、元気なうちにさまざまな整理をすることで心配事を解消し、これからの高齢期を生き生きと過ごすための、明るく気軽でポジティブな活動だとアピールしたのです。また、事業者自らも、「エンディング産業」や「フューネラルビジネス」などと自称しはじめました。

■異業種の参入と終活情報の氾濫

終活市場は拡大が確実なマーケットと見込まれたため、もとは終活に全く関係の無かった業種からの参入も相次ぎました。たとえば大手スーパーのイオンは2009年に「イオンのお葬式」で葬儀業に参入し、2014年には同事業をイオン

左：花のモチーフをあしらった死装束、右：環境にやさしい原料でできたドイツ製の骨壺（ともに「エンディング産業展 2018」にて筆者撮影）

ライフ株式会社として分社化、終活のトータルサポートを担う事業へと拡大をはかっています。旅行業のクラブツーリズムも、2017年より終活事業に参入しています。IT サービス業の DMM.com は2018年、終活情報サイト「終活ねっと」を買収し、子会社化しました。他にも、陶器メーカーがオリジナル骨壺の製作を始めたり、古物取扱業者が遺品整理サービスを始めたりと、大小さまざまな事業者が販路の一つとしての終活市場に注目しているのです。

　終活関連の事業者は、顧客をひきつけるため、終活に関する多くの情報をさまざまな媒体で発信するようになっています。書店には終活関連の本や雑誌が多く並んでいますし、2013年からは、終活をテーマとした季刊誌『終活読本ソナエ』（産経新聞出版）も刊行されています。

　近年では、「終活フェア」などと称した一般市民向けの催しや講演会、セミナーを開催する事業者も増えています。そうしたイベントでは、葬儀業・墓石業者だけでなく、任意後見契約や遺言作成を請け負う司法書士・行政書士、介護サービスなど、死や終末期に関わるさまざまな事業者の話を聞き、その場で生前契約をすることができます。他にも、複数の葬儀場や霊園などを見学できる終活バスツアー、遺影の撮影会、カラフルな死装束の試着会、棺桶に入って

みる体験会、散骨の模擬体験会など、体験型のイベントも行われています。

　なお、このように活気づいた日本の終活産業には現在、中国・韓国などをはじめとするアジア諸国から、大勢の視察団が訪れています。間もなく日本と同じか、あるいは日本以上に急速な少子高齢化が予測される国々が、日本の終活を"輸入"しつつあるのです。

■すべての人に良い終活を

　終活情報があふれている現状は、高齢者のニーズの反映である一方、事業者がやみくもに人々を駆り立てている側面も否定できません。なかには、遺骨を投棄に近いやり方で処理してコストを抑えているような事業者もいるようです。こうした事態は、終活が急速に市場原理のなかで展開してしまった結果生じていると考えられます。

　また、先ほど述べた自己決定というものが、本当に誰にとっても自己の自由意志にもとづく決定になっているかどうかについても、慎重に考える必要がありそうです。日本では、老後の介護や終末期医療、看取り、そして葬られるまでの実務のほとんどを、家族が担っているのが現状です。その過程にかかる費用も決して少なくありません。そのため、経済的に余裕のある人や、頼れる家族などとのつながりのある人と、そうでない人とでは、終活の意味や選択肢の幅が異なってくるのです。

　今後の日本では、高齢の単身者や経済的困窮者の増加が見込まれています。すべての人が心おきなく自己決定できるためには、民間の事業者だけでなく、行政や NPO による終活支援も求められるでしょう。

4　終活と宗教のこれから

■死に向き合う知恵としての宗教

　終活では一般に遺産や遺骨といったモノの処理が中心となりがちですが、終末期に差しかかると、死に向かう心の問題の方が大きくなります。元気なうち

は前向きに終活に取り組むことができたとしても、もしも実際に回復の見込み
がない末期の疾患がわかったとしたら、死の不安や恐怖にさいなまれるかもしれ
ません。「どうせもう死が近いのに、身体的・精神的な苦痛を抱えてまで生
きる意味があるのか」などと思いつめてしまうかもしれません。

　こうした苦しみを解消する方法にはさまざまなものがあるでしょうが、やは
り、死後についてのある種の宗教的な考え——たとえば天国に行く、生まれ変
わる、魂となって愛する人のそばにいるなど——が、大きな心の支えになるこ
とがあります。宗教は、死や病の苦しみの意味を人類が数千年間も考え抜いて
きた知恵の泉、回答集でもあります。特定の信仰を持たない人の終活に際して
も、宗教者が活躍する機会は十分にあるでしょう。

　日本では少なくとも今後数十年にわたり、超高齢・多死社会と呼ばれる状況
が続くことは間違いありません。終活の定着が、日本の宗教のあり方をも変え
ていくのかもしれません。

まずはここから読んでみよう

　小谷みどり『〈ひとり死〉時代のお葬式とお墓』岩波新書、2017年。

　浅見昇悟編『「終活」を考える——自分らしい生と死の探求』上智大学新書、
　　2017年。

　NHK 取材班『さまよう遺骨——日本の「弔い」が消えていく』NHK 出版新書、
　　2019年。

もっと知りたい人のために

　脇本平也『死の比較宗教学（叢書 現代の宗教 3）』岩波書店、1997年。

　島薗進・竹内整一編『死生学 1　死生学とは何か』東京大学出版会、2008年。

　金セッピョル『現代日本における自然葬の民族誌』刀水書房、2019年。

第9章

日本の墓とはどんなものか

問芝志保

ピラミッドやタージ・マハル、聖墳墓教会、仁徳天皇陵など、観光地となっている墓は世界中にあります。日本で外国人観光客を案内しているときに、墓地のそばを通りかかることもあるでしょう。日本の墓の特徴とは何でしょうか。

```
── CONTENTS ──        KEYWORD
1  お盆は家族で墓参り    ◇霊 魂 観
2  さまざまな世界の墓    ◇家  墓
3  日本の家墓          ◇火 葬 率
4  日本が抱える墓問題    ◇墓の無縁化
```

1　お盆は家族で墓参り

■墓参りの実施率の高さ

序章でも述べられているように、2008年に行われた読売新聞の世論調査で、「盆や彼岸などにお墓参りをする」と答えた人の割合は78.3%でした。墓参りは初詣とならんで、日本人の大多数が実施する宗教的な行為といえます。

もっとも、墓参りを宗教ということには違和感があるかもしれません。墓参りは単なる家族の恒例行事で、掃除をしなければならないから行くにすぎず、決して宗教のつもりではないと考える人は多いでしょう。しかし、先祖が喜んでくれそうだからとか、大好きだった故人に語りかけ、人生の節目の報告をするために墓参りに行くとすれば、それは広義の宗教性を含む行為といえます。また、墓に水をかけ、供え物をし、合掌する一連の行為は、外国人の目には神

仏に対してするのと同じような宗教儀礼として映ることでしょう。

■霊魂はどこにいる？

それでは、もし外国人に「日本人は死者の霊魂が墓にいると思っています
か？」と尋ねられたら、どう答えるべきでしょうか。

民俗学者の柳田國男は『先祖の話』（1946年）という著名な本で、日本人の霊
魂観を論じました。それは、先祖の霊魂は子孫から祀られると、しだいに生前
の個性を失って祖霊という集合霊にまとまり、家の守護者となって、盆や正月
には家に戻ってくるというものです。

しかし現在、この先祖観がどれほど共有されているかは疑問です。先述した
読売新聞の調査で、「死んだ人の魂はどうなると思いますか」との質問への回
答（選択式）は、「生まれ変わる」29.8％、「別の世界に行く」23.8％、「消滅す
る」17.6％、「墓にいる」9.9％、「魂は存在しない」9.0％、その他0.9％、わ
からない・無回答9.1％でした。「先祖になる」との選択肢がそもそも用意され
ていませんし、全体として回答はばらけています。

2008年には「千の風になって」という歌が大ヒットし、「私のお墓の前で泣
かないでください／そこに私はいません（中略）／千の風になってあの大きな
空を吹きわたっています」との詞に多くの人が共感を示しました。人々は時と
してさまざまな場所に死者や霊魂を感じながら、その一方で墓参りにも行って
いるのだとすれば、大変興味深いことなのかもしれません。

2　さまざまな世界の墓

■世界の墓

世界の葬送や墓の文化を調べてみると、巨大で豪華なものや、カラフルなも
の、簡素なものなど、非常にバリエーション豊かであることがわかります。墓
はその社会を映す鏡だといわれることがあります。世界の墓と比べることで、
あらためて日本の墓の特徴もみえてくるでしょう。

たとえば中国を中心とする儒教文化圏では、親を火葬することは不孝として避け、なるべく大きな墓を設けて土葬するのが通例です。

　墓を作らない民族もあります。チベットでは、遺体を鳥に食べさせる鳥葬が行われます。遺体は魂の抜け殻にすぎないため不要であり、喜んで鳥や動物に差し出すことが功徳になるという宗教的な意味をもつ葬法です。ちなみに、もし日本で鳥葬をすると、刑法の死体損壊罪にあたる可能性が高く、また遺体の尊厳をめぐる社会的な批判も免れえないでしょう。葬送はそれぞれの宗教文化や社会規範に強く拘束されるのです。

Google 　　世界の墓　　　　　　　　　　× | 🎤 　🔍

■通説と実態

　ただし、あの国の墓はこうだ、あの宗教の墓はこうだ、などの通説には、地域差や時代による変化がつきものであることには注意が必要です。

　たとえば筆者はかつて、マレーシアにあるヒンドゥー教徒の土葬墓地を訪ねたことがあります。一般的にインドのヒンドゥー教徒は、遺体を火葬してガンジスに流し墓を設けないことで知られていますが、ヒンドゥー教徒すべてがそうではないのです。また、ムスリム（イスラム教徒）のなかにも、墓参りは偶像崇拝にあたるため行うべきでないと考える人々もいれば、頻繁に墓参りをする人々もいます。カトリックは伝統的に火葬を忌避してきましたが、近年は急速に火葬率が上昇しています。次節でみるように、日本の墓も大きな変化を

台湾の墓の一例。大きな石の台のなかに、夫婦が並んで土葬されている。

遂げてきました。通説にとらわれずに実態をみつめてみることが、新たな宗教研究のスタートになるかもしれません。

3　日本の家墓

■墓の身分格差

現在一般的な日本のお墓といえば、家族で一区画を使用し、そこに「○○家」や「先祖代々之墓」などと刻まれた墓石を建て、その下部にある小さな石室に家族の遺骨を納め、そして子孫が代々その墓を継承していくというものです。定まった呼称はありませんが、ここでは「家墓」と呼んでおきます。

実は、日本でもかつては身分や地域などによって、それぞれまったく異なる形態のお墓が営まれていました。古代・中世から、権力者や貴族層のなかには大きな墓を建てる者もいましたが、一般庶民が墓を設けることは困難でした。それは702年（大宝2）の「喪葬令」で、二位以下（すなわち平民）が墓を営むことが禁じられていたためです。庶民の遺体のほとんどは打ち捨てられるか、簡単な埋葬・火葬をするだけで終わりにされていたと考えられます。

しかし近世に入ると、平民も墓石を建て始めます。そこで幕府は1831年（天保2）のいわゆる「墓石制限令」で、百姓や町人が身分不相応な大きい墓を建てることを戒め、墓石の高さを4尺（約1.2m）までに制限しました。これにより、平民が墓を建てることが法的に許されたのです。

■日本にもある多様な墓

それ以降、各地域それぞれの社会制度や宗教様式、自然環境などの諸条件のもとで、お墓の建て方・営み方のしきたりやルールが確立していきました。

各地域のさまざまな墓制や、墓にまつわる習俗、霊魂観・他界観・家や先祖の意識などの研究を牽引してきたのは、民俗学者たちでした。たとえば「両墓制」と呼ばれる習俗では、遺体を埋葬した場所とは違う場所に墓石を建てます。また「無墓制」といって、火葬したあとの遺骨のほとんどをそのまま遺棄し、

沖縄県糸満市の門中墓

一部を寺院の本山に納骨して、自家の墓は設けない習俗もあります。沖縄・奄美地方では、いったん土葬（あるいは風葬）して数年後に遺骨を取り出し、水か酒で洗い清めて再埋葬するという「洗骨」が行われました。このような多様な墓制は、現在でも一部維持されていますが、多くは家墓への転換が進みつつあります。

　日本人の心の奥底には昔から変わらない霊魂観や先祖観があり、それに従って人々は伝統的に死者を供養し祀ってきた、したがって多種多様な葬送や墓には共通する「変わらない何か」がある——そのように考えている人もいるかもしれません。しかし近年の歴史学や考古学の成果を参照すれば、そうした超時代的な観念や儀礼、墓の姿を措定できないことは明らかです。現在学界では、各地域で葬送や墓のあり方がどのように異なっているのか、そしてそれが時代によりなぜ、どのように変化したのかを検討する研究がさかんに行われています。

■近代的な家墓

　明治に入ると、近世とはうってかわって、身分階層や貧富の差を問わず、全ての国民が適切な墓に葬られる権利と義務とを有していくようになります。その背景には衛生問題（伝染病の拡大防止）や、都市計画（市街地の有効活用のため墓地を郊外に移転する）、人口移動への対応（移住・出稼ぎ者の埋葬地の必要）などといった大きな社会的要因も関わっていました。

　墓に関する法規範としては、刑法（死体遺棄罪）や明治民法、「墓地及埋葬取締規則」が整備されました。これらの法で示されたのは、遺体ないし遺骨は、所定の墓地に所定の方法で埋葬され、それは誰々の墓として標識され、保存・祭祀され、そして家で相続されるべきという、現在にも通じる規範でした。近

世まで行われていた、適当な場所に遺体を放置もしくは埋葬し墓標も設けないような葬送は、ふさわしくないとして禁じられることになりました。

　加えて、明治末期以降の国民道徳教育のなかで、先祖祭祀や墓参りが日本人の優れた慣習として奨励されました。国民のなかに、墓を大切に祀るべきとの考えが育まれていったのです。

　1923年（大正12）には、東京西部の郊外に多磨墓地（現在の多磨霊園）が開設されました。多磨墓地は、自然豊かで、広大な土地を用いた、宗教色の薄い公園墓地として、以降の新しい墓地のモデルとなりました。

■火葬と家墓の普及

　日本の家墓は火葬骨を納める形になっています。それには火葬が前提となりますが、80頁のグラフをみると、戦後直後までは半分ほどだった火葬率が、ぐんぐん上昇していることがわかります。現在の日本の火葬率はほぼ100％で、これは世界1位です。なお日本では、火葬後に、遺族が長い箸で遺骨を拾って骨壺におさめる拾骨（骨上げ）が広く行われていますが、この儀礼は外国人の目には驚きをもって受け止められるようです。

　高度経済成長期～バブル経済期には、石材事業者・不動産業者・宗教法人などが提携し、郊外に続々と大規模な霊園を開発しました。この背景には、日本の人口および世帯数の増加があります。1955年には約1000万世帯だった核家族世帯は、1970年には約1700万世帯に急増し、また地方村落部から都市へと移住した家族も多くありました。こうした人々のなかで、新たに墓を購入したり、地方の墓を都市へ移動したりするニーズが高まったというわけです。

　現在の家墓という墓の形式は、こうした霊園での大量販売・契約に適合的だったため、火葬の普及とともに、昭和という時代のあいだにすっかり全国に普及しました。もともと身分や地域によって多様だった墓のあり方は、このようにして画一化を遂げたのです。

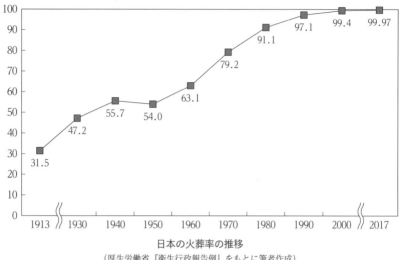

日本の火葬率の推移
（厚生労働省『衛生行政報告例』をもとに筆者作成）

4　日本が抱える墓問題

　現在の日本では、墓や墓地が変化を迫られています。その背景として、次の二つの問題点が挙げられます。

　■外国人のための墓地の必要性

　日本に来住する外国人は増加の一途をたどっています。しかし、日本で亡くなった外国人のための墓地の準備は、決して十分とはいえません。

　たとえば現在の日本では、ムスリムの土葬を認める墓地の数は非常に限られています。過去には、地元住民の反対によりムスリム専用墓地が開設できなかった例もありました。宗教や遺体をめぐる観念の違いに加え、国土の狭い日本では十分な墓地用地の確保も難しく、調整が難しいという面があります。

　エスニシティや宗教が多様化するにつれ、亡くなった外国人の方の宗教や文化に合わせた葬送や墓への対応は大きな課題となるでしょう。

■家墓を継ぐことの難しさ

　日本は1990年代後半ごろから生涯未婚率の上昇や少子化が顕著となっています。この背景には女性の社会進出や家族規範の変化もありますが、経済的理由によって結婚・出産がしたくてもできないという人も少なくありません。また、子どもが海外や遠方に居住している場合もあるでしょう。このような場合、家墓を代々継いでいくことが困難になります。

　維持・継承する者のなくなった墓は「無縁墓」と呼ばれ、墓地経営者や行政によって手続や処理がされることになります。近年では、無縁化する前に墓を自ら撤去し、遺骨を合葬式の墓に移したり、散骨したりする人が増えていると言われます。ただしこうした「墓じまい」には法的手続が必要で、費用もかかります。結婚・出産を当然としない社会、流動化する社会に合わせ、家墓に代わる墓制度が必要との声が上がっています（第8章参照）。

　以上のように、葬送や墓については、宗教や文化、慣習、観念とのかかわりだけでなく、社会構造の変化や人口、衛生、都市計画などの現実的な諸問題と不可分のものとして考えていかなければならないのです。

まずはここから読んでみよう
　小西賢吾・山田孝子編『弔いにみる世界の死生観』英明企画編集、2019年。
　関根達人『墓石が語る江戸時代——大名・庶民の墓事情』吉川弘文館、2018年。
　森謙二『墓と葬送の社会史』吉川弘文館、2014年（原著1993年）。

もっと知りたい人のために
　鈴木岩弓・森謙二編『現代日本の葬送と墓制——イエ亡き時代の死者のゆくえ』
　　吉川弘文館、2018年。
　勝田至『日本葬制史』吉川弘文館、2012年。
　新谷尚紀・関沢まゆみ編『民俗小事典 死と葬送』吉川弘文館、2005年。

第10章

日本の政治と宗教の関係はどうか

高尾賢一郎

　日本では一般に、政治と宗教の分離が、現代における国家の健全なあり方と考えられます。では、多くの国で政治と宗教は分離しているのでしょうか。西洋諸国とイスラーム諸国の事例を交えて、日本の政治と宗教の関係を見つめ直します。

1　近代における政治と宗教

　そもそも、なぜ政治と宗教の分離が国家の健全なあり方と考えられているのでしょう。これについて、まずは政治と宗教の関係にとっての転換期である、「近代」について考えます。

■「近代」とは何か

　たとえば科学技術の進歩を目の当たりにした時、「近代的」と表現されることがあります。この時、「近代」が指すのは「新しさ」程度の意味でしょう。しかし、「近代」発祥の地である西洋の文脈で考えた場合、重要なのは「新しさ」よりも、「新しさ」を好意的に捉える価値観だと言えます。西洋では、な

がくローマ教皇庁の制度・価値観が人々の生活や考え方に影響を及ぼしてきました。社会全体が過去に根ざした伝統にならうことを良しとしたのです。しかし、宗教改革や啓蒙主義の普及をへて教会の権威が低下すると、宗教から解放された人間のあり方が尊ばれるようになり、人々の目線も、変わらない伝統から変わる日常に向けられました。

■「国家」の誕生

　宗教からの解放の影響は政治体制にも及びました。カトリックとプロテスタントによる三十年戦争（1618～1648年）をへて、ヨーロッパでは主権国家間の領土不可侵の原則が結ばれます。これによって、各国が自分たちの領土とそこに住む人々の平和を最優先する「国家」に生まれ変わりました。教皇庁という、いわば大きな傘の下にいた国々が独立したわけです。国家が自国の領土と国民の平和を最優先することは、今日の私たちからすれば当然に思われます。しかし、政治学者のトマス・ホッブズは、国家を「可死の神」や「人工的人間」と表現しました。つまり国家は、従来の「不死の神」、あるいは宗教に取って代わるものとして人為的に作られた、新しい支配の秩序を意味するのです。

■「世俗化」時代の宗教

　近代国家は、宗教の支配から政治を解き放つため、両者の権力的な結びつきを望ましくないとする判断の下で成り立ちました。今日、政治と宗教の分離を国家の健全なあり方とする考えは、ここに起源を持つと言えます。ただし、忘れてならないのは、根本にあるのは宗教からの人間の解放だということです。このため、宗教は政治だけでなく、社会のさまざまな場面でかつての影響力を失い、人々が宗教に寄せる関心、費やす時間や財などが低下したとされます。この状況は「世俗化」と呼ばれ、今日では「宗教離れ」といった意味でも用いられます。つまり、政治と宗教の分離がもたらしたのは、両者の対等な関係というより、人間生活に対する宗教の従属化だと言えるでしょう。

2　西洋の政教分離

　とはいえ、近代以降、社会から宗教が消え去り、人々が無宗教を自認するようになったわけではありません。では、西洋で政教分離はどのように実践されているのでしょうか。

■実はめずらしい政教分離

　一口に政教分離といっても、そのあり方は国によってさまざまです。たとえば、イギリスでは国王が英国教会の首長を兼ねるなど、特定の宗教を保護する国教制が採用され、ドイツでは公認宗教制のもと、宗教教育が公立学校の正規科目と定められています。他にも国教制はフィンランドやデンマークに、公認宗教制はイタリアやスペインに見られます。このように、西洋諸国を見渡すと、実はほとんどの国で政治と宗教はなんらかのつながりを持っています。そこで問題となるのが、政治と宗教の分離が何を争点としてきたかです。これについて、政教分離を採用する国の事例を通して考えましょう。

■フランス

　18世紀末の革命以来、フランスは厳格な政教分離に取り組んできました。この軸となるのは、今日では憲法にも定められたライシテ（非宗教的であること）の原則です。革命以後、ライシテの主な争点は、近代国家を形成する過程で教皇庁の干渉をどう防ぐか、教会の活動をどこまで認めるかという、伝統文化としてのキリスト教の管理にありました。

　しかし、今日のライシテをめぐる議論の中心は、伝統文化ではないイスラームです。この発端は、1989年にイスラム教徒の女子生徒が、宗教で定められたスカーフを学校で被ったために退学処分になった事件です。この是非をめぐる議論は、宗教的なシンボルの着用の禁止（2004年）、公共の場で顔を隠すことの禁止（2011年）という法律につながりました。ここからは、今日のライシテが、

宗教の公共の場における可視化を禁じていることがわかります。

■アメリカ

アメリカは、建国間もない18世紀末以来、政教分離を採用しています。ただし、これは政府が教会や宗教団体に特権を与えることを禁じたもので、信教の自由や宗教活動は保障されています。多様な宗教的背景を持つ人々が住むアメリカでは、一つの宗教による社会の統合も、あらゆる宗教の禁止も難しかったことがうかがえます。とはいえ、人々の大半はキリスト教徒で、たとえば大統領就任式の宣誓では聖書に手を置く儀式が見られます。キリスト教的伝統と近代的価値観が結合したこのあり方を、アメリカ宗教史学者の森孝一は「見えざる国教」と名づけました。

このキリスト教的伝統が、反進化論運動や福音派の台頭など、20世紀になってしばしば保守的な形で現れました。とくに福音派は、政治的右派として影響力を持ち、人工妊娠中絶や同性婚への反対など、政策に影響する姿勢を示すことで、厳格な政教分離を求める人々と対立しています。

3　イスラームは政教分離か

続いて、西洋と文化・価値観の面で対極と見られることが多いイスラーム諸国を事例に、政治と宗教の関係を見ていきましょう。

■イスラームは宗教ではない？

イスラームは政治や経済など、人間生活のあらゆる場面に関わる教えであるため、宗教ではないという説明をしばしば目にします。しかし、ここで三つの点に注意が必要です。一つ目は、イスラームが君主、臣民、領土などの政治体制の要素がない7世紀のアラビア半島で誕生したこと。二つ目は、政治や経済と宗教とを分ける考えは、近代における政治と宗教の分離を前提とすること。そして三つ目は、今日のイスラーム諸国の多くが植民地化をへて、政教分離を

採用する国家として成立したこと。以上を踏まえれば、イスラームが宗教ではないとの理解は、西洋と近代のバイアスを通したものだと言えます。

■カリフ

イスラームを広めたムハンマドは、政治権威と宗教権威を兼ねた存在でした。しかし、彼が宗教権威であったのは神の啓示を授かる最後の預言者だからです。したがって彼の死後、預言者が不在ななかで人々が引き継いだのは政治権威の役割だけでした。彼からイスラム共同体を引き継いだ4人の指導者をカリフと呼びます。カリフはイスラームにのっとった刑の執行や戦争を命じる権利を通じて、社会にイスラームの価値観や制度を根づかせる役割を担いました。しかし彼らの死後、イスラーム共同体は単一の指導者を失って分裂しました。今日のイスラム諸国は、政治権威の下で領土内の平和を最優先する近代西洋型の国家であり、イスラーム国家を自認するサウジアラビアも例外ではありません。

■イマーム

カリフが不在である以上、イスラームにおける政教一致はムハンマドの治世においてのみ存在したと言うことができます。一方で、イマームと呼ばれるもう一つの権威が存在します。第4代カリフであるアリーの死後、彼とその子孫をムハンマドの正統な後継者とみなすシーア派が誕生しました。ここで重要なのは、イマームは政治権威と宗教権威を兼ねた存在とみなされたことです。シーア派の主流な考えでは、優れた学者がアリー以降のイマームの代理になれるとの理論が構築されます。この理論にもとづいて誕生した現代のイランでは、イスラーム学者が政治決定を下す指導者を務めることで、政教一致を採用していると言えます。

4　日本の事例を考える

近代の成り立ちとその特徴、西洋とイスラームの事例を確認しました。これ

らを踏まえて、近代日本の政治と宗教の関係について見直しましょう。

■国家神道と日本国憲法

　明治時代、日本政府はこれまでの神仏習合を廃止して国家神道の形成を進め
ました。国家神道とは、狭義には新設された神社局を通じて全国の神社を管理
する行政のあり方を指します。しかし広義には、日本の神々の物語を皇祖神に
結びつけることで、その子孫である天皇を公式に神格化した宗教体制を指しま
す。つまり、政教分離と政教一致の二つの性格を兼ね備えていたと言えます
（戦前の天皇制については第13章を参照）。

　今日の政教関係について考える上では、後者の政教一致のあり方が重要とな
ります。これについて、1946年に公布された現在の憲法を確認しましょう。一
般に日本の政教分離の原則とされるのは次の条文です。

> 第20条　信教の自由は、何人に対してもこれを保障する。いかなる宗
> 　教団体も、国から特権を受け、又は政治上の権力を行使してはなら
> 　ない。
> 2　何人も、宗教上の行為、祝典、儀式又は行事に参加することを強
> 　制されない。
> 3　国及びその機関は、宗教教育その他いかなる宗教的活動もしては
> 　ならない。
> 第89条　公金その他の公の財産は、宗教上の組織若しくは団体の使用、
> 　便益若しくは維持のため、又は公の支配に属しない慈善、教育若し
> 　くは博愛の事業に対し、これを支出し、又はその利用に供してはな
> 　らない。

　ここからわかるように、日本の政教分離は、国家によって宗教団体が政治・
経済的な特権を得たり、国家が宗教的な伝統や価値観を反映したりすることを

禁じています。これらは特定の宗教団体を優遇しないアメリカ、国家の非宗教性を掲げるフランスに通じるといえるでしょう。両国の政教分離が、教皇庁や教会といった特定の宗教を念頭に置いて確立したように、日本の政教分離も、主に戦中の国家神道を意識したものでした。つまり、国家神道が国家から政治・経済的特権を与えられ、あるいは国家の権威そのものとなることで、それに沿った教育や活動が人々に強いられたという反省の上に、今日の政教分離が成り立ったわけです。

■政教分離に見る宗教観

　ところで、これは憲法の性格上、国家のあり方について述べたものです。今日の日本で政教分離といった時にはもう一方の側、つまり宗教が政治にどう関わるかが議論の的になります。

　結論からいえば、今日、宗教団体を母体とする政党が存在し、国政選挙にも参加していることから分かるように、宗教団体が政治活動を行うことは憲法解釈の上で禁じられていません。にもかかわらず、私たちがそこに何らかの違和感を覚えるとすれば、この背景には、宗教社会学者の塚田穂高が指摘するような、「その政治的行動が独善的・排他的な理想や思考に立脚していないか、排外主義や陰謀論、歴史修正主義などと結託していないか」といった、宗教そのものへの不信感があると考えられます。このため、宗教の教えが国家の統治原理や法律になったり、宗教指導者が政治指導者を兼ねたりといった一部のイスラーム諸国のあり方は、政治の中立性や公平性を損なったものとして理解されがちです。さらに言えば、こうしたあり方を目標に掲げるイスラーム指導者・団体の思想や活動は、近代的な世界観、つまり今日の社会の秩序を破壊する「過激主義」との批判を浴びることが多々あります。

　このように、宗教の「負」の側面が意識される一方、近年では、さまざまな社会貢献を通した宗教の「正」の側面が注目を集めています。歴史を振り返れば、多くの宗教は人々の救済を目的とした社会活動に取り組み、各寺院はその舞台にもなってきました。今日では、多くの新宗教がボランティアや平和運動

に取り組む姿も目立ちます。ただし、仮に人々の救済が目的であっても、国政選挙への参加のように、自らが政治の主体者になろうとする活動が社会貢献とみなされることはまれに思われます。一般に宗教の社会貢献として評価されるのは、現在の社会をより良いものにしようと、つまり行政を草の根レベルで後押し、あるいは補完しようとする「政治未満」の活動に限られており、この点からは、宗教に対する考え方に近代的価値観が大きな影響を及ぼしている様子が改めてうかがえます。このように、政治と宗教の関係は、たんに日本や外国の制度を知るのではなく、私たちが住む今日の世界がどのような価値観にもとづいて成り立ったか、またそれが私たちの思考にどのような影響を及ぼしているかについて考えるテーマだと言えます。

> **まずはここから読んでみよう**
>
> 島薗進『国家神道と日本人』岩波新書、2010年。
>
> 伊達聖伸『ライシテから読む現代フランス――政治と宗教のいま』岩波新書、2018年。
>
> 中田考『イスラーム入門――文明の共存を考えるための99の扉』集英社新書、2017年。
>
> **もっと知りたい人のために**
>
> 大原康男ほか『国家と宗教の間――政教分離の思想と現実』教文選書、1989年。
>
> 島薗進・磯前順一編『宗教と公共空間――見直される宗教の役割』東京大学出版会、2014年。
>
> R・M・ホメイニー『イスラーム統治論・大ジハード論』富田健次訳、平凡社、2003年。

第11章

学校に「宗教」の時間はないのか

岩田文昭

日本の学校現場には「宗教」を持ち込むのはよくないという意見があります。学校教育における価値観形成について理解を深め、外国の学校との違いを確認しながら、宗教教育の意味を考えてみましょう。

CONTENTS

KEYWORD

◇政治教育
◇宗教的情操
◇畏敬の念
◇共同体の結束

1 政教分離の下での宗教教育

■政治教育と宗教教育

学校で「宗教教育」のしめる位置を理解するのに、「政治教育」と対比させてみましょう。政治と宗教には、類似している点が多くあります。どちらも、人間存在の根幹に位置し、重要な意義を有しています。政治も宗教も人を幸福にすることもあれば、争いのもとになることもあります。初対面の人との会話において、政治と宗教は話題にしない方がいいとされています。最初は会話が盛り上がっても、次第に意見が食い違いがちだからです。応援する政党や信じる宗派が違うときには激しい対立もおこります。無党派や無宗教といっても、政治や宗教に無関心な人ばかりではありません。政治や宗教に理想的な姿を抱いているがゆえに、現実の政治や宗教から距離をとる人も少なくありません。

　政治と宗教を対比的に扱うことは教育基本法でもなされています。教育基本法は、日本の教育に関する根本的・基礎的な法律です。教育に関する法令の運用や解釈の基準となる性格を持つことから、教育憲法と呼ばれることもあります。2006年12月に公布・施行された教育基本法では、次のように政治教育と宗教教育の条項が並んでいます。

第14条　（政治教育）　良識ある公民として必要な政治的教養は、教育
　　上尊重されなければならない。
　2　法律に定める学校は、特定の政党を支持し、又はこれに反対する
　　ための政治教育その他政治的活動をしてはならない。
第15条　（宗教教育）　宗教に関する寛容の態度、宗教に関する一般的
　　な教養及び宗教の社会生活における地位は、教育上尊重されなけれ
　　ばならない。
　2　国及び地方公共団体が設置する学校は、特定の宗教のための宗教
　　教育その他宗教的活動をしてはならない。

　条文にあるように、政治教育も宗教教育も「教養」として教えることが勧められるなど類似点がいくつかあります。ただし、政治教育のほうが宗教教育よりも制限が厳しくなっています。政治の場合には、大学も含めて学校では特定の政党を応援することや反対する教育をしてはいけないのです。

■教育と価値観

　しばしば、学校教育では特定の価値を教えてはいけないという意見がでます。マスコミだけでなく教育学者でもそのようにいう人は少なくありません。しかし、この意見は正確ではありません。学校教育で教えられるべき価値がたしかに存在しているからです。たとえば、平和、民主主義、人権、愛国心、国際協調などはたんなる知識としてではなく、それを尊重すべき価値観として身につ

91

けることが目標となっています。このことは、法令上の根拠をもつとされる学習指導要領をみれば一目瞭然です。中学校学習指導要領（平成29年3月告示）では、「国際社会に主体的に生きる平和で民主的な国家及び社会の形成者に必要な公民としての資質・能力の基礎」を育成するとして、「個人の尊厳と人権の尊重の意義」を「正しく認識」することや、「民主政治の意義」などの「理解を深め」、「自国を愛し」、「各国民が協力し合うことの大切さに」ついては「自覚などを深める」などとされています。

　ではなぜ、教育で価値を教えることを否定するような意見が多くでるのでしょうか。戦前の修身科のように特定の価値を教えることが戦争推進につながったことが、戦後に反省されたからです。特定の価値を押し付けることの警戒心や危惧があり、客観的知識を教えることが強調されてきたのです。

　しかし、表現上の強調の違いはあるにしても、戦後でも特定の価値観を学校で伝えようとしているのは事実です。問題は、抽象的な概念においては、違和感なく列挙できる価値を、さまざまな現実の事象のなかでどう教育するかです。たとえば、「平和」や「愛国心」という価値も具体的な事実を通して伝えるときには配慮しなければならないことがでてきます。

　憲法第9条や自衛隊の役割は、たえず議論が繰り返されてきました。ごく表面的な知識を伝達するではなく、逆に特定の政党の意見を代弁するのではなく、第9条や自衛隊の意味を深く考えさせようとするときには、注意すべきことが生じてきます。いずれにしろ、「良識ある公民として必要な政治的教養」を育成することは価値観形成と無関係ではないのです。それでは宗教教育ではどうなるでしょうか。

2　宗教教育の類型

　■宗教教育の類型

　宗教教育は通常、三つの類型にわけられます。第一は、「宗派教育」です。この教育は、特定の宗教の信仰にもとづきます。第二は、「宗教知識教育」で、

さまざまな宗教に関する客観的知識をつたえます。第三は、「宗教的情操教育」
で、一般的な宗教的情操を養うとされます。

　この三つの教育が可能かどうかは、私立学校か国公立の学校で異なります。
私立学校の場合ではいずれの教育も可能です。私立学校は、建学の精神をもと
にした宗教教育ができるのです。授業時間としては、国公立学校の小中学校で
必須となっている教科である道徳のかわりに、宗教教育をすることができます。

　国公立学校では、宗派教育はできません。「特定の宗教のための宗教教育そ
の他宗教的活動をしてはならない」からです。他方、宗教知識教育は歴史や地
理、公民の授業などを通して、必ずしなければなりません。意見がわかれ理
解が難しいのが宗教的情操教育です。

■宗教的情操教育をめぐる問題

　そもそも、「宗教的情操」は、英語の religious sentiment に対応する言葉
であり、宗教情操と表現されることもあります。明治以降に使われるように
なった言葉で、一般に、宗教的信仰にともなう感情体系と理解される言葉です。

　日本の政府・文科省は、国公立学校でも宗教的情操教育は可能であり、しな
ければならないと考えます。2006年に施行された教育基本法改正時には、「宗
教的情操の涵養」という文言を条文のなかに明記しようとしました。しかし、
反対にあい、この文言が法律に入ることはありませんでした。

　反対は二つの方向からなされました。一方は、宗教に否定的な人たちで、学
校教育に宗教的なものを持ち込むことを嫌う人たちからです。ところが、他方、
宗教に好意的な人からも反対がありました。その反対の理論的な理由は、特定
の宗教にもとづかない普遍的「宗教心」は存在しないのではないかということ
にあります。この反対の背景にあったのは、国家が特定の宗教を推進すること
への危惧です。

　政府・文科省は特定の宗教に依拠せずに宗教的情操を涵養できると考えます。
しかし、反対の論者からすれば、情操は特定の宗教の儀式・制度を実体験する
ことでしか伝えられません。身近な例でいえば、ケーキやプリンの作り方など

は知識として教えることができても、そのおいしさは実際に特定のお菓子を食べることによって体験できるようなものです。食べてしまえば、簡単にその味がわかりますが、知識をいくら詰め込んでもその味はわかりません。このように特定の宗教によらないという宗教的情操教育の困難さについて問題が呈されたこともあり、教育基本法改正時にこの文言の明記は見送られました。

3 畏敬の念と宗教的情操

　すると、宗教的情操教育は国公立学校でまったくされてないように思われます。しかし、そう簡単にいえないところに、この問題の複雑さがあります。

■畏敬の念
　戦後の日本の政府・文科省は、一貫して宗教的情操の涵養を推進することを基本としてきました。その推進の動きを代表するのが、1966年、高坂正顕を中心として作成された中央教育審議会答申別記「期待される人間像」です。この別記では、宗教的情操を「生命の根源に対する畏敬の念に由来する」ものとして捉え、「畏敬の念」をもつことが人間形成に重要であることが述べられました。そしてその後、道徳の学習指導要領では、宗教的情操という表現を用いずに、「期待される人間像」で強調された「畏敬の念」を学校教育で教えるべきものとするようになったのです。

　その結果、中学の道徳の授業では、「人間の力を超えたものに対する畏敬の念を深めること」に関する教育が実際になされています。ただし、授業では、特定の神や仏ではなく、美しいものなどを主題にして、畏敬の念を育もうとしています。特別の教科である道徳において、「宗教的情操」は、「畏敬の念」として形を変え、宗教的なものと明示されないかたちで育まれているのです。文科省は、畏敬の念の自覚に意味があると考えます。それは、有限性の自覚となり、生命の尊さや人間として生きることの素晴らしの自覚につながり、とかく独善的になりやすい人間の心を反省させ、生きとし生けるものに対する感謝と

尊敬の心を生み出していくと考えるからです。

■教科教育と宗教的情操

　宗教的情操教育を直接に意図し、それを明記した授業は現在の国公立学校でなされていません。しかし、「特定の宗教に関わるものについての教育はすべて否定」されているわけではありません。特定の宗教に関わっているにもかかわらず、学校教育に相応しいと思われる内容を備えた教材は用いられています。

　たとえば、国語には平家物語のような仏教思想を背景とした教材がいくつも採用されています。情操教育の中心的教科である音楽には、民俗的なものであれ、キリスト教的なものであれ、宗教的エートスを漂わせている多くの楽曲がとり扱われています。また、社会見学・修学旅行などで神社・寺院・教会などの宗教施設を訪問することも、一定の条件のもとで許されています。儀式への参加や礼拝を強制することは禁止されていますが、宗教施設で宗教的な雰囲気に触れる限り、宗教的情操の形成と無関係ではないでしょう。

　つまり、直接に宗教的情操教育を狙うことはされていなくても、結果として宗教的情操の涵養につながることは暗黙のうちにされているわけです。国語・音楽・社会などで、それぞれの教科における教育的価値をもとに宗教的なものがまじっているのです。そもそも、宗教的なものをまったく排除した教材は文化的・歴史的に貧しいものとなります。理念的には特定の宗教に依拠しない教育を遂行することになっていても、実際には日本のおかれた歴史的・文化的状況のなかで価値のあるものとされる宗教的なものに学校で出会っているのです。

4　外国の宗教教育

　世界各国の宗教教育はどうなっているでしょうか。社会科での知識教育とはべつに、それとは独立した授業として宗教科をもうけて教育している国が多くあります。道徳や倫理の価値の根拠を宗教にもとめることが多いからです。宗教科が存在しているか否かは、各国の政教分離のあり方と密接に関係します。

■各国の宗教科

タイでは、宗教科（「宗教・社会道徳・倫理」という科目区分）は初等・中等教育の公立校において必修です。ドイツでも、宗教科は初等・中等教育の公立校において必修です。内容は特定宗派（プロテスタント、カトリック、イスラーム等）で分かれて授業が行われますが、州によって宗派に制約されない宗教科も実施されています。イギリスの宗教科は初等・中等教育の公立校において必修です。内容はキリスト教中心的なものから多文化主義的なものへ移行するものの、現在は、共同体の結束を強調するようになってきています。他方、政教分離の国であるフランスと合衆国では公立校に宗教科は存在していません。

■イギリスの宗教教育

イギリスの宗教教育は日本の教育問題を考えるうえで示唆的です。藤原聖子の研究をもとに少し詳しくイギリスの状況を説明しましょう。

イギリスの11〜14歳用教科書「テロリストが宗教的な人、ということはありうるか？」
(Clarke, S., Themes to inspire for KS 3, Hodder Education, 2013, p. 79)

1970年代のイギリスの教育の方向は、イギリス社会・文化への同化が基本でした。そこに、差別はありましたが、人種差別・階級対立が主流でした。1980年代にはいると、多文化主義政策のもと、一人ひとりのアイデンティティが特定の宗教に求められるようになりました。この時代に異文化理解を通して、共生をはかることをめざした、よく工夫された教科書も作成されました。現代の日本人は大半が共感するよくできた教科書もあります。

ところが、「多文化共生」という耳あたりの良いスローガンに限界を感じたイギリスは、宗教教育などを通して「共同

体の結束」を涵養する教科書を2010年代には出すようになったのです。イスラム原理主義勢力の支配地域へ志願して渡航する者が現れたことなどを契機に、従来の多文化主義から一歩進み、イギリスの公的宗教教育には社会をいかに結束させるか、テロリストをどう捉えるのか、という課題が生じたのです。そのため、教育の中立性を保つ工夫をしながら、「イギリスの価値」の教育を勧めるようになったのです。その価値とは、民主主義・法の支配・個人の自由と相互の尊重・自分と異なる信仰を持つ者への寛容などです。

■知識教育と価値教育

　学校教育には「知識」だけでなく、何らかの「価値」を身につけることを目的とする面があります。宗教に関する知識を伝える教育は、多様な文化や他者を知るのに必要であることは多くの人に理解されています。他方、宗教を通してどのような価値を身につけるかには意見が分かれます。これは宗教という一つの事象の問題ではなく、教育を支える価値観、国家が重要視する価値観のあり方に深く関わっています。宗教教育のあり方を知ることは、その国の教育の根底をなす価値観の理解へとつながるのです。

まずはここから読んでみよう
　藤原聖子『世界の教科書でよむ〈宗教〉』ちくま新書、2011年。
　藤原聖子『教科書の中の宗教』岩波新書、2011年。
　宗教教育研究会編『宗教を考える教育』教文館、2010年。
もっと知りたい人のために
　藤原聖子『ポスト多文化主義教育が描く宗教』岩波書店、2017年。
　山口和孝『新教育課程と道徳教育』エイデル研究所、1993年。
　国際宗教研究所編集『現代宗教2007　宗教教育の地平』秋山書店、2007年。

第12章

日本人は戦死者をどのように追悼してきたのか

赤江達也

日本では、戦死者を追悼する施設として靖国神社が広く知られています。「靖国問題」についても聞いたことがあるはずです。それでは、靖国問題ではなにが問われているのでしょうか。

```
┌─ CONTENTS ──────────┐  ┌─ KEYWORD ────┐
│  1  靖国神社とはなにか      │  │ ◇国民国家      │
│  2  戦後の靖国問題        │  │ ◇靖国問題      │
│  3  政教分離の問題        │  │ ◇政教分離      │
│  4  海外の事例とこれから    │  │ ◇ツーリズム    │
└────────────────────┘  └───────────────┘
```

1 靖国神社とはなにか

■「戦後」という時代

毎年8月15日、「終戦の日」には、日本武道館で政府主催の全国戦没者追悼式が開催されています。

追悼の対象は、第二次世界大戦での日本人戦没者約310万人（軍人・軍属230万人と民間人80万人）です。2019年には、天皇と皇后、三権の長、各都道府県から招かれた遺族代表（約5300人）の約6200人が参列しました。

この式典は、現在の日本が「戦後」社会の延長にあることを示しています。戦後の日本は、1947年施行の日本国憲法第9条において「戦争の放棄」を掲げました。そして、1952年に始まった全国戦没者追悼式において「不戦の誓い」を確認しています。

戦後75年以上が経過した現在、「戦後」という時代の感覚は大きく揺らいでいますが、それでもまだ「戦後××年」という数え方は続いています。

靖国神社

■戦前の靖国神社

日本の「戦前」は、戦争の時代でした。戊辰戦争、西南戦争という内戦ののち、日清戦争、日露戦争と対外戦争へと転じます。

その過程で忠魂碑や招魂社（のちの靖国神社や護国神社）など各地で大小さまざまな戦死者追悼施設がつくられていきます。その頂点に位置していたのが靖国神社です。

1869年、東京の九段上に創建された「東京招魂社」は、1879年に「靖国神社」と改称されます。靖国神社では、明治政府からみて味方（尊王）側の戦没者が祀られました。戦没者は臨時大祭で合祀されて祭神とされます。20世紀初めには、日露戦争を契機に「英霊」の顕彰という性格が明確になります。

このように、戦前の靖国神社は、国家によって創建された戦没者追悼施設でした。他の神社とはことなり、国家的施設であった靖国神社は、陸軍省、海軍省、内務省によって管理・運営されました。

神社に「国家の祭祀」としての地位が与えられる一方で、1890年施行の大日本帝国憲法では「信教の自由」が保証されました。そして「神社は宗教ではない」という公式見解（神社非宗教論）が採用されました。

■戦死者の顕彰と戦争への動員

戦没者追悼施設としての靖国神社は、戦争の時代に大きな役割を果たしました。戦前には徴兵制によって国民が兵士として動員され、多くの兵士が亡くなったからです。

靖国神社は、戦死者を「英霊」として顕彰することで、その遺族の「悲しみ」を「喜び」に転換する役割を果たしました。その仕組みを、哲学者の高橋哲哉は「感情の錬金術」と呼んでいます。夫が、息子が、国のために、天皇のために命を捧げたことを悲しみつつも、誇らしく思う——靖国神社はそのような転換を生じさせる装置でした。

　靖国神社は、戦死者を「顕彰」することによって、遺族に慰めを与えるものでした。しかし、それは同時に、戦争へと国民を動員しつづけることを可能にする仕組みでもあったのです。

2　戦後の靖国問題

■戦後改革と靖国神社

　1945年、日本の敗戦によって第二次世界大戦は終わり、靖国神社の位置づけも大きく変わります。靖国神社はそれまでの国家的施設としての地位を失い、一宗教法人となりました。ところが、現在にいたるまで、靖国神社に注目が集まりつづけています。なぜでしょうか。

　戦後改革のなかでは、まず連合国軍最高司令官総司令部（GHQ）が1945年に発した神道指令で、国家と神社神道の結びつきが禁止されます。日本国憲法の第20条と第89条では、「信教の自由」とともに「政教分離」規定が明記されました。しかし、靖国神社と国家の結びつきはその後も続きます。

　連合国軍の占領が終わる1952年には、全国戦没者追悼式が始まっています。さらに、1959年には、千鳥ヶ淵戦没者墓苑が設立されています。これらは、国家による戦没者の追悼を、靖国神社という宗教施設とは別のかたちで行おうとするものでした。

　その一方で、靖国神社を戦前と同じように「国家護持」するべきであるとの考えも根強く、国家と靖国神社のつながりを再強化しようとする動きがくりかえし生じます。こうして、靖国神社の位置づけをめぐっていわゆる「靖国問題」が起こるのです。

■戦後政治の争点としての靖国問題

1960年代には、靖国神社をふたたび国家的施設にしようとする政治運動が強まります。日本遺族会を主な担い手として、靖国神社国家護持運動が展開されます。靖国神社創建100年にあたる1969年には、自民党によって靖国神社法案が国会に上程されました。

靖国神社国家護持に対する反対運動もまた、平和運動や護憲運動と重なり合いながら、展開されていきました。1960年代後半から1970年代以降にかけて、政教分離訴訟が次々と起こされます。こうした、草の根の反対運動と全野党の反対によって、靖国神社法は挫折します。

1970年代半ば以降、靖国神社の国家護持をめざす勢力の目標は、首相の「公式参拝」の実現に絞られていきます。首相をはじめとする政治家の靖国神社は、戦後憲法の政教分離規定によって問題化されました。そのため、首相の靖国神社参拝が「私的参拝」であるといった説明がくりかえされます。現在までつづく政治家の靖国参拝をめぐる議論は、こうして始まります。

■国際問題としての靖国問題

1980年頃には、靖国問題が、中国との国際問題としての性格を帯びることになります。そこで問題とされたのは、東条英機らA級戦犯の合祀でした。

1972年の日中国交正常化にあたって、日本が中国に侵略した戦争の責任をA級戦犯の問題とすることで合意していました。ところが、1978年に靖国神社がA級戦犯を合祀したことが、翌年の新聞報道で明らかになります。これは中国との合意に反するものであったため、中国が抗議したのです。

靖国神社がA級戦犯の合祀を取りやめる可能性も論じられました。しかし、靖国神社側は、いったん合祀された「英霊」を取り下げることはできないという立場を取っています。

なお、昭和天皇もA級戦犯の合祀以降、靖国神社に参拝しなくなっています。その後の天皇も、全国戦没者追悼式に参列し「不戦の誓い」を述べるのですが、靖国神社には参拝していません。

3 政教分離の問題

■政教分離訴訟の展開

靖国問題の中心的な論点は「政教分離」です。この論点を明確にしたのは、市民・住民による訴訟でした。神道式の慰霊行為への公人の参加や公費支出などを、憲法の政教分離規定への違反として問題化したのです。

こうした政教分離訴訟の最初は、津地鎮祭訴訟（1965〜1977年）です。三重県の津市議会議員が、地方自治体による地鎮祭について提訴したのです。その訴訟の過程で、憲法の政教分離違反が中心的な争点となっていきます。

1970年前後には、靖国神社国家護持法案をめぐる議論が注目を集めていました。そうした状況のなかで、津地鎮祭訴訟も「靖国問題」として捉えられるようになります。

1970年代には、各地で訴訟が提起されます。靖国神社に合祀された自衛官の夫の取り下げを求める山口自衛官合祀拒否訴訟（1973〜1988年）、公金での忠魂碑建設を問題化する箕面忠魂碑訴訟（1976〜1993年）などです。

1990年頃には、各地の政教分離訴訟は、弁護士の仲介によって、政治家の靖国神社参拝や皇室祭祀を問題にする社会運動へと拡大していきます。

■政教分離訴訟の達成

政教分離訴訟の目的は「違憲」の判断を引き出すことにありました。津地鎮祭訴訟の高裁判決（1971年）では違憲判断が示されますが、最高裁判決（1977年）では合憲の判断が示され、その後の判例となっていました。

しかし、1997年、愛媛玉串料訴訟において最高裁判決では初めて違憲判断が示されます。さらに2010年には砂川政教分離訴訟でも最高裁で違憲判断が示されています。このように、政教分離訴訟運動は大きな成果を収めてきました。

その一方で、2000年代以降には、憲法「改正」の政治運動が活発化しています。憲法改正派の主張のひとつは、戦後憲法の「政教分離」規定を弱める点に

あります。それにより、靖国
神社と国家の結びつきを強め
ることが可能になるからです。
この点でも、「靖国問題」は
現在進行形の問題なのです。

千鳥ヶ淵戦没者墓苑

■国家的追悼施設の模索
　国家による戦没者追悼をめ
ぐっては、さまざまな試みが
なされてきました。

　千鳥ヶ淵戦没者墓苑は、無名の戦没者の遺骨を安置するために1959年に設立
された国立施設です。戦後、海外に残された戦没者の遺骨を収集・追悼する事
業のなかで、身元不明の遺骨を国の責任で管理するために設立されました。靖
国神社から徒歩数分の距離にありますが、靖国神社に比べると訪れる人が多い
とはいえません。

　21世紀初頭には、新しい国立追悼施設をめぐる議論が起こります。小泉純一
郎首相の靖国神社参拝が問題となるなかで、2001年12月、福田康夫官房長官の
私的懇談会「追悼・平和祈念施設の在り方を考える懇談会」が設立されます。
翌年12月に発表された報告書では「国立の無宗教の恒久的施設が必要である」
と結論づけられましたが、そのまま棚上げされ、現在も実現していません。

　靖国神社、千鳥ヶ淵戦没者墓苑、新しい国立追悼施設（構想）を比べてみる
と、追悼の対象と追悼方法が異なっています。三つの追悼施設（構想）は、国
家と追悼のこれからを考える上で重要な選択肢を示しています。

戦没者追悼施設の特徴

施 設 名	追悼の対象	追悼方式
靖国神社	特定の戦没者が中心	神 道 式
千鳥ヶ淵戦没者墓苑	無名の戦没者	多 宗 教
新しい国立追悼施設	全死没者	無 宗 教

（大谷 2017：126）

4 海外の事例とこれから

■国民国家と戦死者追悼

　追悼施設のこれからについて考える上では、日本だけではなく、近代世界を広く見渡してみることも重要です。戦死者追悼は、近代国民国家に広くみられる課題でもあるからです。

　アーリントン国立墓地は、アメリカ合衆国の首都ワシントン D.C. にある追悼施設です。ここでは、南北戦争以来の戦死者や悲運の死を遂げた国民的な英雄が埋葬され、追悼されています。

　南北戦争はアメリカ合衆国を二分する内戦でした。アーリントン国立墓地は1864年に北軍の戦死者を埋葬する墓地として始まります。その後、1889年には、南北戦争の戦死者を追悼する日が統一され、「メモリアル・デー」として全国的な祝日になります。1914年には、南軍のためのモニュメントも建設され、「南北和解」を象徴する記念碑となっています（それに対して、靖国神社では戊辰戦争や西南戦争といった内戦の敵方は祀られていません）。

　ヨーロッパでは、1914年にはじまる第一次世界大戦が戦没者追悼の重要な契機となります。第一次世界大戦の戦死者は、イギリス・フランス・ドイツの3か国だけでも400万人を越えました。

　イギリスでは、ロンドンなどに記念碑「セノタフ」、ウェストミンスター寺院に「無名戦士の墓」が設けられます。フランスでは、パリのエトワール凱旋門に「無名戦士の墓」のプレートが設置されています。ドイツでは、首都ベルリンの「ノイエ・ヴァッヘ」が第一次大戦の追悼施設となり、さらに1993年には「戦争と暴力支配の犠牲者のための国立中央追悼施設」となっています。

■観光と追悼

　このように各国の戦没者追悼施設を比較することは、観光（ツーリズム）の視点とも関連しています。戦没者追悼施設は、国民国家の聖地という側面を

もっています。しかし、そうした追悼施設もグローバルな観光化に巻き込まれています。これからの追悼施設は、海外からの観光客を抜きにしては考えられません。最近ではダークツーリズムといって、戦争や災害など人類の悲劇の舞台を対象とした観光がなされています。

　観光というと不謹慎にみえるかもしれませんが、そこに追悼の要素がないともいえません。私たちが追悼施設を観光するとき、そこで記念されている死者のことを想像します。観光は歴史にふれる学習の機会であり、追悼の機会でもありうるのです。

　観光客として外国の追悼施設を訪れることは、すでにありふれた経験となっています。そうした経験は、ナショナリズムの想像力と結びつき、それを強化することもあります。その一方で、過去の戦争の敵／味方といった関係とは別のしかたで、戦争とその犠牲者について考える契機となる可能性もふくんでいるのです。

まずはここから読んでみよう

　小菅信子『14歳からの靖国問題』ちくまプリマー新書、2010年。

　赤澤史朗『靖国神社――「殉国」と「平和」をめぐる戦後史』岩波現代文庫、
　　2017年。

　井上義和『未来の戦死に向き合うためのノート』創元社、2019年。

もっと知りたい人のために

　村上重良『慰霊と招魂――靖国の思想』岩波新書、1974年。

　村上興匡・西村明編『慰霊の系譜――死者を記憶する共同体』森話社、2013年。

　粟津賢太『記憶と追悼の宗教社会学――戦没者祭祀の成立と変容』北海道大学
　　出版会、2017年。

第13章

天皇制とはなにか

永岡　崇

天皇は、日本の「文化」「伝統」を体現する「象徴」として、日々儀礼や国際親善を行っています。じつはこの「文化」「伝統」は宗教と密接な関係をもっており、日本人の生活にもさまざまな影響を及ぼしてきました。

CONTENTS
1　天皇の祭り
2　「現人神」の時代
3　天皇と神と仏
4　象徴天皇制の宗教性

KEYWORD
◇大嘗祭
◇教育勅語
◇聖　戦
◇人間宣言

1　天皇の祭り

■天皇＝エンペラー

天皇は英語で"emperor"と訳すことになっています。今ではあたりまえのようになっていますが、江戸時代においては、「エンペラー」という語はふつう徳川将軍を指すものとして使われていました。この語を「天皇」の訳語として選択したのは、明治国家の戦略です。さらにいえば、日本語の「天皇」という呼称が固定化したのも明治時代で、それまでは「天子」や「内裏」などの用語とともに使われていました。

■グローバルでユニークな君主として

英国出身の歴史学者テッサ・モーリス＝スズキは、この「天皇＝エンペ

ラー」という等式が、近代国家日本のイメージ形成において重要な意味をもったと指摘しています。つまり、ローマ皇帝や中国皇帝と同じ「エンペラー」という英語でグローバル・スタンダードに適合する君主であることを示し、同時に「皇帝」とは異なる「天皇」という呼称によって日本の独自性・特殊性を表現しようとした、というわけです。

　世界的に通用する普遍性と、他国とは異なる特殊性を同時に実現しようとする戦略は、日本だけでなく英国やオランダ、ベルギー、ノルウェーなど近代の君主制がこぞって採用したものでした。そして、後者の特殊性を示す素材として用いられたのが「伝統」、とくに王権を支える宗教的・神話的な伝承でした。

■宮中祭祀と日本人

　この点について、現代日本の事例から考えてみましょう。2019年5月1日、新しい天皇が即位し、それにあわせて元号が「令和」と改められました。即位後の11月には、天皇が新穀を天照大神および天神地祇に奉り、ともに食すことで国家・国民の安寧や五穀豊穣を祈念する「大嘗祭」という儀式が挙行されています。この大嘗祭は一世に一度の伝統的皇位継承儀式とされていますが、伊勢神宮の祭神として有名な天照大神が登場することでわかるように、神道的性格が強いものです。大嘗祭ばかりでなく、宮中では神々を祀る数多くの儀礼が行われ、重要な祭りは天皇自身が主宰しているのです。これらは宮中祭祀と呼ばれ、「伝統的」な雰囲気をかもしだしていますが、その大部分は明治以降に創出されたもので、古い起源をもつものも近代になって大きく変革されてきました。

　この宮中祭祀は、法的には国事行為でも公的行為でもないのですが、国民に強く支持されているようです。代替わりを前に新天皇に期待することについて聞いた『朝日新聞』の全国世論調査（2019年3～4月）では、「宮中祭祀など伝統を守る」が、被災地訪問や外国訪問・外国要人との面会、戦没者慰霊について多くなっています。日本国民の多くは、「伝統」の名のもとで、宮中祭祀という宗教的行為を天皇の役割の一部として受け入れているのです。

2 「現人神」の時代

■祀り、祀られる天皇

　神を祀るだけでなく、天皇みずからが"神"のように扱われた時代がありま
す。今から80〜90年ほど前です。といっても、人間なのですから、キリスト教
の神のように世界を創造したり最後の審判を下したりする神ではありません。
ではどのような"神"だったのか、それを考えることは、日本社会の宗教観を
考えるための重要なレッスンになるはずです。

■大日本帝国憲法と神聖天皇

　1889年（明治22）に発布された大日本帝国憲法の、「大日本帝国ハ万世一系ノ
天皇之ヲ統治ス」（第1条）、「天皇ハ神聖ニシテ侵スヘカラス」（第3条）という
有名な条文から始めましょう。「神聖」が宗教的な表現なのは言うまでもないと
して、天皇主権を明記した第1条の「万世一系」とはどういう意味でしょうか。
これは、天皇が『古事記』『日本書紀』に登場する天照大神を祖先とし、そこか
ら途切れることなく受け継がれてきた聖なる血統を引いているということを表
しています。要するに、天皇は神の子孫だというのです。ヨーロッパや中国な
ど、他国が戦争や革命によって王朝の交替を繰り返してきたのにたいして、日
本の天皇だけは連綿とつづいてきた、このことこそが日本の特質であり、すぐ
れた点なのだと明治国家は強調しました。明治維新以降、日本は西洋の科学技
術を取り入れて近代化を推し進めていたわけですが、その一方では神話的物語
によって主権者の権威を支えるという宗教国家的性格を共存させていたのです。

■戦前の宗教構造

　ただし、天皇がほんとうに神の子孫で、神聖な存在だと信じられていたのか
は、微妙なところです。少なくとも高度な近代的教育を受けた国のエリートた
ちにとって、それは国民をまとめあげるための「たてまえ」にすぎなかったと

いえます。しかし、明治天皇が全国をまわって国民に存在感を示し（「巡幸」）、各学校では天皇の「御写真（御真影）」が礼拝の対象となり、天皇が国民に与える教えとされた「教育勅語」が行事のたびに奉読されるにつれて、天皇が日本人にとって特別な存在であるという意識が広まっていきました。

　神聖な君主としての天皇という「たてまえ」は、仏教やキリスト教などの宗教のあり方にも影響を与えていきます。たとえばキリスト教の聖書では造物主としての神以外のものを崇拝することを禁じていますが、その教えと神聖天皇の関係はどうだったのでしょうか。戦前の憲法でも、一定の条件のもとで信教の自由は認められていましたから、教会や自宅で御真影や教育勅語を拝む必要はありませんでしたが、公的行事でこれらのものに礼拝するのを拒むことは容易ではありませんでした。そのことに信仰的葛藤を覚えたキリスト教徒もいたものの、多くは天皇崇敬とキリスト教信仰を曖昧なかたちで共存させていくことになります。それは仏教や新宗教などでも同様でした。

■神聖天皇と「聖戦」

　昭和初期になると、政治的テロリズムや経済恐慌、満洲事変に始まる長い戦争などで社会不安が高まり、「非常時」という言葉が流行語のようになります。一般に、危機的状況では閉塞感を打破するような救世主の登場が求められるものですが、戦前の日本の場合、その役割を期待されたのが天皇でした。天皇の神聖化はさらに進み、政府の公式文書でも「天皇は皇祖皇宗〔天照大神に始まる歴代の天皇〕と御一体」で、「現御神（明神）或は現人神と申し奉る」とまで書かれることになります（文部省編『国体の本義』1937年）。

　では、天皇が「現御神」であるということにどんな意味があるのでしょうか。「所謂絶対神とか、全知全能の神とかいふが如き意味の神とは異な」るとはいえ（同上）、"神"である天皇は国民（当時は「臣民」）とは隔絶した存在で、その"神"の名で下される命令も神聖化され、異論を差しはさむこともできません。この時代には天皇の神聖さを汚した罪である「不敬罪」で多くの人々が検挙されましたが、敵を見つけだし、排除することは、"神"の権威を高める有

力な方法のひとつでした。

　その敵が国外に見出された場合、最終的には戦争にたどりついてしまうでしょう。日中戦争や太平洋戦争は、まさに「聖戦」という名で美化されていました。神聖な天皇の軍隊による聖なる戦争です。"神"である天皇は絶対的な「善」、それにしたがわない敵国は「悪」ということになり、宗教的な善／悪二元論的な図式で戦争が遂行されました。

　戦前の日本社会を全体として見渡すと、時期や社会階層などによって、天皇崇拝の程度にはかなりばらつきがありました。毎日仏壇に手を合わせて念仏を唱えるように天皇を崇拝していた人は、むしろ少数派だったでしょう。しかし、神聖な天皇という「たてまえ」が学校や軍隊のような公的領域と結びつくことで、日常的な道徳観や宗教意識のなかに少しずつ天皇が入りこんでいき、それに抗うことがとても困難な社会的・心理的状態、現代風にいえば「空気」が形成されていったことはたしかです。1920年代の後半には、天皇の神話的・宗教的権威のもとで官僚機構が強大な力を行使する当時の政治体制をとらえるために、「天皇制」という言葉が生まれます。この言葉は天皇による支配の打倒をめざす日本共産党が使い始めたもので、戦前は使用が禁止されていました。

3　天皇と神と仏

■神道化する天皇

　近代天皇制が形成されていく過程で、天皇の神道化も進められます。法隆寺を建てた聖徳太子や東大寺の大仏を建立した聖武天皇を思い出せばすぐにわかることですが、天皇家は古くから仏教を信仰し、保護していました。退位した天皇（上皇）が出家することも多く、御所には天皇の位牌や念持仏を安置する「黒戸」という部屋もあって、天皇が神と仏の両方を信仰することはあたりまえに行われていたのです。

　ところが、徳川幕府に代わって明治政府が成立すると、事態はがらりと変わります。新政府はみずからの正統性を示し、国民を統合するために、天皇とい

う伝統的権威と、日本固有の信仰とされる神道をかつぎだしました。日本のシンボルとして天皇と神道をセットにしようとすると、外来の宗教である仏教が邪魔になるため、それまで深く結びついていた神と仏を切り離す必要が出てきました。神仏分離です。

■神と仏の再編

　天皇にかんしては、神道式の諸儀礼が整備される一方で、宮中で行われていたさまざまな仏教行事が廃止され、黒戸に祀られていた位牌や仏像も御所の外に移されました。また、全国の神社も、天照大神を祀る伊勢神宮を頂点としたピラミッド型の序列に整理されていきます。もともと神社には権力者がつくった有力なものから、仏教と結びついたもの、名前もないような神を祀る小さな祠まで、多種多様なものが存在していました。こうした雑多な神々の世界が、天皇中心の秩序へと変容させられたのです。

　たとえば、祇園祭で有名な京都の八坂神社は、江戸時代まで祇園社と呼ばれていました。この名は古代インドの仏教寺院・祇園精舎に由来しており、祭神として祀られていたのは祇園精舎の守護神・牛頭天王です。そしてこの神は天照大神の弟神である素戔嗚尊と同体ともされており、まさに神道と仏教の密接な関係を体現する神社でした。しかし、神仏分離政策のもと、社名は八坂神社と改められ、牛頭天王の名も外されてしまいます。その他の神社でも、仏教的要素とみなされたものが排除されていったのです。

　こうして神道と仏教、神社と寺院はまったくべつのカテゴリーへと再編されていきました。今日の私たちの神道イメージや仏教イメージは、近代天皇制の成立にともなう神仏分離の影響を大きく受けているのです。

4　象徴天皇制の宗教性

■象徴天皇へ

　敗戦後、天皇＝現御神という考え方は「架空ナル観念」であったとする文書

が、天皇自身の名義で発表されました。一般に「人間宣言」と呼ばれるものです。そして新たに制定された日本国憲法では、天皇は「日本国の象徴であり日本国民統合の象徴」であると規定されました（第1条）。国際的には、戦争の最高責任者として処罰すべきだという声もありましたが、日本占領を主導した米国の意向で「象徴」の地位が保障されたのです。宮中祭祀も天皇の私的な信仰として存続を許され、昭和、平成、そして令和へと継承されてきました。

　冒頭ちかくでふれたモーリス＝スズキによれば、第二次世界大戦後の英国では王室の「無害な君主制」への転換がはかられ、国民の熱狂的な支持や畏敬の念が失われた代わりに、「穏やかな愛に満ちた無関心」によって支えられるようになりました。日本では、昭和天皇の戦争責任を問う声が「無害な君主制」への道を阻んできたものの、平成に入って10年ほどが経過した時点で、ようやく天皇が「国民生活における漠然とした装飾的役割」を果たすようになったと彼女はいいます。そして平成の天皇と皇后は、地震や災害などの被災地への訪問や戦没者慰霊の旅などを通して、多くの国民に好感をもって迎えられるにいたったのです。

　■タブーの存続
　しかし、現代の象徴天皇制はほんとうに「無害」なのでしょうか。それを疑わせる例をひとつ挙げてみましょう。2009年に沖縄県立博物館・美術館で開催された展覧会「アトミックサンシャインの中へ in 沖縄」に、大浦信行の《遠近を抱えて》が出展される予定でした。昭和天皇の写真を素材に用い、原爆のキノコ雲や女性のヌードなどと組み合わせた作品です。ところが、これが館長の判断で展示が中止されるという事件が起こりました。中止後に発表された館長の説明は、大浦の作品が小学校学習指導要領の趣旨からみて「ふさわしくない」というものでした。2007年に告示された指導要領には「天皇についての理解と敬愛の念を深めるようにする」という文言があり、大浦の作品はその「敬愛の念」を欠いている、ということなのでしょう。大浦は2019年のあいちトリエンナーレ内の企画展示「表現の不自由展・その後」にも《遠近を抱えて》と

《遠近を抱えて　Part II》を出展しましたが、
インターネット上や政治家の批判を受け、
主催者が展示中止を判断するまでに追い込
まれました。

　現代の日本人にとって、天皇は主要な関
心事ではないでしょう。しかし、《遠近を
抱えて》をめぐる事件は、21世紀の現在で
も天皇についての自由な表現がタブー視さ
れており、天皇の尊厳を汚すと判断される
者には社会的な制裁が下されるということ
を示しています。戦前の「現人神」体制と
は異なっているとはいえ、天皇を受け入れ

マッカーサーと昭和天皇

ない者を排除・抑圧しようとする心性がどこかで戦前から受け継がれてはいな
いか、問いかけてみる必要があるのではないでしょうか。

まずはここから読んでみよう

　タカシ・フジタニ『天皇のページェント——近代日本の歴史民族誌から』米山
　　リサ訳、NHK 出版、1994年。

　島薗進『神聖天皇のゆくえ——近代日本社会の基軸』筑摩書房、2019年。

　原武史『天皇は宗教とどう向き合ってきたか』潮新書、2019年。

もっと知りたい人のために

　安丸良夫『近代天皇像の形成』岩波現代文庫、2007年。

　川村邦光『聖戦のイコノグラフィ——天皇と兵士・戦死者の図像・表象』青弓
　　社、2007年。

　網野善彦ほか編『岩波講座 天皇と王権を考える』全10巻、岩波書店、2002〜2003
　　年。

第14章

新宗教とはなにか

日本は、大多数の人が「宗教」に冷淡な態度を示す社会である一方で、ここ200年ほどの間に数多くの新しい「宗教」が登場した社会でもあります。本章では、この対照的な事実を出発点に、日本社会の宗教意識の一面を照らしてみましょう。

CONTENTS ─────────── KEYWORD ───────

1　現代日本の宗教アレルギー　　　◇宗教アレルギー

2　庶民の宗教　　　　　　　　　◇創価学会

3　生命主義的救済観　　　　　　◇現世利益

4　新宗教は今？　　　　　　　　◇高度経済成長

1　現代日本の宗教アレルギー

■「宗教」のイメージ

大学の宗教学の授業で、最初に「宗教のイメージ」を訊ねると、「教祖に絶対服従」「自分たちの価値観が絶対だと思いこんでいる」「強引に勧誘してくる」「信者からお金をしぼりとる」といった答えがよく返ってきます。これらには事実にもとづかない先入観や、ごく一部のケースを一般化した偏見も多いので、授業のなかでよりリアルな宗教理解をめざす必要があります。しかしここで面白いのは、学生たちが「宗教」という言葉から連想するのが神社やお寺のような伝統的宗教ではなく、よりアクティブに布教や実践をおこなう宗教のイメージであることです。

こうしたイメージに合致しそうなのは、比較的最近登場した宗教、一般的に"新興宗教"と呼ばれるものでしょう。ただし、この呼び方は軽蔑的なニュアンスをこめて使われてきたので、学術用語としては、より中立的な"新宗教"と呼ぶのが適切です。幸福の科学、立正佼成会、霊友会、天理教、パーフェクトリバティー教団（PL教団）、真如苑などは規模も大きく、名前を聞いたことがある人も多いのではないでしょうか。

そのなかでも、戦後日本社会でもっとも広く深く浸透し、そのぶん先入観や偏見の対象ともなってきたのが、創価学会です。ルーツは戦前にさかのぼりますが、戦後の高度経済成長期に急激に信者を増加させ、現在は827万世帯が在籍する巨大組織になっています。また、海外でも創価学会インタナショナル（SGI）として展開しており、192か国で220万人の会員がいるとされます（ともに教団発表）。さらに、自民党とともに連立政権を組んできた公明党が、創価学会を支持母体としていることも、周知のとおりです。

■創価学会とはなにか

創価学会は、鎌倉時代の僧・日蓮の教えを基盤とした在家の仏教系教団です。創始者の牧口常三郎は小学校教員などを務めた教育者で、日蓮仏教の教えと独自の思想を組み合わせて「創価教育学会」という教育団体を立ち上げました。この団体はしだいに宗教的性格を強め、会員も増えていきましたが、戦時中に伊勢神宮への敬意を示さなかったという理由で政府の弾圧を受け、牧口は獄中で亡くなってしまいます。戦後、牧口の弟子である戸田城聖が「創価学会」の名前で再建し、戸田とその後継者の池田大作の時代に飛躍的な発展を遂げました。彼らは日蓮正宗という宗派に属して活動していましたが、方針の違いなどからしだいに宗派との対立を深めていき、1991年に破門されて名実ともに独立した組織となっています。

創価学会は、他の宗教を批判しながら強く入会を迫る「折伏」と呼ばれる布教活動や、選挙が近づくと友人や近隣の人々に公明党（あるいは協力関係にある政党）の候補者への投票を呼びかける熱心な選挙活動で知られ、それが「強

引」とか「排他的」、あるいは「怖い」といった印象を与えてきたことは否めないでしょう。たしかに創価学会の折伏のインパクトは際だっていますが、新たに組織を拡大させようとする教団は、それぞれのやり方で積極的な布教活動を行うものです。たとえば戦前の新宗教として最大の勢力を誇った天理教では、家々を訪ねて病気の人を探し、神の守護による回復を願う「おたすけ」によって信者を増やしました。

■「宗教」概念と新宗教

　新宗教の布教方法に拒否感を覚える人は多いかもしれません。しかし、その感覚自体を鏡にして、日本人の宗教観の特徴を照らしだすこともできます。序章で説明されているように、私たちがあたりまえのように使っている「宗教」という言葉（概念）は、明治時代に新しく生み出されたものです。そのとき「宗教」のモデルとなったのは、教義や礼拝の体系が確立していて、教会に属するひとりひとりが信念をもって信者としての義務を果たす（とされる）キリスト教でした。これにたいして、多くの人々がおこなっている初詣や葬式、墓参りといった行為は「慣習」や「伝統」などの言葉で表現され、「宗教」のうちに入らないとみなされがちなのです。

　それにたいして、創価学会をはじめとする新宗教の熱心で積極的な活動は、近代的な「宗教」のイメージにぴったりです。考えてみると、新宗教が本格的に発展したのは明治時代以降で、いわば最初からキリスト教的な「宗教」という概念を意識しながら成長していったのですから、それに近い性格を身につけていくことになるのも当然です。その意味で、新宗教にたいする拒否感・警戒感は、日本社会と「宗教」との距離感を反映しているのだといえるかもしれません。

2　庶民の宗教

■「民衆こそ王者」

　創価学会二代会長の戸田城聖は、「貧乏人と病人を救うのが本当の宗教だ。

本当の仏教だ。学会は庶民の味方である」と語ったといいます。また、三代会長である池田大作の伝記が『民衆こそ王者』というタイトルをもっていることからもわかるように、創価学会は長らく"庶民（民衆）の宗教"を標榜してきました。実際、1960年代の調査では、農村から移住してきた都市の下層民が多く会員となっていたことが明ら

大都会の片隅で行われる創価学会の座談会
（写真下部、東京都新宿区、1980年ごろ）
（『写真集 日蓮正宗創価学会』聖教新聞社、1980年より）

かになっています。高度成長期の経済を支えながら、かならずしもその恩恵を受けられずにいた人々。伝統的な農村のきずなから切り離され、新しい土地でも不遇だった彼らに、創価学会は信心すればこの世で幸せになれると説き、悩みを語りあい、励ましあう場（「座談会」と呼ばれる）や、学び（日蓮の教えについての学習）の機会を提供しました。信心そのものが幸福につながったかどうかはわかりませんが、地域に浸透した創価学会の組織は、相互扶助の単位として会員たちの生活を支えてきた部分があります。

■宗教の民主化

　創価学会以外にも、庶民の救いを主眼とした新宗教は多くあります。また、信者だけでなく、教祖自身が宗教家としての訓練を受けたことのない庶民であった場合も少なくありません。たとえば金光教の赤沢文治や天理教の中山みき、天照皇大神宮教の北村サヨなどは農民でしたし、大本の出口なおは屑拾いなどで生計を立てていた都市の貧民でした。彼ら・彼女らは、長年親しんできた民間信仰をベースにしながら、それを革新して、庶民の生き方を方向づける新たな信仰をつくりあげていきました。

　鎌倉時代の改革派の僧侶、法然や親鸞、叡尊や忍性などのように、庶民の救

済を真剣に考えてきた宗教家は昔からいました。しかし、彼らが最高の教育を身につけた大知識人であったのにたいして、名もない庶民が宗教運動の中心的な担い手になるところに、近代の新宗教の新しさがあったといえるでしょう。いわば、宗教の民主化が起こったのです。天理教の中山みきは、「高山にくらしているもたにそこ〔谷底〕に／くらしているももなしたまひい〔同じ魂〕」(『おふでさき』)と記しています。高いところにいる権力者も身分の低い人びとも同じ魂をもっているのだと、人間の平等を唱えたのです。現代の感覚ではなんということもない主張かもしれませんが、江戸時代末期に生きた農民女性がこれを書き記したことには、大きな価値があるのではないでしょうか。

■新宗教発生の土壌

　近代の日本で、こうした宗教が無数に現れるようになったのには、それなりの理由があったはずです。「近代」という時代の特徴、「日本」という地域の特徴の両面から考えてみましょう。明治維新以降の近代化過程は、日本社会に大きな変化をもたらしました。数百年にわたって国を支配していた徳川幕府の崩壊と新政府の誕生という政治的変化だけでなく、資本主義の浸透による社会的・経済的環境の激変が、伝統的な権威や価値観を解体させていきました。変化の波は宗教界にも押し寄せ、仏教教団はキリスト教と対抗しながら新たな方向性を模索することになりました。庶民の側でも、解体した古い価値観に替わる新たな価値観や倫理を身につける必要に迫られたわけで、それに積極的に応答しようとしたのが、新宗教だったのです。

　また、日本には国教として絶対的な位置を占める宗教的権威が存在しなかったことも、新宗教の発生と成長には好都合でした。ヨーロッパにおけるキリスト教のように、独占的な宗教的権威が存在する地域では、新たな宗教伝統が生まれにくく、生まれても異端として抑圧・排除されて成長することが難しいといわれています。それにたいして、徳川幕府の支配下にあった江戸時代の日本では、最大勢力である仏教が多くの宗派にわかれて統一されておらず、また幕府も統治の邪魔にならないかぎりは宗教的活動を放任する態度をとったため

（初期のキリシタン弾圧はかなり特殊な例です）、雑多な民間信仰が発生する余地が多く残されていたのです。こうした土壌から養分を得て、日本の新宗教は大きな発展を遂げました。

3　生命主義的救済観

■現世中心主義

日本の新宗教は、どのような世界観や救済観をもっているのでしょうか。もちろん、それぞれに異なった由来をもつ諸教団を単純にひとくくりにすることは不可能です。しかし、宗教社会学者の對馬路人らは、一見バラバラにみえる新宗教の思想にも、じつはかなり共通した特徴がみられると主張しました。彼らの議論にもとづいて、新宗教思想の主要な傾向を考えてみましょう。

まずあげるべきなのは、新宗教の現世志向的性格です。たとえば釈迦が開いた初期の仏教では、この世に生きることを苦しみととらえました。病気や死が苦しいのはいうまでもないとして、お金持になろうが、出世しようが、富や権力に執着することが苦しみになってしまうというのです。だから仏教の修行は、この世の中を支配している価値観への執着・渇望を離れること、いわば現世の否定や超越をめざすことになります。日本仏教の場合も、念仏による極楽往生を説く浄土教のように、この世の外での救済を願う信仰が多くの人々に受け入れられてきました。これにたいして、多くの新宗教はこの世での幸福を重視し、信仰をつうじて病気治しや子孫繁栄、商売繁盛などといった現世利益が得られると説きます。

この違いは、仏教の輪廻転生観と天理教の出直しの教理を対照させてみるとよくわかります。古代インドの伝統的観念をひきついで、仏教は生きものの生まれ変わりを説きます。しかし何度も生をくりかえすことは苦しみにほかならず、悟りを開いてそこから抜け出すこと（解脱）が目標となります。他方、天理教では、人間は身体を神から借りてこの世に生まれ、死ぬときには身体を神に返しますが、やがて新たな身体を借りてこの世に戻ってくると考えます。一

見すると輪廻転生と似ていますが、天理教では、生まれ変わって新たな人生を生きることは苦しみではなく、喜びなのです。

　仏教系の新宗教である創価学会が提唱する「人間革命」にも、現世肯定的な性格が濃厚です。これは「自分自身の生命や境涯をよりよく変革し、人間として成長・向上していくこと」（創価学会ホームページ）であり、あくまでもこの世での成長・向上を追求するところに、信仰の主眼があるといえます。

■生命のつながり

　また、「親神」「仏」「宇宙大生命」など名称は異なっているものの、多くの新宗教が"生命の根源"というべき存在を重視し、すべての生命がそこから生まれ、つながりあって生きているのだとする考え方を共有しています。とくに黒住教や天理教、金光教などで用いられる「親神」という表現は、神と人間の関係を親子の情愛のようなものとしてとらえる立場をはっきりと表しているでしょう。そして、"生命の根源"への信頼や、その生命をわかちあっている他者との連帯を大切にすることで救済が実現するという思想が現れてきます。對馬らのいう生命主義的救済観です。

　少なくとも明治維新期から戦後の高度経済成長期にいたるまで、新宗教の思想の基調をなしていたのはこうした現世志向的・生命主義的な発想でした。その背景には、従来の共同体秩序から切り離された近代の庶民たちの、新たなつながりを生み出しながら人生を充実させようとする願いがあったといえるでしょう。

4　新宗教は今？

■現代人の心性と新宗教の変化

　高度経済成長が終わった1970年代あたりから、新宗教の世界に変動が起こり始めました。創価学会をふくめ、それまで拡大をつづけてきた新宗教教団の勢いが弱まり、さらに新たな種類の新宗教が勢力を伸ばしてきたのです。幸福の

科学や GLA、阿含宗、真如苑、崇教真光、エホバの証人、そしてオウム真理
教などがその代表的なものです。当然これらの宗教も多種多様ですが、いくつ
かの点で従来の新宗教とは異なる性格が目立ってきていることはたしかです。

　たとえば、現世否定の傾向。さきにのべたように、新宗教はこの世を肯定し、
この世の中で幸せをつかみとることの重要さを強調してきました。ところが新
世代の新宗教では、この世の価値観を相対化あるいは否定して、霊の世界や天
国のような異次元の世界の方に重きを置くものが少なくありません。またこれ
に関連して、社会道徳や他者とのつながりを重視せず、個人の内面での宗教体
験を追求するものも増えています。オウム真理教は、これらの特徴を際だった
かたちで備えていた教団でした。

　こうした新宗教の変化は、経済的な豊かさをある程度実現した一方、価値観
の多様化とともに人生の目的や方向性を見失った現代人の状況、また資本主義
の論理がすみずみまで浸透した社会に希望を見いだせなくなった人びとの苦悩
を反映し、それに応答しようとした結果なのでしょう。近年では、こうした新
世代の新宗教の組織すらわずらわしく感じる人々が、より個人化された宗教実
践へと近づいているようです。ここにいたる新宗教の歩みを観察することは、
近現代社会を生きてきた人々の苦悩と苦闘を理解するための重要な手掛かりに
なるのではないでしょうか。

まずはここから読んでみよう

　井上順孝『新宗教の解読』ちくま学芸文庫、1996年。

　玉野和志『創価学会の研究』講談社現代新書、2008年。

　島薗進『新宗教を問う』ちくま新書、2020年。

もっと知りたい人のために

　宗教社会学研究会編『教祖とその周辺』雄山閣出版、1987年。

　安丸良夫『出口なお──女性教祖と救済思想』岩波現代文庫、2013年。

　永岡崇『新宗教と総力戦──教祖以後を生きる』名古屋大学出版会、2015年。

第15章

日本の大学に危険な宗教サークルはあるのか

永岡　崇

　現代世界では、社会と宗教の軋轢[あつれき]が表面化しています。オウム真理教事件のような「カルト」事件はそのひとつです。しかし、「カルト」を忌み嫌うだけでなく、そこから社会自体を問いなおす視点も必要なのではないでしょうか。

── CONTENTS ──	KEYWORD ──
1　危険な宗教はどれですか？	◇「カルト」
2　「カルト」とはなにか	◇オウム真理教
3　「洗脳」再考	◇マインド・コントロール
4　「カルト」と私たち	◇洗　脳

1　危険な宗教はどれですか？

■心配と分類

　ときどき、学生からこんな相談や質問を受けます。ひとつは「友達が○○（宗教教団名）に入っていて心配です。○○って大丈夫なんでしょうか？　やめさせたほうがいいんでしょうか？」といった相談、もうひとつは「危険な宗教ってどれですか？」というような質問です。

　このふたつの相談・質問は似たような内容ではあるのですが、どこか違っているような気もします。前者は「得体のしれない」「怪しい噂のある」教団に入っている友達を純粋に気づかう思いからの相談でしょうし、後者は危険からあらかじめ身を守ろうとする態度、あるいは興味本位の質問なのでしょう。いいかえれば、個別的・具体的な人間関係に向きあいながら出される問いと、外

側からさまざまな宗教を見わたし、安全で有益（無害）な宗教と危険で有害な宗教を分類しようとする問いの違いがあるのではないでしょうか。宗教学を専門にする研究者でもこれらの問いに答えることはとても難しく、とくにオウム真理教事件以降の宗教学者はそれらのはざまで揺れ動いてきたともいえます。

■若者と宗教

今日、大学生のほとんどは21世紀生まれで、1995年（平成7）の地下鉄サリン事件、そしてマスコミを総動員した事件報道のものすごさを直接知る世代ではなくなっています。もちろん、そういう事件があったことは知っているし、それがオウム真理教という教団の教祖と信者によって引き起こされたことも知っている。でも、それ以上のことはよく知らない。結果として残るのは危険で有害な宗教の代名詞としてのオウムと、「宗教は怖い」という漠然とした印象です。

たしかに、他者に危害を加えたり、信者の人権を侵害したりするような宗教集団のあり方は批判されるべきですし、安易に、あるいはそれとは知らずにそうした集団に引き入れられることには充分警戒しておく必要があるでしょう。実際、大学のキャンパスや街頭、書店のような場、あるいは SNS などでも、正体をかくして接触し、学生を引き入れようとする宗教集団が少なくありません。忌避感を抱かれやすい「宗教」の名前やイメージを出さずに近づき、しだいに人間関係を構築して容易に抜け出せない心理状態を作ったうえで、はじめて正体を明かすというケースも多く報告されています。危機感を覚えた多くの大学では、新入生を対象としたオリエンテーションやキャンパス内の貼り紙などで、公認団体以外の勧誘活動への注意を呼びかけています。

■宗教の豊かさとは？

しかし、同時に考えておきたいのは、勧誘の手段や暴力・犯罪への批判が、未知の宗教集団にたいする偏見、レッテル貼りへと拡大され、宗教活動の多様性を許容しない不寛容な社会を作り出す危険性についてです。歴史的にみると、

宗教は神や仏の名のもとで社会の多数派の常識やモラルのあり方を相対化し、豊かな思想や生き方の可能性を指し示してきたという側面もあります。古代ユダヤ社会に異議を申し立てたイエス・キリストや、古代インドで人々が抱く幸福への渇望こそが苦しみの原因になると説いたブッダもそうでした。必ずしも一般社会の常識や価値観だけでは測れない部分をもつのが宗教なのであり、それを否定して社会的な有益さ（無害さ）だけを求めるとすると、宗教の世界はひどく貧困なものとなってしまいかねません。

　したがって、自分や他者に危害を加えるような宗教集団とのかかわりには慎重かつ批判的でありつつ、同時に宗教のもつ多様性、他者の信教の自由を尊重する知性と感性を育むこと——両立させるのはなかなか難しいことですが——が大切になってくるのです。

2　「カルト」とはなにか

■世界の「カルト」

　今日、社会のなかでトラブルを起こす（場合によっては、起こしそうな）宗教集団を指すものとして、一般的に「カルト」という言葉が用いられています。これはラテン語の cultus に由来する英語で、もともと「崇拝」とか「儀式」を意味していました。崇拝や儀式なら、たいていの宗教にあてはまりそうなものですが、20世紀に入って一部の宗教集団を指す用語になっていきます。それぞれの社会の主流をなしている宗教（たとえばアメリカならキリスト教）とは異なった系譜や性質をもち、主流の宗教に対抗するような小規模の宗教集団です。アメリカでは、神智学協会、ヴェーダンタ協会、ハレ・クリシュナ運動など、東洋の宗教的伝統に影響を受けた集団や、キリスト教の系譜を引きながらも特異な教義をもつモルモン教やクリスチャン・サイエンスなどが「カルト」と呼ばれる傾向にあります。

　さらに、ただ「主流の宗教と異なっている」というだけでなく、社会にとって大きなリスクとなる危険な集団だという意味合いも加わっていきました。と

りわけ世界に衝撃を与えたのが、人民寺院事件や太陽寺院事件です。1950年代のアメリカでジェイムズ・ジョーンズが創始したキリスト教系の人民寺院は、信者を虐待しているなどとしてマスコミ・社会の非難を受け、南米ガイアナに逃れましたが、1978年に教祖をふくめ900人以上が集団自殺するという凄惨な事件を起こしました。カナダやスイスに拠点を置いたリュック・ジュレの太陽寺院も、1994年に両国で50人以上が亡くなる集団自殺事件を起こし、大きな話題となっています。

■日本の「カルト」

日本でも、1980年代あたりから、宗教集団のかかわる社会問題がマスメディアによって大きく取り上げられはじめました。男子児童が交通事故に遭ったとき、エホバの証人（ものみの塔聖書冊子協会の会員）である親が教義上禁止されているという理由で輸血を拒否し、児童が亡くなってしまった事件（1985年）や、統一教会（正式名称は世界基督教統一神霊協会、現在は改称して世界平和統一家庭連合）の霊感商法、合同結婚式などが注目を集め、テレビはワイドショーの格好の題材として、「宗教」の危険性や非常識さ、奇妙さをクローズアップしていったのです。1990年代にオウム真理教事件が起こると、「宗教」への拒絶意識が強まるとともに、「カルト宗教」「カルト団体」という呼称が一般化していきます。マスメディアでは、上にあげたもののほか、殺人・傷害・強姦・死体遺棄・詐欺のような事件に関与した宗教集団を指す言葉として用いているようです。カルト問題にかかわる弁護士や研究者、宗教家らでつくる日本脱カルト協会は、「カルト」とは「人権侵害の組織」だとし、つぎのように説明しています。

組織に依存させて活動させるために、個人の自由を極端に制限します。つまり、全体主義的集団です。そして、①各メンバーの私生活を剝奪して、②集団活動に埋没させる。そして、③メンバーからの批判はも

ちろんのこと外部からの批判も封鎖し、④組織やリーダーへの絶対服従を強いるといった特徴がみられますが、これらの特徴は表面的には隠されていますので、集団の外部から見ても区別がつかないことがふつうです。

（日本脱カルト協会ホームページより）

3 「洗脳」再考

■洗脳とマインド・コントロール

このようにみてくると、マスメディアなどで非難・嘲笑され、「人権侵害の組織」とまで言われているなか、どうして「カルト」といわれる集団に入る人が後を絶たないのか、あらためて疑問に思われるかもしれません。現代社会の常識や価値観を受け入れて生きている者の側からみると、そうした集団に身を投じることは、どうにも割に合わないようにみえるのです。「どうしてこんなうさんくさい団体に献金やお布施をするのだろう？」「自由を奪われ、虐待されるような組織にわざわざ入る心理がわからない」「周りから差別されたり馬鹿にされたりしているのに」……。

多数派（マジョリティ）のこうした疑問に答えるものとして用いられるのが、社会心理学・精神医学の分野で生みだされた「洗脳」や「マインド・コントロール」という概念です。「洗脳」とは人間を身体的拘束や拷問などの状況下におき、強制的に特定の考えを注入する方法、「マインド・コントロール」は身体的拘束などの方法をとらず、当人が操作されていることさえ気づかないような洗練されたやり方で認知枠組みを変更させる技術だとされます。厳密な意味での「洗脳」はかなり特殊なケースにかぎられるはずですが、日本のマスメディアでは「マインド・コントロール」とほとんど区別せずに用いられているようです。ときに世間をにぎわす芸能人の「洗脳」騒動は、広義の「洗脳」概念の典型的な用例といえます。

　それはともかく、日本社会にマインド・コントロールという言葉を普及させるきっかけになったのも、やはりオウム真理教事件でした。教祖・麻原彰晃の命じるままに、殺人をふくめた凶悪な犯罪を実行した信者たち。彼らの心理状態を説明するために弁護団が持ちだしたのが、この概念です。実行犯たちは麻原にマインド・コントロールされていた、つまり精神を操作されていたために指示を拒むことができなかった。みずから判断する能力を奪われていたのだから、行為責任の軽減や情状酌量が認められるべきではないか、という論理でした。

　しかし結果的に、裁判所はマインド・コントロール論を採用しませんでした。信者たちが犯罪行為を正当化する麻原の思想に多大な影響を受けたのだとしても、それを受け入れ、行動に移す決断をしたのは自分自身なのであり、その責任を免れることはできないという結論を下したのです。宗教学者のあいだでも、「マインド・コントロール」にはあらゆる宗教教団、さらにいえば日常的な人間関係にも無制限に適用しうる曖昧さがあって、分析概念としての有効性に懐疑的な声が少なくありません。

■一人歩きする「洗脳」

　司法や学界での慎重論をよそに、一般的には「洗脳」「マインド・コントロール」という言葉が便利に使われているようです。こうした言葉を用いれば、「カルト宗教」で活動している人たちの不可解さも「彼らは洗脳されている」という一言で埋めることができるわけです。新聞の用例を探ると、近年では国際的なテロ組織であるISに参加する人々の心理状態を「洗脳」という言葉で表現している記事が多くみられます。そこには、多数派の常識や損得勘定でははかりしれない他者に直面して、「洗脳」というレッテルを貼ることでとりあえず理解したつもりになり、「洗脳されていない私たち」とは無縁の存在として処理してしまおうとする心理が働いているのではないでしょうか。

　このように「彼ら」と「私たち」を単純に切り分けてしまうと、両者の間では互いへの不信感だけが蓄積され、結果として社会的リスクが高まってしまうことにもなりかねません。ルポルタージュや研究書、脱会した元信者の手記な

ど、「カルト」の説く教えや、そこにのめりこんでいく人たちの心理を知るための手がかりはいくつもあります。そこから、分からないなりにも「彼ら」の論理を理解しようとする努力が重要になってくるのです。

4 「カルト」と私たち

■脱会の困難

　もちろん、「カルト」による人権への不当な侵害に対しては、法にもとづく規制が必要でしょう。しかし、「カルト」＝「洗脳」という固定観念を外すとみえてくるのは、そうした集団のなかにも多様な人々がいるという、ごくあたりまえの事実です。教えや実践に共感し、みずから積極的に入信した人、勧誘されてなんとなく入ってしまった人、物心つく前から親に連れられて集会に参加してきた二世信者など。また入信の経緯はどうであれ、活動するなかで冷めてしまう人もいれば、逆に熱意が増していく人もいるはずで、集団や指導者にたいする愛着・尊敬の度合いもさまざまでしょう。日本国憲法で保障された信教の自由（第20条）の基本理念に立ち返れば、どんな宗教であれ、信仰するもしないも本人の自由です。集団に失望して、家族の説得を受けて、あるいはマスメディアやインターネットでの悪評を知って、やめたくなれば、やめればいい。

　原則はそうでも、現実はそう甘くない、という見方もあります。「カルト宗教」と呼ばれる集団のなかには、信者が容易に脱会できないようにしばりつける心理的・社会的な強制力が働いているところもあります。たとえばエホバの証人（ものみの塔聖書冊子協会）の場合、バプテスマ（浸礼）を受けた後に教団を離れると「背教」とされ、たとえ家族であっても背教者とは口をきくべきではないとしています。教団のなかで深い人間関係を築いている人であるほど、脱会にたいする抵抗感は強くなることでしょう。

■問われる社会

　脱会という決断にともなうもうひとつの大きな困難は、はたして「外」の社

会に受け入れられるのかという、社会復帰にたいする不安です。とくに二世信者の場合には、基本的な人間関係のほとんどが集団の内部で形成されていて、「外」に人脈もなく、「外」の価値観に適応して暮らすことに難しさを感じることが多いようです。

　社会学者の渡邊太は、「カルト」からの社会復帰と「ひきこもり」からの社会復帰を重ね合わせて興味深い指摘をしています。時間が経てば経つほど一般社会との距離が広がり、人間関係の再構築や就労も困難になっていくという点で、両者は共通しているといいます。そして、非正規雇用が拡大して労働環境の不安定化が進む現代日本では、元「カルト」信者や元「ひきこもり」、野宿生活者など、一度社会のレールから「脱落」した者は「自己責任」の名のもとに排除され、行き場を失うリスクを抱えているのです。

　「脱落」した者が復帰する自由を保障する、真に寛容な社会をどのように作っていけばよいのか。「カルト」をめぐる問題では、「彼ら」だけではなく「我々」の姿勢も問われているのかもしれません。

まずはここから読んでみよう
　井門富二夫『カルトの諸相──キリスト教の場合』岩波書店、1997年。
　櫻井義秀『「カルト」を問い直す──信教の自由というリスク』中公新書ラクレ、
　　2006年。
　たもさん『カルト宗教信じてました。』彩図社、2018年。
もっと知りたい人のために
　南山宗教文化研究所編『宗教と社会問題の〈あいだ〉──カルト問題を考える』
　　青弓社、2002年。
　櫻井義秀編『カルトとスピリチュアリティ──現代日本における「救い」と
　　「癒し」のゆくえ』北海道大学出版会、2009年。
　井上順孝責任編集・宗教情報リサーチセンター編『情報時代のオウム真理教』
　　春秋社、2011年。

第16章

キリスト教はどのように受容されているのか

赤江達也

日本のキリスト教は、すでに500年近い歴史があります。日本にはどれくらいのキリスト教徒がいるのでしょうか。キリスト教徒ではない日本人は、どのようにキリスト教を受け入れているのでしょうか。

1　キリスト教はどんな宗教か

■キリスト教の成立

キリスト教は、2000年ほど前の地中海世界で、ガリラヤ地方のナザレ出身のイエスというユダヤ人にはじまります。

30歳の頃にガリラヤ地方で宗教活動をはじめたイエスは、約2年後にエルサレムに入ります。エルサレム神殿で鳩売りや両替商を追い出して危険視されたイエスは逮捕され、簡単な裁判の後に十字架刑に処せられて亡くなります。十字架上での死から3日後にイエスが復活したという経験をもった弟子たちは、イエスは「救い主（キリスト）」であるという信仰をもつようになり、その教えを熱心に広めていきました。

彼らの活動は、当初はユダヤ教の分派とみなされていました。しかし、イエ

スの死から約40年後、戦争によるエルサレム神殿の破壊を境に「キリスト教」の自覚が生じます。

　こうして、イエスを「キリスト」と告白する人々の宗教として、キリスト教が成立します。そして、４世紀にはローマ帝国の国教となり、中世にはヨーロッパ中に広がり、さらに世界中へと広がっていくのです。

■聖書という教典

　キリスト教の中核には聖書があります。聖書には、旧約聖書と新約聖書という二つのまとまりをもち、多様なジャンルの文書をふくんでいます。

　旧約聖書は、キリスト教がユダヤ教から引き継いだ教典です。キリスト教の視点から、イエス・キリスト以前の「旧い契約」という意味で「旧約聖書」と呼ばれます。

　新約聖書は、イエス・キリスト以後の「新しい契約」です。新約聖書には、イエスの伝記（四つの福音書）のほか、使徒の書簡などが収められています。教会の発展とともに新約聖書の編纂も進められ、４世紀には現在と同じ文書の集まりが「正典」として確定しています。

■カトリック、オーソドックス、プロテスタント

　キリスト教は世界でもっともメジャーな宗教です。その信徒数は22億人以上で、世界の３人に１人がクリスチャンです。キリスト教会の主要な教派としては、カトリック、オーソドックス、プロテスタントの三つがあります。

　カトリック教会は、ローマ教皇を首長とする世界最大の宗教組織です。古代にローマ帝国で拡大し、中世にはヨーロッパ世界の宗教となります。大航海時代に世界中に広がり、戦国時代の日本にも伝えられます。2019年には、教皇フランシスコが日本を訪問しました。

　オーソドックス教会（正教会）は、11世紀頃の東西教会の分裂でカトリックと分かれた教派で、ギリシャ・東欧を中心に世界中に広がっています。四つの総主教庁があり、ロシア正教のように国や地域ごとの組織をもちます。日本に

も明治初期に伝えられ、東京・御茶ノ水のニコライ堂が有名です。

　プロテスタント教会は、16世紀の宗教改革とともに成立した潮流で、カトリックとは対照的に多くの教派に分かれています。ルター、カルヴァンらにはじまるプロテスタントの流れは、ドイツやスイスからヨーロッパ各地へ、アメリカへと広がり、19世紀の後半には日本にも伝えられます。

　なお、カトリックでは神父やミサ、プロテスタントでは牧師や礼拝というように、基本用語も異なっています。聖書の「正典」理解や翻訳語にも違いがありますが、カトリックとプロテスタントの共同での翻訳もなされています。

2　日本におけるキリスト教

■「人口の１％」のキリスト教徒

　それでは、日本のキリスト教はどうでしょうか。日本のキリスト教徒は、日本の人口の約１％です。つまり、日本ではキリスト教徒は100人に１人で、その割合は明治時代から現在まであまり変わっていません。

　もうすこし詳しくみると、日本の人口１億2632万人（2019年１月）に対して、キリスト教系の信者数は192万1484人です（文化庁編『宗教年鑑』令和元年版）。そこにはキリスト教系新宗教もふくまれています。そのため、いわゆるキリスト教の信徒数は「人口の１％」前後といわれるわけです。

　世界でもっともメジャーな宗教であるキリスト教ですが、日本では、信者数という点でみると、マイノリティ（少数者）の宗教なのです。

■キリスト教系学校の多さ

　ただ、日本のキリスト教は、信者数だけでは捉えられない独特の存在感をもっています。その例として、キリスト教系学校の存在が挙げられます。

　日本には900以上の宗教立の学校があります。高等教育では、宗教立の学校は全体の約20％です。この宗教立学校のうち、約３分の２がキリスト教系学校で、際立って多いのです。

　キリスト教の次に多いのは仏教系学校ですが、その数は半分以下です。しかも、キリスト教系学校はなぜか人気があるようです（知っている宗教系私立大学を挙げてみてください）。

　キリスト教系学校では通常、クリスマスの礼拝などの宗派教育が行われています。宗教学者の鈴木範久は、キリスト教系学校の卒業生を人口の約10％と推定しています。10人に1人がキリスト教的な教育を受けているのです。

　そうした人々は、キリスト教徒ではなくても、キリスト教系学校を選択する程度にはキリスト教に親和的です。そのようなキリスト教シンパ（共鳴者）の数は、人口の1％の信徒よりもはるかに多いと考えられます。

■モダンな習俗としてのキリスト教文化

　大衆的な受容としては、クリスマスやチャペルウェディングがあります。

　クリスマスは、イエス・キリストの生誕を祝う日ですが、日本では西洋風の祝祭イベントとして大衆消費文化のなかで定着していきます。20世紀初め頃から戦後にかけて大衆化し、1980年代には恋愛文化のイベントになります。

　キリスト教の礼拝堂を模したチャペルでのウェディングも戦後次第に増加し、1990年代半ばに過半数を超えます。キリスト教式結婚式が神前結婚式を追い抜き、チャペルウェディングがもっとも「普通」の選択肢になるのです。

　こうした状況は、「葬式仏教」をもじっていえば、「結婚式キリスト教」と呼びうるかもしれません。現代の日本では「無宗教」を自認する人も、ライフイベントのたびにさまざまな宗教文化を活用しています。恋愛・デートから結婚式はキリスト教式、宮参り・七五三などの育児イベントは神道式、葬式は仏教式といった選択は、ごく一般的なものです。

　クリスマスやチャペルウェディングは、西洋風でモダンな習俗として現代日本社会に定着しています。約99％の日本人は「信仰としてのキリスト教」を受け入れていないのですが、大多数の日本人は「文化としてのキリスト教」を受け入れています。このような「信仰なきキリスト教文化」の広がりは、現代日本のキリスト教受容のあり方を示しています。

3　近世社会とキリシタン

■「キリシタンの世紀」

　日本にキリスト教が伝えられたのは16世紀半ばです。最初の宣教師はイエズス会の修道士のフランシスコ・ザビエルでした。

　イエズス会はカトリックの修道会で、ザビエルは創設者の1人でした。当時は宗教改革の時代、カトリックでも改革の動きがあり、イエズス会も創設されます。ザビエルはインド宣教をへて、日本に到達します。

　キリスト教と同時期に、鉄砲や印刷機といった西欧の知識や技術ももたらされました。イエズス会の巡察師ヴァリニャーノは、日本に学校を設立、印刷機をもちいてキリシタン版と呼ばれる教理書を印刷しました。

　当初の改宗者は庶民層が中心でしたが、キリシタン大名が登場すると領民の集団改宗も進みました。16世紀末には当時の人口の5％の信徒がいたといわれます。割合としては現在よりも多い信徒がいたのです。そのため、16世後半から17世紀前半は「キリシタンの世紀」と呼ばれます。

聖フランシスコ・ザビエル像
(神戸市立博物館蔵、Photo：Kobe City Museum/DNPartcom)

■禁教と弾圧

　戦乱のなかから、織田信長、豊臣秀吉らによって統一的政権が成立してくると、キリシタンと海外勢力は脅威とみなされます。そして、豊臣秀吉の伴天連追放令（1587年）など、宣教師を排斥する動きが生じます。

　イエズス会は活動を自粛しますが、フランシスコ会、ドミニコ会の修道士は宣教を行い、殉教者が出はじめます。1597年には26人が処刑され、のちに長崎26聖人と認定されています。

　1600年の関ヶ原の戦いで勝利した徳川家康が天下を掌握し、江戸時代がはじまります。徳川幕府は当初はキリシタンに寛容な政策をとりましたが、次第に禁教策を徹底します。1637年に島原・天草の乱がおこると、徹底的な弾圧に転じました。多くのキリシタンが捕えられ、拷問され、処刑されました。棄教を促すため、絵踏や転び証文などの手法が用いられました。キリシタン弾圧を描いた有名な文学作品に遠藤周作の『沈黙』（1966年）があり、映画化もされています（マーティン・スコセッシ監督『沈黙――サイレンス』2016年）。

■近世社会の形成と潜伏キリシタン

　徳川幕府は禁教政策の下、「邪宗門」としての「切支丹（キリシタン）」というネガティブなイメージを形成・流布します。そして、キリシタンの捜索と摘発を体系的に行う仕組みとして、寺請制度・宗門改め制度を整備しました。

　人々を地域の寺院に登録・管理するこれらの制度を通じて、仏教寺院が近世社会のインフラとなり、いわゆる「葬式仏教」が形成されます。いわば「切支丹」の排除を通して、近世社会の秩序がつくられたのです。また、キリスト教の教えが平田篤胤（ひらたあつたね）ら近世の国学者に影響を与えたともいわれます。

　徳川幕府の弾圧によって多くのキリシタンが棄教しましたが、その一方で潜伏し信仰をまもろうとした人々もいました。彼らは「隠れキリシタン」あるいは「潜伏キリシタン」と呼ばれます。

　潜伏キリシタンはマリア像や十字架を隠し持ち、密かに祈りの言葉や儀式を伝え、独特の信仰文化を形成しました。多くは明治以降カトリックに復帰しますが、現在まで独自な信仰を保つ信徒（カクレキリシタン）もいます。

4　近代日本のキリスト教

■明治国家と「西洋化」

　19世紀半ば、キリスト教諸教派の宣教師が日本を訪れはじめます。徳川幕府はアメリカからの要求に応じ、外国との通商の制限を緩めていきます。明治維

新後には、明治政府はキリシタン禁制の高札を撤去します。港町を起点に宣教師による活動が活発化し、各地に教会が形成されていきます。

　明治維新以後の日本社会は西洋諸国の科学技術や知識を取り入れながら、近代化を遂げていきました。その急速な変化のなかで、キリスト教は「西洋文明」の源泉、「宗教のモデル」として、くりかえし参照されます。

　明治の政治家や官僚は、西洋社会とキリスト教の関係を参照しながら近代国家建設を進めました。たとえば、1989年公布の大日本帝国憲法で制作される天皇の神話は、西洋のキリスト教への対抗にもみえます。

　そのためか、「近代天皇制」が成立していく過程で、キリスト教への風当たりが強まりました。1891年の内村鑑三不敬事件をきっかけに、学校の式典でキリスト教徒を監視する傾向が強まり、「教育と宗教の衝突」が論じられます。

　キリスト教の信徒数も停滞に転じ、その後も増加はしますが、現在にいたるまで「人口の１％」の壁を大きく突破することはありませんでした。

■ プロテスタントの著述家たち

内村鑑三
（『内村鑑三全集19』岩波書店、1982年より）

　その一方で、明治から大正期には、文学・教育・思想・社会福祉といった領域でクリスチャンの活躍が目立ちます。

　外国でも読まれた明治期の著作として、内村鑑三の『余はいかにしてキリスト信徒となりしか』や新渡戸稲造の『武士道』があります。内村鑑三は「無教会主義」を唱え、青年求道者を魅了しました。新渡戸稲造は教育者としてエリート学生に感化を与え、国際連盟の事務次長を務めます。

　賀川豊彦は、神戸のスラムに住み込み、貧民の救済と伝道を行います。スラムでの経験を記した賀川の著書『死線を越えて』

(1920年)は、大正期の大ベストセラーとなりました。賀川は労働組合運動や生活協同組合の設立でも中心的な役割を果たしています。

■戦後日本と「アメリカ化」

1945年の敗戦後には、アメリカを中心とする連合国軍の占領下で、戦後改革や日本国憲法の制定が進められました。

この時期、キリスト教知識人が多方面で活躍しています。東京大学総長を務めた南原繁と矢内原忠雄、戦後社会科学を牽引した大塚久雄は、いずれも無教会キリスト者です。また、文部大臣の前田多門や学者・政治家の高木八尺ら新渡戸門下の人々も目立ちます。

キリスト教知識人の影響力は知識階層に限られていました。しかし、戦後の日本人の生活が「アメリカ化」するなかで、クリスマスやチャペルウェディングのようなキリスト教文化が、大衆消費文化に浸透していきます。

近現代の日本社会では「信仰としてのキリスト教」の受容は限定的なものにとどまります。しかし、その一方で、「文化としてのキリスト教」はかなり広範に受容され、大きな存在感をもってきたのです。

まずはここから読んでみよう

　石川明人『キリスト教と日本人』ちくま新書、2019年。

　遠藤周作『沈黙』新潮文庫、1981年。

　内村鑑三『余はいかにしてキリスト信徒となりしか』鈴木範久訳、岩波文庫、
　　　2017年。

もっと知りたい人のために

　鈴木範久『日本キリスト教史──年表で読む』教文館、2017年。

　稲垣良典『カトリック入門──日本文化からのアプローチ』ちくま新書、2016
　　　年。

　赤江達也『「紙上の教会」と日本近代──無教会キリスト教の歴史社会学』岩波
　　　書店、2013年。

第17章

イスラム教徒用のレストランはあるのか

碧海寿広

宗教によっては、決して食べてはいけないものが定められている場合があります。グローバル化のなか、そうした宗教と食をめぐるルールに敏感になる必要が出てきました。昔の日本にあったルールもふまえ、考えてみましょう。

<table>
<tr><td colspan="2">— CONTENTS —</td><td colspan="2">— KEYWORD —</td></tr>
<tr><td>1</td><td>食と宗教</td><td colspan="2">◇タ ブ ー</td></tr>
<tr><td>2</td><td>イスラームの場合</td><td colspan="2">◇ハラール・フード</td></tr>
<tr><td>3</td><td>食と日本人</td><td colspan="2">◇肉 と 米</td></tr>
<tr><td>4</td><td>グローバル化と食文化</td><td colspan="2">◇和 食</td></tr>
</table>

1 食と宗教

■食をめぐるタブー

人間には、食べられるものと食べられないものがあります。コンクリートは食べられません。ガソリンは自動車を動かすのには必要ですが、人間の食料にはなりえません。いずれも消化が難しく、栄養にならないからです。

一方、消化できるし栄養にもなるのに、ふつうは食べないものもあります。たとえば、犬です。現代日本で犬を食べる人は、気持ち悪がられるでしょう。法律に違反しているわけでもないのに、犬を食べる人は、異常だと思われる可能性が高いのです。

ところが、中国などには犬を食べる習慣があります。犬食の習慣に馴染んでいる現地の人々にとって、それは異常でもなんでもありません。つまり、文化

によって、食べていいものと、そうでないものが違うわけです。言い換えれば、文化ごとに食をめぐるタブー（禁忌）が異なるのです。

■宗教による禁忌

　文化ごとに異なる食のタブーは、しばしば宗教の影響下で決まります。その宗教で信奉されている神が、あるものを食べてはならないと信者に指示していたり、あるいは、特定のものを食べることが、その宗教が掲げる理念に反したりするからです。

　たとえば、インドに生きる多数の人々が従っているヒンドゥー教では、牛を食べてはならない、とされます。牛はインドの神々とゆかりの深い、神聖な動物だと考えられているからです。ヒンドゥー教では、人間は死後に輪廻転生し、生まれ変わるという信仰がありますが、牛を殺した人は、来世に最低レベルの状態で生まれ変わると信じられているようです。

　同じインド生まれの宗教である仏教の僧侶にとって、にんにく、ねぎ、にら、玉ねぎ、らっきょうの五葷を食べるのはタブーです。これらの野菜は性欲を増進するとされ、したがって禁欲が求められる僧侶が食してはならないわけです。

　仏教では飲酒も禁じられています。が、上記の野菜と同じく、日本の僧侶はふつうに口に入れます。これは、同じ宗教のタブーでも、それが受容された文化ごとに受け止め方が違うことを意味します。食と宗教をめぐるルールは、それぞれの文化に影響を与えつつ、それぞれの文化によっても変化するのです。

2　イスラームの場合

■ハラール・フード

　現代世界の食と宗教をめぐる話題で、今日もっとも注目を集めやすいのは、イスラームの事例でしょう。ムスリム（イスラム教徒）が豚を決して食べず、また基本的に酒も飲まないというのは、わりとよく知られています。イスラームの聖典であるコーランで、豚食や飲酒は禁じられています。より厳密にいえ

ハラールのラーメン屋（東京）

ば、豚以外の動物の肉についても、イスラーム的に正しい手順によって食用に加工されなければ、食べてはいけないという決まりがあります。

イスラームのルールでは、「禁止されたもの」を「ハラーム」、「許されたもの」を「ハラール」と規定します。したがって、豚食や飲酒は「ハラーム」です。対して、食べても問題ないと認められた食料を、「ハラール・フード」と呼んだりします。

昨今、日本でもイスラム教徒向けにハラール・フードを提供する店が増えてきました。南アジアにはイスラム教徒が多いので、同地域から日本に移住した人々が、ハラールを掲げたインド料理屋を経営したりしています。あるいは、いまや「日本食」として世界に知られるラーメンについても、ハラール・フードとして調理し、提供する店があります。

とはいえ、宗教のタブーにやや鈍感な傾向のある日本では、まだまだハラール対応の行き届いた店が少ないのが現状です。少し昔（2001年）の話ですが、日本の某食品会社が、インドネシアで豚の成分を使用した調味料を製造していたことが発覚し、商品回収さらには役員逮捕に至る、という事件がありました。日本人のイスラームへの無理解によってもたらされた事件ですが、現在の日本でも、人々のイスラームへの理解力は、あまり高くはないでしょう。

■ラマダーン月の断食

イスラームの食をめぐる風習として、もう一つ重要なものがあります。ラマダーン月（イスラーム歴の９番目の月、西暦では毎年別の月になる）に行われる、断食です。イスラームでは、信仰告白、礼拝、喜捨、巡礼と並ぶ五行の一つに、断食を位置づけます。五行は、すべてのイスラム教徒が果たせねばならない義

務となっています。

　ラマダーン月の１か月のあいだ、イスラム教徒は毎日、日の出から日の入りまでの時間、水を含め一切の飲食を絶ちます。なにかを口を経て体内に入れる行為を、徹底的に禁止するのです。

　ただし、これには例外規定もあります。健康が万全ではない病人や妊婦や高齢者、あるいは子どもを含めた責任能力を欠いた人間は、このルールから除外されるのです。さらに、ラマダーン月がたまたま猛暑のときに外で仕事をする人や、大事な試合と重なったサッカー選手などにも、例外として日中の断食が免除されたケースもあります。

■食事の宗教性と社会性

　ラマダーン月のあいだ、イスラム教徒は何も飲食しないわけではもちろんありません。日没後には、ラマダーン月を祝うために、むしろ普段よりも豪勢な食事を、家族そろってとります。これをイフタール（アラビア語で「断食を解くこと」）といいます。

　加えて、イフタールのさなかには、ラマダーン・テーブルという、困窮者への食の施しの場所が設けられます。ごちそうを他人とも分かち合うわけです。

　昼に断食しているあいだ、イスラム教徒はいつも以上に熱心に神に祈り、自分と神とのつながりを再確認します。そして、夜には生活と信仰を共にする家族と一緒に食事をし、また弱者への施しにより相互扶助の意識を強めます。かくして、ラマダーン月にはイスラム教徒の社会的な絆が強化されるのです。

3　食と日本人

■肉食と仏教

　国外からの観光客や移民、あるいはイスラームへの改宗者などを除けば、現代日本で宗教にもとづく食のタブーを守っている人は、あまり多くはいません。一部の宗教者や信者は、その教義に従い特定の食べ物の制限を行っていますが、

あくまでもマイナーな選択だといってよいでしょう。

しかし、かつての日本では、宗教を背景とした食のタブーが、はっきりと存在しました。仏教の影響下での、肉食の禁止がそれです。とりわけ、魚類や鳥類ではなく、牛や馬など四つ足の動物の肉を殺し、食べることがタブーとされていました。

『日本書紀』には、675年に天武天皇が、農耕期における狩猟を禁止し、牛や馬を食べるのを禁じたとあります（肉食禁止令）。これは当時の農業政策（稲作の奨励）を背景としますが、仏教の不殺生戒とも関係してきます。同天皇はその翌年に「放生（捕えた生き物を放してやること）」を命じもしました。

中世以降も、この種の殺生禁断令が幕府などにより繰り返し発布されます。禁止令が繰り返されるのは、法令があまり守られていないことを示唆し、実際、肉食の風習は、その後も至るところで見られました。とはいえ、前近代の日本で、肉食の禁止を政治権力が命じたのは確かです。そして、それらの法令の背景にある仏教思想にもとづき、肉食を「罪」とする観念も、中世をとおして少なからず広まっていきます。

なお、動物を殺し食べるのをタブーとする発想は、仏教思想に加え、神道の影響もあり形成されました。神道では生き物の死を「穢れ」と認識しますが、動物食はこの穢れ観にもとづき、神道的にも問題視されたのです。

■米と天皇制

肉食が忌避されたのとは対照的に、日本人に神聖視されるようになった食べ物があります。米です。背景には、天皇制と、それを取り巻く神道の思想や儀礼が存在します。記紀神話では、それまで焼畑農耕が行われていた地上界に、天界から稲種がもたらされる、といったストーリーが描かれます。そして、神話で語られる神々の末裔とされる天皇は、稲の豊穣を祈る儀礼を取り仕切る、米の司祭者として理解されてきました。

かくして、肉食をタブー視する考えの広まりと並行して、米を神聖視する考えが日本に普及します。結果、神聖な米と真逆の罪深い（穢れた）肉食にかか

わる人々が、差別の対象にもなりました。狩猟や屠畜（殺）を生業とする人々
への差別です。日本において、米と肉は、天皇制や仏教などを背景としつつ、
きわめて対照的な位置づけを与えられていたのです。

■歴史の名残

　明治になると、肉食とりわけ牛肉食は、文明開化（西洋化）の掛け声のもと、
むしろ奨励されるようになります。これにともない、肉食への宗教的なタブー
の意識も、次第に消滅していきます。

　とはいえ、肉食に対する穢れの観念が完全に消えたとは言えなさそうです。
たとえば、肉屋で解体中の牛や豚の姿が客の眼に触れることは、日本ではほと
んどありません。対して、獣肉が解体される光景は、はるか昔から肉食の伝統
が根づく中国や韓国では、ごく当たり前です。仏教や神道に由来する肉食への
タブーの意識の名残が、かすかながら、現代の日本人にも影響しているように
思えます。

　一方、天皇制は近代以降さらには戦後に大きな変化を遂げましたが、天皇と
米との神聖な結びつきは、現在もなお続きます。新嘗祭という儀礼の際、天皇
が皇居内の水田で田植えを行うのは恒例です。そして、戦後に米の消費量は大
きく減少したとはいえ、日本人が米を重宝し、米に自らの文化的アイデンティ
ティを求める文化は、必ずしもすたれてはいないはずです。

4　グローバル化と食文化

■グローバル化の影響

　昨今、グローバル化の進展により、日本人に馴染みのない宗教を信じる人々
と触れ合う機会が、次第に増えつつあります。その筆頭がイスラム教徒でしょ
う。彼らが携える異文化を最低限でも理解しておくのは、これからの時代を生
きる日本人にとっては必須の課題です。

　その際、食というのは、異文化ないしは異宗教への理解の入り口として、と

くに重要になってくるものと思います。食ほど、人々の日々の暮らしにとって欠かせぬものは無いからです。食文化の違いを通して、自分とは異なる宗教を信じる人々の生き方を理解するのは、一つの有効なアプローチでしょう。

■ 和食を見直す

あるいは、自分たちの生き方を異文化（宗教）の人々に伝える際にも、食は大事です。2013年12月、「和食」がユネスコの無形文化遺産に登録されました。日本の料理には、海・山・里などでとれた多様な食材が用いられ、また四季の移ろいを料理の飾りつけなどに表現する仕方の独創性が、文化遺産として高く評価されたポイントでした。したがって、「和食」を世界に伝えることは、日本人のライフスタイルや文化的な感性を世界に発信することにもつながってくるのです。

そして、和食の文化遺産化にあたり、食と年中行事との関わりの大きさも評価された点が、食と宗教の関係について考える上では、見逃せません。日本の伝統的な年中行事は、その大半が仏教や神道に関連したものだからです。これは、イスラム教の断食と共食の文化が、イスラム教徒にとって年中行事の一部になっているのと同様です。

あるいは、和食の一分野として、近年では精進料理への注目も高まっています。精進料理は、平安時代の末ごろ、中国にわたって禅宗を学び帰国した僧侶

「和食」紹介リーフレット英語版（農林水産省）

たちが、日本に伝えました。殺生を禁じる仏教の戒律を背景とし、動物性の食品を使わずにつくる料理です。精進料理には、中国と日本の仏教を介した交流の歴史を読み取れます。と同時に、それが和食として洗練されてきた変化の過程を知ることで、日本文化の独自性についての理解も深まるでしょう。

　「和食」を見直しながら、その背景にある日本の文化や、伝統宗教のあり方を見つめ直す。と同時に、自分とは異なる宗教の食文化について学び、お互いの食と宗教の違いや、もしくは共通性を探ってみる。これは、現代の日本人にとって、新たな異文化コミュニケーションの手法の一つになりそうです。

まずはここから読んでみよう

熊倉功夫・江原絢子『和食とは何か』思文閣出版、2015年。

原田信男『歴史のなかの米と肉——食物と天皇・差別』平凡社ライブラリー、2005年。

八木久美子『慈悲深き神の食卓——イスラムを「食」からみる』東京外国語大学出版会、2015年。

もっと知りたい人のために

小川直之・関沢まゆみ・藤井弘章・石垣悟編『日本の食文化』（全6巻）吉川弘文館、2018-2019年。

マーヴィン・ハリス『食と文化の謎』板橋作美訳、岩波現代文庫、2001年。

南直人編『宗教と食』ドメス出版、2014年。

第18章

日本の宗教は苦しむ人をたすけているか

葛西賢太

お寺や神社や教会だけでなく、刑務所や病院などにも、苦しんでいる人の話を聞く宗教者がいます。彼らの活動は、医療や司法の世界からも注目されていますが、無償のボランティアというのがほとんどです。

1　傾聴する宗教者

お話を聞く、というのは、宗教者が重んじてきた活動の一つです。たとえばイタリア旅行でカトリック教会に入ると、教会のなかに小さな小屋のような場所があります。「English（英語）」とか「Italiano（イタリア語）」といった札がかかっています。そこにひざまずいてなにかを話している人が目に入るかもしれません。小屋のなかには神父がいて、信者の悩みやざんげを聞くのです。これは告解という、カトリック信者にとって大切なとりくみです。

宗教者は昔から、さまざまな問いかけを受けてそれに応えていました。『聖書』や初期仏教経典にはそのような場面がたくさんあります。問答の場面は、連続殺人犯と釈迦との対話、あるいは不倫をした女性とイエスとの対話など、バラエティと示唆に満ちていて、宗教者でなくても興味深いものです。神秘的

な出来事も添えられていますが、そこは信じられなくても割り引いて読めます。

　過去の日本においても、光明皇后（701〜760年）が設立した悲田院や施薬院では、「スタッフ」が「利用者」の傾聴もしたであろうと想像されます。鎌倉時代から室町時代にわたる戦国の混乱の時期には、時宗の僧侶が主君に付き従って戦場に赴き、歌や講話や芸能、そして説法や念仏や葬儀などで、人々の心をなぐさめていたことが知られています。軍隊に非戦闘員のお坊さんがいたわけです。

　欧米には、刑務所や病院や軍隊などの、宗教施設ではないさまざまな施設に所属している「施設つき宗教者」、チャプレンという存在がいます。刑務所にいる受刑者、病院にいる患者、戦場にいる兵隊は、不便を味わいます。悩みごとを聞いてくれる同僚や友人もいませんし、また、お寺や教会に行って安心を得ていた人は、その安心が得られなくなります。そういう施設にいる人たちを、話を聞いたり、その人のためにお祈りをしたり、信者にとって大切な儀式をしたりして、支える仕事をするのが、チャプレンなのです。それは「信教の自由」を守ることでもあります。

　チャプレンは布教や勧誘は原則としてはしません。時には違う宗教のお祈りをしてくれといわれたり、幽霊を見たのでお祓いをして下さいといわれたりすることもあります。

2　刑務所で話を聞く教誨師

■教誨師とは

　刑務所で受刑者の話を聞き、宗教儀礼や法話を提供する、教誨師という人々が日本にはいます。2019年1月現在で、さまざまな宗教・宗派の1840人（仏教系1202人、キリスト教系256人、神道系219人、諸教163人）の教誨師が活動をしています。

　獄舎から出られず、規則正しい生活を強いられるとともに、外界との連絡や娯楽は制限され、さまざまな前科や性格をもった受刑者たちと一緒に暮らすストレスはたいへんなものでしょう。そのような受刑者にたいして、読経などの

宗教儀礼や法話など、集団での教誨活動をするのです。

　いっぽう、受刑者のなかには思いがけず冤罪でとらわれの身となった人や、苦しい事情のなかから犯罪に手を染めてしまったような人もいます。また、自分の非は認めても、死刑はおそろしいものです。教誨師は死刑囚に定期的に面接するとともに、最後の支えとなれるように、これまで面接してきたその死刑囚が死刑に処される現場に立ち会うこともあります。

■教誨師は役に立ったのか

　教誨を受けることは、受刑者にとって役に立っているのでしょうか。法務省は、「受刑者に対する釈放時アンケート」を毎年行っています。平成29年に2万1814人を対象に行われたアンケートの集計結果によると、釈放された受刑者の26.5％が宗教教誨を受けています。これは刑務所が提供しているさまざまなサポート——最も多い薬物依存症離脱指導の41.9％、2番目に多い就労支援指導の30.3％に次いで、3番目に多いのです。それが役に立ったかどうかという問いに対し、薬物依存症離脱指導は86.0％、就労支援指導が75.0％、宗教教誨も75.0％が、役に立った、と答えています。解釈のしかたにもよりますが、宗教教誨が有意義と感じた人が意外に多いわけです。

　釈放時に、受刑者たちは、刑務所で学んだもっとも大きなこととして、「自分を見つめることができた」と答えています。多くの受刑者にとって、出所後の実生活の支えとなるのは、まずもって実務的な就労支援や職業訓練でしょう。しかし他方で、宗教教誨で得られたものがあるとこたえる人が一定数いるのは、注目に値します。

■知られにくい教誨師の活動

　法務省の管轄下にあり、そして受刑者の話を聞くという活動の性格から、教誨師の活動についてはあまり語られることがありませんでした。第二次世界大戦後の東京裁判でA級戦犯とされた人々のもとに通い続けた、浄土真宗僧侶で東大教授でもあった教誨師の花山信勝の著作などから、その様子をすこしだけ

うかがうことができます。そこから見えてくるのは、経験豊かな宗教者であっても、手に余るような重い苦しみを背負った人には、きれいごとの説教などは通じず、苦しみを背負う人と一緒に人間として全力でその場に立ち会おう、という姿です。

3　緩和ケアを支援する宗教者

■緩和ケアが目指すもの

世界保健機関（WHO）は、健康とは、心身にトラブルがないということよりずっと広いもの、と考えます。健康には、身体的、心理的、社会的側面の他に、それらに収まらない「スピリチュアルな」側面があり、それぞれを適切に取り扱うことで、患者がうれしいだけでなく、病の経過にもよい影響を及ぼすことがあると確認されています。そして、その四つの側面に目配りできる医療をよい医療と考えるのです。

重い病気や大きな怪我を経験したときに、四つの側面で痛みを取り除いて少しでもよい生活が送れるようにする手当を、緩和ケアといいます。緩和ケアは、広義の意味では、終末期の患者だけに行われるのではなく、本来はあらゆる病気や怪我に向けられるものです。緩和ケアは、治療をしないことではありませんし、延命を考えないことでもありません。たとえば、緩和ケアの結果として安眠できるようになったことで寿命が延びることもあります。

■緩和ケアの定義

この緩和ケア、日本では、2006年のがん対策基本法の成立をきっかけに、主としてがん患者を対象に広がりました。緩和ケアは、WHO によって、以下のようにより対象をしぼって定義されています。そこでは、「スピリチュアルな」問題に注目することが重要だと明言されています。

緩和ケアとは、生命を脅かす病に関連する問題に直面している患者とそ

の家族の QOL を、痛みやその他の身体的・心理社会的・スピリチュアル
な問題を早期に見出し的確に評価を行い対応することで、苦痛を予防し和
らげることを通して向上させるアプローチである。

（世界保健機関による緩和ケアの定義（2002年）より）

「緩和ケア」は、末期状態の患者ではなく、生死に関わる重い病気の告知を
受けた患者の動揺を鎮めるところから始まり、その闘病生活を初期の時点から
支えます。興味深いのは、世界保健機関という公的な団体が考える緩和ケアの
定義において、「スピリチュアルな問題」がとりあげられ、また患者と「死別
後」の家族にも関わり、そしてそれが患者さんの QOL（Quality of Life：生活
の質）を改善したり、病の経過にもよい影響を及ぼしたりする、と宣言されて
いることです。ただし、日本では、緩和ケアは、まだ、がんと後天性免疫不全
症候群（AIDS）にしか保険診療が認められておらず、日本人の死因としてが
んに次いで多い脳血管疾患や心臓疾患はその対象となっていません（現在、心
臓疾患も対象にする準備が進められています）。

■病院でのスピリチュアルな傾聴

患者にとって、病院は、私事や希望をあるていど抑えなければならない場所
です。この私事や希望の中身を考えると、「スピリチュアル」という、患者本
人の身体以外に大切なものが視野に入ってきます。たとえば、患者さんの思い
出や価値観、患者さんにとって大切な人たちなどです。人生をかけて取り組ん
できた仕事が、自分の死後はどうなってしまうのか、財産や、障害を持つ家族
や、子供や老親はどうなるのか、心配になるでしょう。他人には知られたくな
いと思っている秘密や、罪悪感をずっと抱えていることもあるかもしれません。
宗教者は問題を魔法のように解決できないかもしれませんが、じっくり聞いて、

そして、患者自身がどう
考えるかを確認するお手
伝いをするのです。

東北大学での臨床宗教師の研修風景：諸宗派諸宗教合同の礼拝
（提供：東北大学文学研究科実践宗教学寄附講座）

　日本で緩和ケアの場所
を最初に提供したのはキ
リスト教徒の医師でした
が、仏教版のホスピスで
ある「ビハーラ」もいく
つかできました。「ビ
ハーラ」は休み場所、村
といった意味のサンスクリット語です。また、2004年に大阪で起こった鉄道事
故の遺族の支援や、2011年の東日本大震災の被災者のための読経ボランティア
という支援から、「スピリチュアルケア師」「臨床宗教師」という専門職も生ま
れています。

　仏教やキリスト教を日本人が利用できる貴重な文化資源の一種と考えたとき、
自分の死を目の前にして苦しむ人や、その周囲の人々や遺族たちに、そうした
文化資源を活用して何かできるのではいかと考える人も少なくないでしょう。
死にゆく過程を、だんだん暗くなっていく坂道をおりていくことにたとえ、そ
の道しるべとなりうる宗教者を育てるべきだと主張したのは、仙台の在宅緩和
医の岡部健氏でした。東日本大震災で患者を助けようとして命を落とした自院
の看護師を偲んで、岡部氏は病院に仏像を祀ることにします。その仏像がス
タッフの心を落ち着かせ、お寺や神社に手を合わせたり、自然のなかに死者の
行く先を見たりという民間信仰が、人間の苦しみを支える大切な役割を果たし
ていたことが確認されます。のちに岡部氏自身が重篤な病を得て、臨床宗教師
に自分の死の過程を観察させながら世を去って行きました。岡部氏の志を受け
て、有志の僧侶と東北大学とが協力して、宗教者が「臨床宗教師」となってい
くためのプログラムができました。2019年9月の時点で、186名の臨床宗教師
がいます。

無宗教者が実際に傾聴している場面として紹介したいのが、エリザベス・キュブラー＝ロスの『死ぬ瞬間』（1969年）という本です。自称無宗教者の彼女は、終末期の患者に、医学部の授業で、患者としての体験を話してもらう、という実験的な授業をしました。本書はその記録なのですが、インタビューのしかたや、患者の心境の変化などに、人間的な厚みだけでなく宗教的な深みも感じられると思います。また本書は、患者も家族も、そして医療者も、死を怖れるのがあたりまえだった、ということを通して、現在の緩和医療のあり方や死のあり方を考える重要なモデルにもなっています。彼女自身が、人生の後半では神秘的な体験をし、霊の存在や死後の世界を考えるようになっていきます。

4　なにを聞くのか、役に立つのか

■宗教者の振る舞い方

　日本社会は宗教に対する不信感が根強いため、受刑者や患者は宗教をめぐるネガティブな経験をしているかも知れません。宗教者としての立ち居振る舞いは、それが相手から見ても世間から見ても妥当と認められるよう、慎重さが必要です。そのひとつが、布教はしない、という重要なルールです。とはいえ、常識的で無難な言葉だけではものたらず、宗教固有の話を求める人もいるでしょう。このようなディレンマに出会うとき、宗教者は人間としての厚みが問われることになります。

　自分が弱っているときに宗教を教えつけられるようで嫌だ、と考える人もありましょう。イギリスなどには無宗教のチャプレンがいます。「信じない」という信念も尊重されなければならない、と主張しているのです。

■無償のボランティア

　実は日本では、このような傾聴者たちのほとんどは無償のボランティアとして活動します。政教分離の原則に則り、刑務所という公的機関（そしてそれを管轄する法務省）から、教誨師に給与は支払われません。

　病院でも事情は同様です。現代の日本では、病院で働く医療者の給料は、健康保健制度に支えられた診療報酬というしくみによって、支払われるのが基本です。けれども、政教分離制度のある日本では、病院のような公的な空間における宗教活動は、診療報酬の対象になりません。患者や家族と「ボランティア」との私的な関係と読みかえることで受け入れられています。給与を受けられるチャプレンは、所属する宗教団体か、病院の属する大学が払うという持ち出しの形が多いのです。信教の自由を確保するため、そして法務省や厚生労働省や医学界の決まり事に縛られないメリットがある一方で、なかなかたいへんな仕事なのに、報酬がないことに驚かされます。それでも、このような働き手が、苦しんでいる人のところに歩み寄ってきました。

　米国では日本に比べて、チャプレンを病院で雇用するというしくみがあるのですが、財政基盤はかならずしも盤石とはいえません。苦しみを他者に語り、聴くことの意義を、どのように目に見える形で説明するか、それとも、目に見える形で説明しようという問題意識そのものが間違っているのか。雇用する場合、法律や制度の縛りはどうなるのか。個人の善意を超えて、宗教と法律や社会との接点を見据えていく取り組みが必要になっているのです。

まずはここから読んでみよう

　エリザベス・キュブラー＝ロス『死ぬ瞬間——死とその過程について』鈴木晶訳、中公文庫、2001年。

　堀川惠子『教誨師』講談社文庫、2018年。

　奥野修司『看取り先生の遺言　2000人以上を看取った、がん専門医の「往生伝」』文春文庫、2016年。

もっと知りたい人のために

　赤池一将・石塚伸一『宗教教誨の現在と未来——矯正・保護と宗教意識』本願寺出版社、2017年。

　葛西賢太・板井正斉『ケアとしての宗教』明石書店、2015年。

　柏木哲夫『定本　ホスピス・緩和ケア』青海社、2006年。

第19章

坐禅する外国人が多いのか

末村正代

　坐禅とは、大乗仏教の一宗派、禅宗で実践される瞑想です。海外でも Zen として知られ、多くの人々が実践しています。中国で興った禅宗が、どうして中国語「Chan」ではなく、日本語「Zen」と表記されているのでしょうか。

1　伝統宗派としての禅宗

　はじめに、禅宗や坐禅の歴史と教義について簡単に確認します。外国人が坐禅を好意的に受け入れた要因を、禅宗の伝統のなかから探ってみましょう。

■禅宗の歴史

　先に述べたように、禅宗は大乗仏教の一派です。「禅」自体は、インドの瞑想、ディヤーナ（dhyāna）を中国語に翻訳した言葉で、「禅那」や「禅定」とも表現されます。ディヤーナは、インドで古代から実践されていたヨーガを由来としており、仏教にも取り入れられました。ただし、禅宗という宗派は、仏教発祥の地・インドではなく、中国ではじまっています。

　禅宗の初祖は、北魏末に西域から中国へやって来たと言われる菩提達磨とい

う僧侶です。仏教寺院には七転び八起きを表す縁起物として赤いダルマさんが
置いてあることがありますが、菩提達磨はこのダルマさんのモデルとなった人
物です。ダルマさんの丸い形は、壁に向かって9年間坐禅をしつづけたため手
足が腐ってしまったという伝説にもとづいています。中国の禅宗はその後、一
旦は細分化しますが、宋代以降は大きく分けて曹洞宗と臨済宗に集約されてい
きます。さまざまな分派を経験した禅宗ですが、その名の通り、坐禅の実践に
比重を置く点はどの宗派にも共通しています。

　日本にも鎌倉時代から江戸時代にかけて、禅宗が伝えられました。現在でも、
栄西が開いた臨済宗、道元が開いた曹洞宗、隠元隆琦（いんげんりゅうき）が開いた黄檗宗（おうばくしゅう）が残っ
ています。曹洞宗はひたすらに坐禅修行をおこなう点（只管打坐（しかんたざ））、臨済宗は問
答形式の修行（公案）もあわせておこなう点、黄檗宗は江戸時代に近世中国文
化を伝えた点にそれぞれ特徴があります。

■禅の四句

　禅宗には、基本的な教義を示す言葉があります。①教外別伝（きょうげべつでん）、②直指人心（じきしにんしん）、
③見性成仏（けんしょうじょうぶつ）、④不立文字（ふりゅうもんじ）の「四句」と呼ばれる四つの言葉で、これらは教団
の形成過程で、スローガンとして確立されました。それぞれが独立した意味を
もっているわけではなく、重なり合う部分も多くあります。

　①教外別伝とは、師から弟子へと直接に真理を伝承することを言います。経
典などに書かれているような、すでに言葉となった教えには頼らないというこ
とです。②直指人心とは、人間が本来もっている仏の心（人心）を、直接に捉
えることを言います。こちらも言葉による仲介を必要としないという意味を含
んでいます。③見性成仏の見性とは、修行を通じて人間の本性である仏の性質
（仏性）に気づく体験、いわゆる「悟り」の体験を指しています。とくに臨済
宗では見性の体験がただちに成仏（仏に成ること）であるとして、見性に重き
を置いています。ただし曹洞宗は、道元が見性を否定したこともあり、見性を
重視しません。④不立文字とは、「悟り」の体験は言葉では言い表すことがで
きない、文字による表現を超えているという意味です。

以上をまとめると、禅宗の教義の特徴は、師に導かれた修行によって、言葉を媒介とすることなく直に真理を体得すること、つまり自らが本来的にもっている仏の性質に目覚めることを重んじる点にあると言えるでしょう。

2　禅宗から禅思想へ

明治時代に入ると、政治体制の変化とともに日本仏教は形を変えはじめます。時代が大きく転換するなかで、禅宗もまた「禅思想」へとアップデートされ、次第に伝統を脱していきます。

■仏教の近代化

日本仏教にとって、近代のはじまりは厳しい時代の幕開けでした。神道を重視する新政府によって明治初頭に実施された諸政策は廃仏毀釈の気運を高め、仏教諸派は改革を迫られます。若き仏教者たちは、因習にとらわれない新しい仏教の形を模索しはじめます。彼らは、近代のはじまりとともに流入したさまざまな西洋思想、その自然科学的な世界観を手がかりとしながら伝統仏教を捉え直し、新たな仏教理解を提示しました。それは一方的に流入する西洋を受容するなかで、もう一度日本人としての拠りどころ、アイデンティティを問い、確立しようとする作業でもありました。

こうした若い知識人のなかには、禅にその答え求める者もいました。彼らは禅僧を訪ね、禅の修行に身を投じていきます。歴史の教科書に登場する夏目漱石や平塚雷鳥などの著名人も、臨済禅の修行を経験しています。当時の臨済宗は、主に非出家者である一般の信徒（在家）を中心として広がりを見せました。一神教や浄土真宗のように絶対者の救済にあずかるのではなく、自己のうちにある真理を自らの力で直接に摑みとることを目指す禅宗の特徴が、近代の一部の若者が志向するあり方と一致していたのでした。

■西田幾多郎と京都学派

　禅宗の伝統を捉え直し、新しい思想として提示した人物としてもっともよく知られているのは、西田幾多郎でしょう。日本ではじめて独自の哲学を構築したと紹介される西田にもまた、禅修行をおこなった経験があります。

　西田は処女作『善の研究』で、「純粋経験」という言葉を核として独創的な哲学を展開します。「純粋経験」とは、事実を事実としてありのままに知るためのより統一的で直観的な経験であり、通常の経験、つまり知る主体と知られる客体という二元的構図のもとで成り立つ経験とは次元を異にすると説明されます。西田自身はあくまで哲学者としての立場を貫き、仏教の用語を使うことはほとんどありませんでしたが、「純粋経験」のもつ直観性は、禅における悟りの直観性と類似する面を有しています。純粋経験論の発想が海外の哲学からもヒントを得ている点、『善の研究』で披露されたごく初期の立場が時代とともに変化している点を考慮すると、禅的側面だけを取り上げて強調することはできませんが、禅に関わった経験が西田哲学の成立に一定の影響を与えていることは確かでしょう。禅の思想と体験を哲学として普遍化し、西洋思想と並びうるものとして提示したことは、禅宗の伝統が禅思想として世界へ広がるきっかけとなりました。

　西田はまた京都帝国大学の教授として多くの弟子を育て、その哲学は彼らによって時に批判的に継承されていきます。西田にはじまる一連の宗教哲学の系譜は京都学派と総称され、現代でも世界各地で研究されています。京都学派は、弁証法哲学（田辺元）やニヒリズム（西谷啓治）、マルクス主義（三木清）、神秘主義（上田閑照）などを研究対象とする多彩な哲学ですが、いずれも西洋と東洋という二つの軸を中心として展開されることが特徴です。

3　禅から Zen へ

　近代化を遂げた禅が広く世界に知られることとなる背景には、欧米に向けて強力に禅を発信した日本人の存在がありました。「二人の鈴木」、鈴木大拙と鈴

木俊隆です。外国人が坐禅をするようになった直接の契機は、彼らの活動にあります。ここに至って禅は Zen となり、海外での知名度を獲得しました。

■鈴木大拙

　とくに鈴木大拙は、禅が世界的に展開するにあたって大きな役割を果たしました。大拙のもっとも大きな功績は、長期のアメリカ滞在によって身についた高い英語力を生かし、数多くの英文著作を残したことです。

　大拙は同時代の人々のなかでは珍しく、きわめて国際的な生涯を送った人物でした。青年時代には、前項で触れた若者たちと同様、鎌倉の円覚寺という禅寺で修行に打ち込んでいました。そこで師・釈宗演からアメリカでの仕事を紹介され、1897年にはじめて渡米します。約10年に及ぶアメリカ生活では、出版社で宗教関連の雑誌の編集に携わりながら、欧米に向けて大乗仏教や禅を紹介する英文記事や英文著作を発表します。帰国後に着任した大谷大学では、Eastern Buddhist Society という組織を作り、雑誌 *The Eastern Buddhist* を創刊しました。日本での大拙はこの組織と雑誌を拠点として、さらに精力的に発信をつづけました。こうした活動が徐々に認められ、1949年以降は日米を往復しながら、アメリカの諸大学で仏教を講じるようになります。大学での講義や講演は大きな反響を呼び、大拙の禅思想が欧米圏で注目されるきっかけとなりました。実は大拙は、前項で登場した西田幾多郎と古くからの友人でした。残された往復書簡からは、同郷で同い年の二人が、影響を与え合いながら思想を形成した様子がう

ハワイ大学にて
（西谷啓治編『回想 鈴木大拙』春秋社、1975年より）

かがえます。大拙の禅思想は西田の哲学ほど抽象化されておらず、むしろ仏教の独自性を強調する面もありましたが、伝統を再編し、世界に通用する新しい思想として提示した点は両者に共通しています。

■禅ブーム

大拙がコロンビア大学などで講義をおこなっていた1950年代と時を同じくして、アメリカの若者のあいだで禅が大きな流行となります。当時のアメリカは、若者が主導するカウンターカルチャーの全盛期でした。ビート世代と呼ばれるこの時期の若者たちは、物質主義に堕落した現代社会を批判し、より高い精神性をもつ文化を求めていました。大拙の禅思想はビート世代の理想を実現するものとして歓迎され、一大ブームとなります。1930年前後に出版されていた『禅論集』（*Essays in Zen Buddhism*）全3巻は多くの人々に読まれ、*VOGUE*や *TIME*、*THE NEW YORKER* などの大衆雑誌に大拙の記事が続々と掲載されました。

大拙の講義や著作をきっかけとして禅に関心をもった人々は、次にその境地を体験することへと目を向けました。知的レベルで禅思想を理解した人々が、実際に坐禅を実践できる場所を求めはじめたのです。こうした要望に応えたのが二人目の「鈴木」、鈴木俊隆です。曹洞宗の禅僧であった俊隆は、1959年にサンフランシスコ桑港寺の六代目住職として渡米しました。禅ブームを迎え、増えつづける坐禅希望者に修行の場を提供するため、俊隆はサンフランシスコ禅センター（1962年）、タサハラ禅マウンテン・センター（1967年）を創設します。俊隆以後も数多くの禅センターや禅堂が開設され、現在ではアメリカ各地に禅関連の施設があります。こうして「二人の鈴木」は、大拙が思想面、俊隆が実践面を引き受ける形で、それぞれ Zen の確立に尽力しました。ちなみに、Apple 社を創設し、iPhone を開発した人物として知られるスティーブ・ジョブズも、若いころに禅を経験しています。

4　禅と日本文化の関係

　禅が海外で受容された理由には、それが欧米にない目新しい思想と実践だったというだけでなく、多様な東洋文化や芸術と結びついていたことも挙げられます。禅への入り口はひとつではなく、茶道や俳句などさまざまでした。禅という言葉から、枯山水の庭を思い浮かべる人も多いのではないでしょうか。

　たしかに禅宗には、禅文化と総称される独特の文化を生み出す素地がありました。禅宗教団は伝統的に、山間部に寺院を構え、自給自足の生活を送ってきました。集団生活を円滑におこなうためには一定のルールを定める必要があり、清規と呼ばれる独自の規範が生まれました。清規の内容は坐禅や食事の作法から労働に至るまで、日常生活のすみずみに及んでいます。つまり、禅僧はただ禅堂で坐禅をしているだけではなく、料理から畑仕事や庭仕事まで、何でもこなさなければならなかったのです。世俗を離れた禅僧たちのこうした生活が、侘び寂びと表現される簡素で幽玄な文化を生み出す素地となりました。実際、水墨画の雪舟は禅僧であり、千利休や松尾芭蕉も禅の修行を経験しています。トンチで知られる禅僧、一休も『狂雲集』という詩集を残しています。

　大拙は『禅と日本文化』のなかで、美術・武士・剣道・儒教・茶道・俳句を取り上げ、それぞれ文化の根底には禅の精神が流れていると主張しました。大拙の主張は、西洋文化に限界を感じていた人々に強く訴えるものがあり、禅＝日本文化という単純化された枠組みとなって海外に浸透していきました。こうして間口が広がった禅は、純粋にその精神性を求める人々だけでなく、何らかの東洋文化に関心をもつ人々をも惹きつけました。ドイツ人哲学者、オイゲン・ヘリゲルはその好例です。1920年代に東北帝国大学に招かれたヘリゲルは、大学で教鞭をとる傍ら、弓道の修行にも熱心に取り組みました。弓道の立場から禅を論じたヘリゲルの著作『弓と禅』(1948年)は世界的ベストセラーとなり、ヨーロッパ圏における禅の拡大に一役買いました。

　ただし、あらゆる日本文化を禅と結びつける解釈には、批判的な意見もあり

ます。日本文化と禅は、互いに多様な背景や伝統をもつものであり、短絡的に両者を結びつける解釈は各々の重層性を見落とす恐れがあるという指摘です。また、大拙をはじめとする東洋思想の紹介者が欧米にもたらした「禅」や「伝統」は、実際には明治以降に再構築されたきわめて近代的な代物であったという指摘もあります。文化交流や武道の研究者である山田奨治は、ヘリゲルの弓道論と龍安寺の石庭を批判的に取り上げ、こうした問題を追究しています。

　以上が、禅が海外に伝播した概略でした。冒頭で、現代では多くの外国人が坐禅を実践すると述べましたが、その源流には禅の近代化と国際発信に尽力した人々の存在がありました。禅が Chan ではなく Zen として伝わったのは、その起点に日本人がいたからなのです。

　欧米では、いま、複数の東洋的実践をかけ合わせた新しい瞑想が開発されています。アメリカの IT 企業の研修でも採用されているマインドフルネス瞑想は、東洋的瞑想のアメリカ的展開の一例と言えるでしょう。これらの新たな実践は日本にも逆輸入されつつあり、関連書籍も次々と出版されています。東西・新旧の実践を比較して、それぞれの文化的背景を考えてみることも面白いかもしれません。

まずはここから読んでみよう

ケネス・タナカ『アメリカ仏教——仏教も変わる、アメリカも変わる』武蔵野大学出版会、2010年。

藤田一照・永沢哲『禅・チベット・東洋医学——瞑想と身体技法の伝統を問い直す』サンガ、2017年。

山田奨治『禅という名の日本丸』弘文堂、2005年。

もっと知りたい人のために

小川隆『禅思想史講義』春秋社、2015年。

鈴木大拙『禅と日本文化——対訳』北川桃雄訳、講談社インターナショナル、2005年。

西田幾多郎『善の研究』講談社学術文庫、2006年。

第20章

日本人はどんな瞑想をしているのか

葛西賢太

　瞑想といえばまず思いつくのは坐禅でしょうが、それ以外にもさまざま瞑想があります。また、禅からヒントを得たマインドフルネス瞑想が日本に逆輸入され、医療でも応用されています。瞑想は、意外なところで使われています。

┌─ CONTENTS ──────────┐　┌─ KEYWORD ─
│ 1　習い事をモデルにした「朝活禅」　　◇坐　禅
│ 2　内観という自己理解の方法　　　　　◇補完代替医療
│ 3　マインドフルネスと医療　　　　　　◇白　穏
│ 4　変性意識状態としての瞑想　　　　　◇軟酥の法
└─────────────────────┘

1　習い事をモデルにした「朝活禅」

■「朝活」としての禅

　日本仏教の伝統的な禅宗の一つである曹洞宗が、2010年から2017年まで、「朝活禅」という坐禅会を試みたことがあります。曹洞宗の壇信徒会館（東京グランドホテル）は、東京都心の芝公園にあります。出勤前に参禅はいかが？と提案をするポスターが、最寄りの駅などに貼られました。朝の仕事前に「朝食会」で勉強をしたり他職種の人と知り合ったりする活動があります。「朝活禅」は、こうした「朝活」の選択肢の一つとして提案されたわけです。

■禅のハードルを下げる

　曹洞宗は禅宗の一つですが、この宗派に所属する寺院であっても、坐禅会を

実施できているところは必ずしも多くあり
ません。まず、個々のお寺の事情があるで
しょう。坐禅は、高齢の男性が多くなりが
ちで、また「修行」としてのハードルが高
い印象もあります。若い人にも気軽に体験
して、坐禅の良さを味わってもらいたい。
仕事着から坐禅しやすいゆったりした服に
着替える部屋など、参加者の方々へのさま
ざまな配慮もして、「朝活禅」は行われま
した。

「朝活禅」ロゴマーク

　30名という限定枠で、3か月かけて全6回、朝7時から8時までという有料
の企画は、世間にある他の習い事をモデルとしたとのこと。参加者は、朝7時
から20分ほど、実際の坐法と、禅の考え方を凝縮した禅語（たとえば「日々是好
日」とか、「一期一会」は、禅由来の言葉なのです）の講義を受けます。

　そして20分の坐禅。その後、読経・写経・作務（清掃など有意義な軽作業）・
行茶・行粥などの「修行体験」を20分。1時間のあと、自由参加で、宗侶（僧
侶）への質疑や参加者同士の交流のできる茶話会の30分が添えられました。

　参加者の感想には、「ストレスを感じなくなった」「すっきりして仕事の効率
が上がった」などがあったそうです。参加者が坐禅から果を得たことはよいこ
とだと思いますが、曹洞宗では、目的を持った禅（習禅）をこえて、人生の深
い問いに触れていくような禅であることが大事、と、もう一歩踏み込んで捉え
ます。

　「朝活禅」には多くの申し込みがあり、都心で働くビジネスパーソンたち、
とくに30代から40代の女性の参加が多めで、男女比は4：6程度であったとい
います。この実験的プロジェクトは数年を重ねたのちに終わりましたが、定期
的に参禅の機会を設けている寺院は都会にもあります。

2　内観という自己理解の方法

■恩を思いだす瞑想

内観法という、日本独自の心理療法でもある瞑想法もあります。

それは、両親、とくに母親に、ついで兄弟姉妹や親戚や友人などの他人に「してもらったこと」「して返したこと」「迷惑をかけたこと」を、1週間の時間をかけて少しずつ思いださせる瞑想です。内観にとりくむ人は専用の合宿所に泊まり、全員での清掃や食事、トイレや入浴、就寝以外はずっとかんたんな仕切りの中に座って過ごし、時間の流れに沿って自分の人生を思いだしていきます。指導者はこの仕切りを一つ一つ廻って、礼儀正しく、どんなことを思いだしたかを聞いていきます。ふつうは自然に思いだすというわけにはいかず、「とても迷惑をかけたと思います」「かわいがってもらったと思います」などとあいまいに流したくなってしまいます。指導者はそうした参加者の苦しい気持ちを受けとめつつも、「では、中学1年生の時についた嘘について思い出して下さい」というように、時期と内容を明確かつ具体的に限定し、次の巡回までの課題を提案して応援します。

■きっかけさえあれば体験はよみがえる

作家の柳田邦男は、内観に参加したときに、やはり思いだすのに苦労した体験を語っています。指導者が小学校の教科書を持ってきてくれました。それをめくっているうちに、小学校の敷地や建物の様子やそこで起こった出来事が鮮烈に甦ってきたといいます。「家が貧しいから」と修学旅行への参加を拒否した彼は、母親が自分のために貯金をしてくれていたのを知っても、意地を通してその貯金を使うことを拒んだのです。子どもを修学旅行に行かせることができなかった母の気持ちに思い至り、彼は強く心をゆさぶられます。

内観については、日本国内にいくつかの研修所・道場があり、著名ホテルチェーンでも社員研修の一環として採り入れています。受刑者対象に行ってい

る刑務所もあります。また、日本発の心理療法として内観を研究する、国際的な学会もあるのです。

3　マインドフルネスと医療

■カバットジンのマインドフルネスストレス低減法

坐禅やヨガについで、いま、日本のみならず世界で大きな影響を及ぼしている瞑想といえば、マインドフルネスでしょう。

マインドフルネスが広く知られるきっかけとなったのは、マインドフルネスストレス低減法（Mindfulness Based Stress Reduction）という、米国マサチューセッツ大学医学部にいた、ジョン・カバットジンの仕事でした。彼自身が、日本と韓国の禅や東南アジア由来のヴィパッサナー瞑想という仏教瞑想やヨガを若いころから実践していました。そして、さまざまな慢性疾患に苦しむ人たちに8週間の瞑想プログラムを提供します。彼は、痛みや不快感を消そうとするのではなく、痛みや不快感をもつ自分自身をじっくり観察するという方法――痛みや不快感を通してなにかを訴えている身体の声を聞く、という提案をするのです。この方法は、参加者の心理面だけでなく身体面にもはっきりした変化をもたらしました。彼は、参加者のその後のデータを精力的にとり、研究論文の形で公開しました。

■うつ病の症状軽減

カバットジンの研究を受けて、マインドフルネス認知療法が、うつ病に対する新しい治療法として開発されます。うつ状態は再発を繰り返すたびに重くなるので、再発を抑える、また、再発の徴候があればできる限り症状を軽くすることが長期的な回復につながります。瞑想をすればうつが治る、という単純なものではありません。瞑想を習慣にして、自分自身を定期的に観察し、再発の徴候に気づいたら休息をとったり、適切な服薬をしたりするのです。これは、短期的な症状軽減に加え、再発を重ねるたびに憎悪していくこの病気の悪循環

を良循環に変えていくことにもつながるのです。

　医療の領域で、治療を支えるためにマインドフルネスを取り入れる試みは、これからも広がっていくと予想されます。効果も期待されているのですが、医療費の節約という観点からも有効だと考えられています。医療の一環としてのヨーガやマインドフルネス瞑想の活用や、さまざまな体操、ハーブや漢方など、非西洋医学的な実践を、補完代替医療（Complementary and Alternative Medicine）といいます。

Google ［ 日々是好日 　　　　　　　× 🎤 🔍 ］

■補完代替医療

　これまで、日本の医師は補完代替療法についてあまり知識をもたず、まだ瞑想などを勧めたりすることも少なかったようです。日本では、補完代替療法というと、病気の治癒を期待して（しばしば医師には内緒でこっそり）服用される健康食品などが多いのです。けれども、見方が少し変わってきました。

　補完代替療法としての瞑想が患者さんの苦しみを軽減する可能性について、日本補完医療学会は、『がんの補完代替療法のクリニカル・エビデンス』というガイドラインを出しています。それによると、ヨーガは、たとえば、女性乳がん患者の倦怠感を改善したり、また、がんの睡眠障害を改善したりする可能性があるそうです。ただし、がんの骨転移が進んでいる患者さんは、（骨が弱っているので）骨折などに注意するよう警告もされています。不安や抑うつ、心理的落胆や自覚ストレスを低減する可能性も指摘されています。がんそのものの予後の改善についてはまだ十分なデータがないそうですが、睡眠障害や不安を改善されることのメリットだけでも小さくありません。

4　変性意識状態としての瞑想

■白隠の「軟酥の法」

　白隠という有名な禅僧がいました。一生懸命に坐禅に取り組みすぎて体調を崩してしまいました。その白隠が、ある仙人に、軟酥の法、という瞑想法を教えてもらいます。

　軟酥の法をかいつまんで説明すると、こうです。頭のてっぺんに、軟酥というたいへんに美味なものをおいたとイメージし、それがとろとろと溶けて流れ落ちていき、手足や内臓をあたためていく、という瞑想です。いそがず、ゆっくり、時間をかけて、具体的に詳細にイメージをします。白隠は、この軟酥の法を重ねることによって体調を取り戻したというのです。

■さまざまな変性意識状態

　静かに座って目を閉じてずっと瞑想するというのは、現代人にとっては、耐えられない試練にも感じます。けれども、瞑想をして、悩み事に違う光が当てられて解決への道が開かれたり、スポーツ選手がスランプを脱したりすることもあるようです。ふだん一生懸命考えてもどうにもならないことが、瞑想に集中していると「すっきりして仕事の効率が上がった」りするのは、ふだんと違う意識状態になっていると考えられます。「ふだんと違う意識状態」といっても、いろいろあるでしょう。怒りやいらだち、うつや不安もそのひとつです。絶好調の状態や、落ち着かないほど高揚した躁的な状態もあれば、静かに集中している状態、とても静かに落ち着いた状態もあるでしょう。ふだんの意識とは違うこれらの諸状態を、ひっくるめて、変性意識状態（Altered States of Consciousness）といいます。

　白隠が成果を出そうと坐禅に励めば励むほど悪循環に陥っていた発想を変え、頭頂からよきものが流れ下って身体を温めていくという瞑想を通して、自分のあり方を解きほぐしていったエピソードは、印象深いものです。けれども、私

たちは、変性意識状態のメカニズムや、それがもたらす結果が、まだよくは分かっていないことに謙虚であるべきでしょう。瞑想という実践が私たちに何をもたらしてくれるか、どんな人に向いているのか、どんな人には向かないのか、どんな状況に適しているのかなどを、ていねいに確かめながら、ゆっくり進んでいくべきでしょう。

　最近、「瞑想難民」という言葉を聞きます。心の病気や悩みを解決しようとして瞑想したらますます苦しくなってしまった、結果が出せない自分をあせって責めてさらに苦しくなった、という人たちもいるのです。

■万能薬という勝手な期待

　瞑想を万能薬とみて、効果だけをつまみ食いしようという期待もあるようです。経営者が（自分はやらずに）社員にやらせて、仕事の効率を上げようとしたり、精神科医が治療薬の代わりにマインドフルネスを「処方」したりするような傾向です。集中力や発想力が必ず高まる魔法、自分の悩みがさっと解決されてしまう魔法と期待する人もあるようです。だから、あやしげなビジネスもあります。「瞑想経験3か月以上のインストラクター募集」という広告をネットで見たことがあります。カバットジンが瞑想の習慣をつけさせるのに8週間の準備期間をもうけたことと対比して考えれば、3か月を越えた程度の瞑想経験しかないインストラクターに「指導」できるのでしょうか。マニュアルを不安げに棒読みするような「瞑想指導」は、おことわりですよね。

　瞑想以外にも、変性意識状態に入るために、日本では二つの合法的な薬物が使えることにお気づきでしょうか。一つはカフェイン、もう一つはアルコールです。私たちはなにかに集中したり、疲れた身体に鞭を入れるためにカフェインをとり、また、気分を変えて楽しむするためにアルコールをとります。アルコールを摂り過ぎる危険は、近年、かなり啓発されるようになりましたが、カフェインも同様であることは意外に知られていません。コーヒーやお茶よりもはるかに高密度のカフェインが入っているエナジードリンクを飲み過ぎて急死する事故が少なからず起こっています。スマートドラッグという「頭のよくな

る薬」を取り寄せて、頭も身体も痛めてしまう事故もあるようです。

　1995年3月、オウム真理教という宗教教団が東京の地下鉄でサリンをまき、13人の死者、5800人以上の負傷者がでました。この教団では、指導者の頭と修行者の頭をケーブルでつないで、指導者の「悟り」と「シンクロ」させようとしたり、密室に閉じ込めて瞑想をさせたりしていたことがわかりました。

　この事件から学べることをひとつあげるなら、人間の心に触れるふるまいは、時間をかけて慎重にていねいに進んでいくことが大切、ということでしょうか。そして、それに関わる人の良識が、問われているともいえそうです。

　瞑想を教えてくれる人は、社会人としても信頼でき尊敬できる人であって欲しいと、筆者は思います。人類の歴史のなかで瞑想に取り組み、それを文字に残してきた人たちは、むしろ、道徳や倫理の大切さを最初に説いています。たとえば、ヨーガの基本文献である『ヨーガ・スートラ』も、冒頭は、瞑想による能力開発などでなく、日常生活をととのえる「禁戒」で始まっているのです。

まずはここから読んでみよう

　バンテ・H・グナラタナ『マインドフルネス──気づきの瞑想』出村佳子訳、サンガ、2012年。

　藤田一照『現代坐禅講義』角川ソフィア文庫、2019年。

　葛西賢太『現代瞑想論──変性意識がひらく世界』春秋社、2010年。

もっと知りたい人のために

　飯塚まり編著『進化するマインドフルネス──ウェルビーイングへと続く道』創元社、2018年。

　『がんの補完代替療法ガイドブック』第3版、金原出版、2012年。

　厚生労働省の事業である「統合医療」情報発信サイトでpdfがダウンロード可。
　　http://www.ejim.ncgg.go.jp/public/doc/

　ミハイ・チクセントミハイ『フロー体験──喜びの現象学』今村浩明訳、世界思想社、1996年。

第21章

なぜオカルトブームが起こるのか

大道晴香

　幽霊や未確認生物（UMA）といった超常的な存在を取り上げて、その不思議さを楽しむようなコンテンツは、一定の人気を誇り、広く世界で消費されています。こうした「オカルト」と呼ばれる事象を、なぜ人々は求めるのでしょうか。

```
┌─ CONTENTS ──────────────┬─ KEYWORD ──────┐
│  1  オカルトとはなにか          │ ◇科学と宗教     │
│  2  戦後日本のオカルトブーム    │ ◇超 能 力       │
│  3  ブームの社会背景           │ ◇心 霊 学       │
│  4  オカルトブームの終焉        │ ◇ニューエイジ   │
└──────────────────────────┴────────────────┘
```

1　オカルトとはなにか

　「オカルト」というと、多くの人は「心霊写真」「魔術」「UFO」といったいくつかの具体的な対象を思い浮かべることでしょう。と同時に、真偽の不確かな怪しいもの、というイメージを持つ人も多いのではないでしょうか。オカルトは現在、「怪奇」の価値を提供する娯楽を目的としたコンテンツの一ジャンルとして確立しています。このように、非常に身近でありふれた存在となったオカルトですが、元々は、現状とは正反対の性質を表す言葉でした。

■「オカルト（occult）」の語義
　「オカルト（occult）」とは元来「隠れた」を意味する語であって、私たちの日常世界を支えている通常の知識や理解の範囲を超えたものを示す言葉だとさ

れています。16世紀半ばには英国の事典に記載がみられ、ここに17世紀には呪術・錬金術・占星術などの諸分野の知識や利用という意が含まれるようになりました。ヨーロッパでは19世紀末頃に広く大衆化したとみられ、とりわけフランスの作家たちを魅了し、たくさんの作品に影響を与えたとされます。

　大衆化が極限まで進行した現在のオカルトは、元々の意味からは程遠い、誰もが知る日常の一部になっているといえるでしょう。しかし、このように「隠れた」を原意としているからこそ、科学が万物の法則として機能している近代以降の社会のなかで、オカルトは既存の科学の枠を逸脱した知識を包括する用語として機能してきたのです。

■オカルトと宗教の関係

　ただし、超自然的な物事であるからといって、そのすべてがオカルトに該当するかといえば、そうではありません。わかりやすいのは、宗教との関係です。確かに科学では証明のできない事象ではありますが、たとえば、キリスト教で説かれる死後の世界を「オカルト」と呼んだとすれば、きっとほとんどの方が強い違和感、ないし反感を覚えることでしょう。超越的な次元に関する文化という点では、オカルトは広義の「宗教」の範疇に入ってくる事象といえます。しかし、それは、単に超自然的な事象全般を指し示す概念ではないのです。

　オカルトには、いくつかの特徴があると指摘されています。一つは、「事実」に焦点を合わせるような、実証主義的な態度です。オカルトには、いつでも科学的根拠に基づく「真偽」を問題とした論争がつきものです。こうした科学との対立は、実のところ、オカルト自体がもつ実証主義的態度に由来しているともいえるでしょう。

　もう一つの特徴は、自分で直接的に感知できそうな個別の現象に執心する、「個別的・断片的」な事実に関心を向ける態度です。オカルトでは、死後の霊魂の実在がたびたび話題となります。ところが、よく考えてみると、このトピックは諸宗教のなかでも扱われているものです。諸宗教における死後の霊魂は、信仰対象および関連する救済観や死生観などから成り立つ、体系的な教え

の一部として扱われます。

　これに対して、オカルトの場合は、「死者の霊魂」という個別的な事実、た
だ一点のみを問題とするところに特徴があります。したがって、諸宗教の一部
を担っている要素でも、本来の宗教的世界から引きはがされて断片化し、オカ
ルトとして取り上げられる可能性があるわけです。

2　戦後日本のオカルトブーム

■ターニングポイント

　オカルトの語が日本に定着したのは、1970年代だったといわれています。そ
のきっかけとされているのが、アメリカで制作された『エクソシスト』という
ホラー映画です。少女に憑りついた悪魔と神父との戦いを描いたこの映画は、
1974年7月に日本で公開されると映画館には長蛇の列ができました。

　1974年には、ほかにも、オカルトに関する複数のコンテンツが社会現象を巻
き起こしています。まず、3月には、超能力者として名高いユリ・ゲラーが遠
隔地からテレビを介して念力を送り、お茶の間のスプーンを曲げたことで、日
本中に空前の超能力ブームが到来しました。

　さらに4月には、心霊研究家である中岡俊哉の代表作『狐狗狸さんの秘密』
が刊行され、累計30部の売り上げを記録しています。この本は「こっくりさ
ん」と呼ばれる日本の降霊遊戯を扱ったもので、未曽有の「こっくりさん」
ブームを小・中学生を中心に巻き起こしました。

　このように、1974年は戦後日本のオカルトをめぐる動向を考えるうえで、一
つのターニングポイントになった年といえます。以降、日本の社会ではトレン
ドを変化させつつ、オカルトが一定の人気と影響力を持ち続けてきました。そ
うしたオカルトに対する大衆的な関心の高さは、1990年代前半まで継続したと
考えられています。この1970年代から90年代にかけて生じた社会的な動向を、
戦後日本におけるオカルトブームと捉えることができるでしょう。

■ブームの特徴

1970年に始まるオカルトブームの特徴は、なんといっても、「マス」なカルチャーであった点です。インターネットがまだ一般に普及しておらず、メディアとコンテンツの種類が限られていた1990年代以前の社会において、テレビ番組・映画・雑誌・書籍の人々に与える影響は、

昭和期に多数刊行されたオカルト関連本

現在よりずっと大きなものでした。つまり、ブームの生じた当時は、マスメディアが強い影響力をもつ時代だったのであり、マスメディアを介して大勢の人がコミットすることで、オカルトは次々と新たな社会現象を生み出していきました。

それと同時に、オカルトが受容者である〈わたしたち〉自身をその主役に置くものであった点も、多くの人たちがオカルトに熱狂した要因の一つともいえるでしょう。オカルトには、「事実」を問題とするような実証主義的な態度があると述べました。したがって、オカルトは〈わたしたち〉の生きる世界のなかの「隠れた事実」という体で、受容者にとってリアリティを持つ事象として描かれていました。

ユリ・ゲラーに端を発する超能力ブームは、彼のスプーン曲げを見て「自分にも超能力があるかもしれない」と思い、多くの人が実際にスプーンを擦ったことで生じたブームです。そうした実践者のなかからは、複数の「超能力少年・少女」が現れました。ほかにも、幻の生物「ツチノコ」の目撃談が紹介されると、現場に全国から人が押し寄せて大捜索が行われるなど、オカルトは受容者の生きる世界の「事実」というリアリティによって、人々の能動的な参与を促しました。

3　ブームの社会背景

■戦前のオカルトブーム

とはいえ、1974年以前にオカルト的な要素が日本社会に皆無だったかといえば、決してそうではありません。オカルトを時代の制約を伴わない分析概念として用いる場合、たとえば、日本では戦前の段階ですでに一度、大規模なオカルトの流行を経験しています。それは、明治期に生じた「心霊学」への関心や続いて起こった「霊術」の流行です。

心霊学とは、英語の spiritualism の邦訳で、19世紀後半の欧米を中心に展開された、霊魂の実在および霊魂との交信を科学的に探究する試みを指します。日本では明治40年代頃から、知識人を通じて広く紹介されるようになりました。

心霊学は、既存の科学では理解できない現象を説明する「新たな科学」と捉えられ、学者の議論を呼んだことで、明治末期には、「透視」「念写」といった不可思議な力の実在が社会的な関心事となりました。ほどなくして心霊学は科学の領域から排除されましたが、その知識は今度は、精神修養・健康法と超自然的な要素とを兼ね備えた「霊術」と呼ばれる技法を生み出し、大正から昭和初期にかけて爆発的な人気を博しました。

つまり、1974年に始まるブームは、日本にオカルトという文化を新たに誕生させたわけではなく、もともとあったオカルトを社会が再発見し、強く求めたからこそ起こった現象と考えるべきでしょう。では、1974年というタイミングでそうした欲求が現れた時代的な要因は、一体なんなのでしょうか。

■オカルトブームと近代化

その要因としてまず挙げられるのは、当時の日本社会で広がっていたとみられる、近代化に対する疑念です。日本では1955年から年平均10％を越える実質経済成長率を記録し、1960年代に入るとインフラ整備と工業開発が急速に進められました。

　そんな右肩上がりの経済成長は、1974年に終わりを告げます。前年の第一次オイルショックを経て、日本はこの年、戦後初めてマイナス成長に転じたのです。経済成長の停滞は、猪突猛進で突き進んできた社会の歩みを止めることで、これまで盲目的に信じてきた近代化、そして、その根底に置かれた科学や合理主義といった尺度を、今一度見つめ直す契機になったと考えられます。

　さらに、環境破壊の顕在化も見逃せない動向の一つです。性急な工業開発によって、高度経済成長期には各地で深刻な環境汚染が発生し、病気を引き起こすようになっていました。一連の現象に対して、国家レベルで本格的に策を講じ始めたのが1960年代です。水俣病・イタイイタイ病が正式に公害病と認定され、環境保護政策が立て続けに整備されました。公害で可視化された近代化の負の側面は、人々に従来の姿勢や価値観の見直しを迫るものでありました。

　宗教学者のエリアーデは、オカルトの特徴として「現代生活の混沌と無意味から脱出する出口」、「世界の更新」への希望、を指摘しています。オカルトブーム前夜に当たる1960年代から70年代初頭は、まさに、それまでの近代化を是とする日常世界が行き詰まり、科学や合理主義という価値観に揺らぎが生じた時期でした。したがって、そうした日常的な知への疑念が、「隠れた」知であるオカルトに対する欲求に結びついたと考えられるのです。戦前にあったオカルトの流行も、やはり近代国家の樹立という出来事に続いて起こっており、日本では二度の近代化の後に、反動的に非合理的な知が流行してきたことが指摘されています。

■「わたし」と「世界」の変容に対する希望

　また、戦後のオカルトブームは国内の社会状況のみならず、宗教文化をめぐる世界的な動きとも連動しているとみられています。それが、超越的な領域との個人的な関わりを指す「スピリチュアリティ（霊性）」に対する関心の高まりです。欧米諸国では1970年代頃から、既存の宗教の枠に収まらない新たなスピリチュアリティの探求が顕著となっていました。現状の体制や価値観への疑義を示す60年代の対抗文化のなかから発生し、若者を中心に広がりをみせた一

連の現象は「ニューエイジ」と呼ばれています。チャネリング・ヨーガ・ニューサイエンス・瞑想・輪廻転生・気功・ヒーリング・アニミズムといったトピックを内包するニューエイジの思想は、日本にも輸入され、日本特有の文脈や要素を取り入れながら「精神世界」の名で定着していきました。

　ニューエイジは基本的には個人の実践を重視しており、そのうえで、個々人の意識の変容が人類や世界全体の変容に結びつくと考えるところに特徴があります。こうした考え方は、「隠れた事実」として新たなリアリティを形成し、〈わたしたち〉の生きる日常世界の更新を求めるオカルトの精神性とつながっているといえるでしょう（第28章参照）。

　日本で生じたオカルトブームは、戦前と70年代、いずれも欧米からの影響を多分に受けたものでありましたが、80年代以降のオカルトはとりわけ、このニューエイジという文化との接続のなかで新たな盛り上がりをみせたのでした。

4　オカルトブームの終焉

　1974年に始まった日本のオカルトブームは、トレンドを変化させながら約20年間続きました。しかし、どんなブームであっても、衰退の時は必ずやってきます。ひとたび話題となったものは、消費され尽くすと飽きられるのが宿命です。それでも、新たなトピックが次々出されることで、オカルトは長期にわたって大衆の関心を集め続けました。

　ブームの終わりは突然訪れました。それは、1995年の地下鉄サリン事件を契機とした、オウム真理教による一連の凶行の発覚です。宗教団体によって引き起こされた凶悪事件は、社会に大きな衝撃を与えると同時に、宗教的なものに対するネガティブイメージや忌避感を世の中に喚起しました。

　しかも、「なぜこんな事件が起きたのか」と事件に至る過程が検討されるなかで、オカルトブームは、オウム真理教のあり方と直接的な関わりをもつことが明らかとなってきます。オウム真理教の教えには、オカルトブーム期のポップカルチャーで定番となっていた終末思想・選民思想・前世・生まれ変わりな

どの要素が積極的に取り入れられていました。つまり、身近な消費財として親しまれていたコンテンツが、教団への回路として機能し、教団の隆盛につながっていたのです。

　事件以降、オカルトは公共的な領域から排除されるようになり、心霊番組のようなコンテンツは減少することになりました。とはいえ、2000年代に入ってから、「オーラ」や「パワースポット」などの宗教色を排した語で再びオカルト的関心が顕在化したように、私たちの社会には常にオカルトへの欲求が内在しています。ブームの様相こそ呈してはいませんが、エンターテインメントの一ジャンルとして、また魅力的なコンテンツを創作する際の素材として、オカルト的要素が社会のなかで一定の地位を占めていることは、普段の生活からも実感されるところです。既存の秩序の“向こう側”を認識する人間の想像力が喚起される限り、オカルトが姿を消すことはないでしょう。

> **まずはここから読んでみよう**
> 　一柳廣孝編『オカルトの帝国——1970年代の日本を読む』青弓社、2006年。
> 　吉田司雄編『オカルトの惑星——1980年代、もう一つの世界地図』青弓社、2009年。
> 　ASIOS編『昭和・平成オカルト研究読本』サイゾー、2019年。
> **もっと知りたい人のために**
> 　一柳廣孝『怪異の表象空間——メディア・オカルト・サブカルチャー』国書刊行会、2020年。
> 　栗田英彦・塚田穂高・吉永進一『近現代日本の民間精神療法——不可視なエネルギーの諸相』国書刊行会、2019年。
> 　高橋直子『オカルト番組はなぜ消えたのか——超能力からスピリチュアルまでのメディア分析』青弓社、2019年。

第22章

日本の神話や物語にはどんなものがあるか

大澤絢子

宗教は、さまざまな物語を通しても伝えられてきました。日本の神話や物語は、日本の宗教や日本人の宗教観を知るための格好の材料でもあります。神話はなぜ語られ、どんな物語がどのように宗教を表現してきたのでしょうか。

CONTENTS ──────── KEYWORD ─────────

1 日本の神話はどう読まれてきたか　　◇天皇の系譜
2 古典文学のなかの仏教　　　　　　　◇『源氏物語』
3 近代の文学と宗教　　　　　　　　　◇宮沢賢治
4 宗教とメディア　　　　　　　　　　◇漫画・アニメ・ゲーム

1　日本の神話はどう読まれてきたか

■神話とは何か

神話とは一般に、古い時代に作られた神々に関する神聖な物語を指します。神話は世界各地にあり、世界や人類の起源、神や英雄にまつわるさまざまな物語が伝えられてきました。たとえばギリシア神話では、世界の決まりごとの成り立ちが神々の愛憎劇や英雄の活躍を通して語られており、神による世界の創造を記した旧約聖書の冒頭部分も神話の一つといえるでしょう。

神話の内容は、私たち人間が社会の習慣や規則を定める際の拠りどころにもなってきました。宗教はその典型です。神話に登場する神や英雄の物語は、現実の社会での神聖さや宗教的権威を証明する際にも役立ち、私たちの生活にも大きく関わってきたのです。

■日本の神話とは

では、日本の神話とはどのようなものでしょうか。日本の神話として最も知られているのが『古事記』と『日本書紀』の伝承で、どちらも8世紀の初めに編纂されました。これらの神話では、混沌とした状態からさまざまな神が誕生したあと、男神イザナキと女神イザナミが誕生したとされます。2人は男女の交わりを行い、日本の国土や自然などたくさんの神を生みました。

日本の神話では、島や山、川や草木だけでなく、風や雷といった自然界の現象も神とされます。そうしたたくさんの神がいる地上世界の最高神とされるのがアマテラスです。世界に伝わる神話の最高神の多くが男神であるのに対して、アマテラスが女神とされているのは日本の神話のユニークな点です。

日本の神話に登場する神々は、日本各地の神社で祀られ、信仰されてきました。なかでもアマテラスを祀る伊勢神宮や、オオクニヌシを祀る出雲大社は有名です。神社に行くと、その神社の成り立ちや、祀られている神についての伝承を伝える看板や碑などを目にすることがあるでしょう。神々の物語は、神社の由緒の正しさや神秘さの裏づけにもなっているのです。

神話の物語としては、スサノオのヤマタノオロチ退治やオオクニヌシを助けた因幡の白兎の物語がよく知られており、神話をモチーフにしたと考えられる昔ばなしも日本各地に伝わっています。

■神話を創る意図

『古事記』と『日本書紀』は、日本古代の戦いである壬申の乱（672年）の勝者・天武天皇が成立に関わったと言われています。『古事記』の編纂の目的は、それまで伝えられてきた伝承に誤りが多く、正しい内容を定めて世に伝えるためだったとされます。

なぜ、それまでの伝承には間違いが多いとされたのでしょうか。それは、過去の物語が権力者たちの地位や権限を主張するために書かれた、時には語る者の立場によって内容が書き替えられてきたからです。

『古事記』や『日本書紀』も、天皇の権威を高めるための物語という性格を

「古今武勇双六」に登場する神功皇后
（『セウガク二年生』1926年新年付録、及川智早『日本神話は
いかに描かれてきたか——近代国家が求めたイメージ』新潮
選書、2017年より）

持っています。日本の神話で重要なのが天皇との関係です。『古事記』と『日本書紀』では、アマテラスの孫ニニギが地上に降臨し、彼の曾孫が神武天皇となって国土を統一していくという天皇の系譜が語られています。日本の神話は、初代の天皇である神武天皇がアマテラスの子孫であることを語ることで、神々の世界と人間の世界が連続していることを示しているのです。

■近代以降の神話の位置づけ

　神話の内容は、とくに明治から太平洋戦争期にかけて重要視されました。江戸時代では、幕府のトップである将軍が政治の実権を握っていましたが、明治になると天皇を中心とする国家体制が目指されていきました。この体制を権威づけるために用いられたのが、神と天皇との結びつきを語る神話だったのです。

　神話の内容を表現した書籍や図像は、明治期以降に発展した印刷技術によって大量に印刷され、神と天皇の関係や天皇の権威に関する語りが社会に流布していきました。たとえば、明治に行われた韓国併合が神話に記された神功皇后の朝鮮半島征服の再現であるとされ、本や図像を通して英雄としての神功皇后イメージが広められました。学校では、神話を史実として教えることで天皇の偉大さを伝え、天皇の正統性が強調されていきました。

　太平洋戦争後、天皇が神ではなく国の象徴と位置づけられると、神話は次第に教科書で取り上げられなくなっていきました。しかし近年の小・中学校の国語や社会の授業では、読み聞かせや歴史の教材として『古事記』や『日本書紀』を取り入れることが推奨され、神話を通して日本の言語文化や古代の人々

の信仰やものの見方を学ぼうという動きも見られます。

2　古典文学のなかの仏教

■『源氏物語』と仏教

　それでは、神話以外の日本の物語は宗教とどのような結びつきがあるのでしょうか。日本を代表する古典とされる『源氏物語』は、平安時代のなかごろ、宮中に仕えていた女性・紫式部によって執筆されました。主人公は、時の天皇の息子で、誰もが羨む美男子の光源氏。地位と権力、そして美貌を兼ね備えた源氏と女性たちとの恋模様が繰り広げられます。

　源氏に恋をした女性たちは、源氏に運命を翻弄され、源氏もまた、男女関係によって生み出される悲しさや苦しみを味わいます。そこで出番となったのが仏教でした。源氏との恋に疲れた女性たちの多くが出家の道を選び、源氏も最終的には出家したと考えられています。

　この時代、出家は男女の別れの一つのかたちでもありました。女性たちは源氏への想いを断ち切るように出家し、自分の生き方を取り戻していきました。源氏の愛を最も受けたとされる紫の上は、出家を希望してもかないませんでしたが、死の前に法華経千部という膨大な経供養の法要を催すなど、仏教に救いを求め続けました。一方の源氏は、紫の上を失った深い悲しみから仏教を求めました。自分らしく生きるための仏教と、癒しのための仏教と、『源氏物語』には男女それぞれの救いの道としての仏教が表現されているのです。

■貴族たちの宗教的生活

　それだけではありません。『源氏物語』はラブストーリーでありながら、栄光からの没落、政治的駆け引きや権力闘争など、華々しい貴族社会の裏に潜む闇を浮き彫りにしていきます。死や病、天変地異や災難は怨霊の祟りや「物の怪」のしざわとされ、貴族たちは呪いや占いに従って生活し、由緒ある寺院や霊験あらたかな神社へ参詣しました。

『源氏物語』には、生霊を調伏するために僧侶に読経させたり、無事に出産できるよう神仏に祈願したりといった宗教儀礼も多く描かれています。災いを取り除いたり、願いごとを叶えるために日常的に行われる加持祈祷のほか、寺院や神社の祭礼や法要など、年中行事としてもさまざまな宗教儀礼が頻繁に行われていました。神と仏はどちらも、貴族たちの生活にとって欠かせない存在だったのです。

■極楽と地獄

平安貴族たちは、現世だけではなく来世での平穏も願っていました。彼らが目指したのは、阿弥陀如来がいるとされる極楽浄土です。極楽には、苦しみも悲しみもなく、あらゆることが満たされるとされています。その対極にあるのが地獄で、ここでは痛みや恐怖が永遠に続きます。

来世で極楽に生まれるため、あるいは地獄に堕ちないためにはどうしたらいいのでしょうか。答えは、仏教に帰依し、仏教の教えを守って生活することです。極楽へ往生するために、貴族たちは写経に励み、僧侶の説教を聴き、寺院を建立したり仏像を造らせたりと、仏教を熱心に信仰しました。

地獄や極楽がどんなところか、仏教に帰依すると具体的にどんな良いこと（利益）があるのかを説いたのが仏教説話です。平安時代初期に書かれ、日本最古の仏教説話集とされる景戒の『日本国現報善悪霊異記』（『日本霊異記』）には、地獄や怪異に関する奇譚のほか、悪業を犯せば悪い結果を、善業を積めば善い結果を得るといった因果応報の物語が多数収録されています。地獄と極楽を語るには、源信の『往生要集』も欠かせません。これらの物語は形を変えつつ幅広い層へ浸透し、日本人の仏教観や地獄や極楽のイメージができあがっていきました。

3　近代の文学と宗教

■青年と宗教

怪異や根拠のない伝承を迷信として退けるようになったのが近代です。明治

に入り、日本では新しい宗教との関わり方が生まれました。それを体現していたのは、学生などのエリート青年たちです。煩悶青年と呼ばれた若者たちは、人生をいかに生きるかに悩み、あるべき自己形成を目指していきました。彼らは、迷信に惑わされるような旧態的な信仰ではなく、自分自身の生き方や内面に関わるものとして宗教を求めたのです。

　彼らにとって宗教とは、知っておくべき知識や教養の一つでもありました。彼らの多くは哲学書と同時に聖書や仏教の聖典を読み込み、読書を通してキリスト教や仏教の教えに触れていきました。そんな青年の一人だった倉田百三が書いたのが『出家とその弟子』（1917年）です。浄土真宗とキリスト教の教えを混ぜ合わせたこの大胆な作品は、当時の青年たちの必読書とされるほどの人気を集め、世の中に親鸞ブームを巻き起こしました。この作品は、教団や教会の外側で、宗教が物語を通して自由に表現されていく大きなきっかけとなりました。

■宮沢賢治の宗教的世界観

　近代日本のなかで、自ら宗教と深く関わりながら多くの文学作品を残したのが宮沢賢治です。浄土真宗を熱心に信仰する父を持つ賢治は、父に反発するように法華経を厚く信仰し、法華経系の在家仏教団体・国柱会に入会します。賢治は、昼間は国柱会で法華経の布教活動を行い、夜は童話の制作に励みました。

　集大成とされる『銀河鉄道の夜』は、彼の法華経信仰の影響を強く受けているとされています。ここで描かれる銀河は、法華経の説くガンジス川の無数の沙であり、主人公ジョバンニの持つ切符に書いてある文字は、「南無妙法蓮華経」ではないかともいわれています。一方で、賢治はクリスチャンの知人とも親しく交流しており、この作品には十字架や讃美歌など、キリスト教に関係するモチーフも多数登場し、いくつかの宗教が混ぜ合わされた宗教世界が描きだされています。

　賢治の作品には、「ほんとう」や「みんな」といった言葉が何度も出てきま

す。妹や親友といった大切な人との別れを経験した賢治は、みんながほんとう
に幸福になる道を探し求め続けました。真理を追い求め、動物や植物などの生
き物だけでなく、石や電柱にも命を感じる賢治の文学は、あらゆるものを神と
する日本の神話の世界にも通じる独特な生命観の現れと言えるでしょう。

4　宗教とメディア

■布教目的でない物語

　日本に宗教が広まっていく過程では、文字だけでなく絵巻やマンガ、映画な
ど、目で見たり耳で聴いたりするメディアも重要な役割を担ってきました。

　たとえば、仏教は平安末期頃から庶民にも広まっていき、その過程で地獄や
極楽の様子が絵に描かれ、絵を指しながらの解説（絵解き）も行われてきまし
た。難しい教義や複雑な仏教の世界観が絵で表現され、わかりやすく説明され
ることで、仏教の教えが幅広い層に伝えられていったのです。

　反対に、宗教を題材としながらも布教を目的としない物語もあります。手塚
治虫の漫画『ブッダ』（1972〜1983年）では、ブッダにまつわるエピソードの
所々にギャグが挟み込まれ、悟りの境地に達したブッダも過剰な神聖化はされ
ず、仏教をことさら賛美する描写もありません。この漫画では、仏教徒を増や
すことは目指されておらず、特別な存在ではない一人の人間としてのブッタが
描かれています。しかし、このマンガを通して楽しみながらブッダの生涯や仏
教の教えに触れることで、それまで仏教に興味のなかった人々が仏教に関心を
持つといったこともあるでしょう。

■アニメやゲームのなかの宗教

　映画を観たりゲームをしたりするうちに、無意識に宗教と接している場合も
あります。宮﨑駿のアニメーション映画『もののけ姫』（1997年）では、山の神
の祟りや日本古代の習俗が表現されており、『千と千尋の神隠し』（2001年）で
は、日本の神話や信仰を通して語られてきた八百万の神が集う異世界が描かれ

ています。

　人気ゲーム「パズル＆ドラゴンズ」（2012年）も、日本の神話と関係があります。しかし、ここで登場するアマテラスは超越的な神ではなく、天皇とのつながりや政治性は脱色されています。これらのアニメやゲームは、宗教を前面に打ち出してはいませんが、確かに日本の宗教と関わりのある物語と言えます。

　ここで言う宗教とは、厳密に仏教や神道やキリスト教といったどれか一つを指してはいません。仏教や神道、キリスト教の教えだけでなく、民間信仰や風習、年中行事も含めた宗教的な物事と緩やかに関わってきたのが日本人であり、アニメやゲームなどの娯楽を通してもそうした日本の宗教観を知ることができます。

■表現された日本の宗教

　日本には宗教と関係のある物語が多くある一方で、一見宗教と関係なそうな物語が日本の宗教や日本人の宗教観を表現している場合があります。宗教を熱心に信仰していない人や、宗教に関心のない人でも、それらの物語を通して知らず知らずのうちに宗教に触れていることもあるでしょう。皆さんも、身近な物語のなかに隠れている宗教を見つけてみてはいかがでしょうか。

まずはここから読んでみよう
　上田正昭『新版　日本神話』角川文庫、2010年。
　三田村雅子『源氏物語──物語空間を読む』ちくま新書、1997年。
　島薗進『宗教を物語でほどく　アンデルセンから遠藤周作へ』NHK出版新書、
　　2016年。
もっと知りたい人のために
　今野達ほか編『岩波講座　日本文学と仏教』全10巻、岩波書店、1993～1995年。
　末木文美士『仏教から読む古典文学』角川選書、2018年。
　古川隆久『建国神話の社会史──史実と虚偽の境界』中公選書、2020年。

第23章

東アジアとの関係はどうか

川瀬貴也

　古代から日本は、主に中国大陸からさまざまな文物を受け入れ、それを消化して日本文化を作ってきました。この章では宗教から見た東アジアの「文化交流（時には葛藤）」を考えてみましょう。

```
┌─ CONTENTS ──────────┬─ KEYWORD ────────┐
│ 1  大陸からの宗教の伝来   │ ◇仏教伝来         │
│ 2  台湾・中国の宗教状況   │ ◇儒　教          │
│ 3  韓国の宗教状況       │ ◇日系宗教         │
│ 4  韓国のキリスト教      │ ◇植民地布教        │
└────────────────┴──────────────┘
```

1　大陸からの宗教の伝来

■大陸からの宗教の伝来

　古代の日本には、主に朝鮮半島を経由して漢字、儒教、道教、そして仏教が伝えられました。とくに6世紀に伝わった仏教は、日本の宗教文化に決定的な影響を与えました。日本固有の宗教は神道ですが、この神道も、仏教に刺激を受ける形で自己を形成しましたし、『古事記』『日本書紀』に描かれた神々の様子を見ても、主に道教の影響が指摘されています。つまり、現在の私たちが思い浮かべる「日本の宗教」とは、それまでにあった神々に対する漠然とした信仰が、大陸から伝来した宗教と長い時間をかけて混ざり（時には葛藤して）、定着したものであると言っていいでしょう。

　仏教は多くの渡来僧、そして日本から中国へ向かった留学僧によって持ち込

まれました。最も影響力のあった留学僧は、天台宗の基礎を築いた最澄
（767～822年）と、真言宗をもたらした空海（774～835年）でしょう。中国大陸へ
の留学という伝統は9世紀末の遣唐使廃止によって一時中断されますが、平安
時代末期から鎌倉時代にかけては、宋に学びに行った栄西（1141～1215年）や
道元（1200～53年）、逆に中国から日本に禅宗を伝えに来た多くの渡来僧たちに
よって、日本文化に禅仏教が根づくことになりました。

■神仏習合──本地垂迹説とは

　さて、古代から中世にかけては、いわゆる「神仏習合」という現象があらわ
れてきます。複数の宗教が混じることを学術用語で「シンクレティズム
（syncretism）」と呼びますが、いわゆる「世界宗教」がさまざまな地域に広
がっていくときに、現地の宗教と混じり合うことはよくあることです。この
「神仏習合」は本地垂迹説という理論を生み出しました。これを説明すると、
日本の神々は実はもっと高次元の「本地仏」が人々を救うために姿を変えて
（これを垂迹といいます）日本に降り立ったものであると解釈するものです。つ
まり本質的には神仏は同じものであると考えたのです。このようなある意味仏
教優位の考え方は、「粟散辺土」としての日本、という当時の自意識も関係し
ています。これは日本が世界の端にあるちっぽけな場所である、という世界観
です。ここから日本思想研究者の佐藤弘夫が説くように、「末法の辺土だから
こそ、衆生を救うために仏が神明として垂迹している」のが日本であるという
「神国意識」が生まれることになります。室町時代後期に「唯一神道（吉田神
道）」を説いた吉田家の吉田兼俱（1435～1511年）は「神道中心主義」を説いた
とされますが、彼の説をよく見ると「日本がすべての教えの源流」とは言って
いても、儒教も仏教も神道も本質的には同じものであると言っており、東アジ
ア全体で同じ教えを共有しているという世界観は崩れてはいませんでした。

■近世の宗教と思想──儒教（儒学）と国学

　江戸時代に入ると、日本は外国との交流を制限するいわゆる「鎖国」に入り

ます。よく知られているように、江戸幕府は寺請・宗門改制度を作り、キリシタンを厳しく取り締まりますが、これにより仏教はいわば「国教」的な地位を改めて得たと言ってもいいでしょう。

　日本の近世では身分秩序を重視する儒教（日本では宗教というより学問的な傾向が強いので「儒学」と呼ぶことも多い）が重んじられ、朝鮮の儒学とも交流を持ちましたが、中国や朝鮮と最も異なる点は、「科挙」という儒教の知識・教養を基準とした官僚採用システムを、とうとう採用しなかったことです。そのため日本においては儒教は社会の上層部だけの所有物ではなく、自由な雰囲気の中で論じられ、町人出身の学者も輩出されました。また、儒教は元々中国では葬礼や先祖祭祀を扱うものでしたが（位牌も儒教由来です）、日本においてはそれが仏教に吸収されてしまい、儒教固有の宗教性は見えにくくなっていきました。

　一方で日本の古典を研究する国学が江戸中期から勃興しました。この国学は有名な本居宣長の「漢心（からごころ）」と「大和心」の対比に見られるように、「日本の独自性」や「中国文明に対する日本の優位性」を説くまでになりますが、これも裏を返せば、日本における中国文明の影響があまりにも大きかったことへの反発でした。

2　台湾・中国の宗教状況

　近代以前、日本は大陸からの文化を受容する側でしたが、近代以降は植民地を持ったことで日本の宗教が「外」に広がっていきました。この節では日本の植民地だった台湾での日系宗教の広がりと、現在の台湾・中国の宗教状況を説明します。

■台湾の日系宗教と現在の宗教状況

　1895年、日本は台湾を植民地としましたが、それ以前から中国本土から渡っていた漢族（本島人）も、当時「高砂族」と言われた少数民族も独自の文化を持ち、日本の支配に簡単には服しませんでした。また当時の台湾総督府は、治

台湾神社
（辻子実『侵略神社』新幹社、2003年、15頁）

安に関して問題がない限り、台湾人の習俗や宗教には積極的に干渉しない「旧慣保存」という政策を採っていました。この総督府の政策のため、日系宗教の布教も基本的には日本人移民対象のものでした。いわゆる国家神道的政策も、台湾の総鎮守とされた「台湾神社」（後に台湾神宮と改称）が1901年に建設されたものの、台湾人にも神社崇拝を強要するのは1930年代の日中戦争が勃発して以降のことでした。

　日本仏教も台湾で根づくことはできませんでした。これはすでに道教と仏教を信奉する在来宗教が根強い力を持っていたからです。

　一方、新宗教は台湾人にも布教を試み、天理教を筆頭として、いくつかの日系新宗教が台湾に存在しています。戦前から台湾に進出した新宗教で今日まで信仰を持続させたのは、天理教と生長の家の2教団です。

　現在の台湾の宗教状況は、2018年の統計によれば仏教寺院と道教の廟の合計が約1万2306か所、信徒数が95万3480人となっています。キリスト教やイスラーム教などその他の宗教の教会は2839か所（現在、信者数の統計はありませんが、仏教・道教以外の信者数はおよそ60万人弱と推定されます）となっています。統計上、日系宗教として教会には「天理教」と「真光教団」がノミネートされています。台湾の全人口は約2359万人ですから、統計上に現れている宗教人口はそれほど多くはありませんが、「儒仏道」を基礎においた宗教多元社会であるといえます。

■中国の宗教状況

　日本は戦前「満洲国」という傀儡国家を中国東北部に持っていましたが、戦後はその影響は一掃され、日系宗教は中国大陸には根づきませんでした。

　では、現在の中華人民共和国の宗教状況についても少し触れておきましょう。憲法上は宗教の自由が謳われてはいますが、中国政府は天主教（カトリック）・基督教（プロテスタント）・イスラーム・仏教・道教のみを公認主教とし、宗教統制をおこなっています（宗教政策の基礎となる「宗教事務条例」という法律が2018年に改訂されました）。とは言え、宗教団体側も、意識的に社会福祉的な活動によって公共空間に参加することが模索されています。現在中国では政府による公式な宗教統計がなく、各宗教の正確な信者数は不明ですが、宗教社会学者の櫻井義秀が引用する2009年頃のデータによると、天主教530万人（会堂6000か所）、基督教1600万人（教会５万8000か所）、イスラーム2000万人（モスク３万5000か所）ほどの信者がいるとされています。

3　韓国の宗教状況

　韓国（朝鮮半島）も戦前の植民地時代から日本の宗教が流入し、戦後も日系新宗教の一部が大きく成長しました。この節では戦前の日本宗教の「植民地布教」と、現在の韓国の宗教状況および日系宗教の成長をご紹介します。

■朝鮮半島における植民地布教

　1910年に日本は韓国を併合し植民地にしますが、それ以前から日本人移民は朝鮮半島に渡り、それにともなって各宗教も渡っていきました。しかし神道も仏教も、台湾同様、日本人移民のあとを追う形で渡り、朝鮮人への布教の試みはほとんど行われず、成果を上げられなかったのが実情でした。また、台湾・朝鮮総督府とも、日本仏教と現地の仏教が衝突するのを恐れ、両者の交流を積極的には推し進めませんでした。ただし、日本仏教が持ち込んだ「肉食妻帯」制度は一部に定着し、解放後の韓国仏教の内部分裂の原因となりました。

　朝鮮人に最も積極的に布教を試みたのは、天理教でした。天理教の信仰は、日韓の国交断絶時代も継続し、現在に至っています。

■韓国の宗教状況と日系宗教

　2015年の統計によると、まず韓国人で「信仰をもっている」と答えた人は全人口（約4900万人）の約45％、その内訳として仏教が761万9332人（15.5％）、プロテスタントが967万5761人（19.7％）、カトリックが389万311人（8％）、仏教系新宗教の円仏教が8万4141人、韓国の新宗教の代表である天道教が6万5964人などとなっています。

　日系宗教としては、前述の天理教の他に、戦後に入った創価学会、立正佼成会などが活動しており、とくに創価学会（韓国SGI）は韓国内における新宗教教団としては最も大きな規模を誇ります。2003年から2005年におこなわれた李元範氏らによる調査によれば、現在の韓国で活動している日系新宗教は18教団ほどが確認されており、各教団が提示した信者数を合計すると192万人を超えると言われています。日系新宗教をひとかたまりとして見れば、韓国内ではカトリックに次ぐ規模ということになります。

4　韓国のキリスト教

　日本のキリスト教信者数は人口の約1％と言われていますが、隣国である韓国はカトリック（天主教）・プロテスタント（改新教、もしくは基督教）を合わせて人口の約30％といわれており、両国の最も大きな違いとなっています。この節では韓国キリスト教の概略を説明します。

■朝鮮半島へのキリスト教の伝来

　朝鮮半島におけるキリスト教は、18世紀末、北京へ使節として赴いたものがイエズス会の宣教師から洗礼を受けたことに始まるとされています。その後、イエズス会が中国にもたらした知識（西学といいます）を吸収する過程で知識人

ソウル市内の近代的なキリスト教教会

層を中心に信者も増えましたが、19世紀には数度の弾圧を受け、カトリック・プロテスタント双方が本格的に布教されるのは、朝鮮の「開国」以降となります。1885年にはアペンゼラー（メソディスト）、アンダーウッド（長老会）という牧師が朝鮮に訪れ、両宗派の布教が開始されました。現在も韓国における最も大きなキリスト教の宗派はメソディストと長老会です。

　植民地時代にもキリスト教は信者を増やしました。主にアメリカ、カナダ、オーストラリアからのプロテスタント宣教が成果を上げました。しかし1930年代後半、日本による「神社参拝」強制に対して妥協するものと抵抗するものに分かれ、これがのちの韓国キリスト教会にとって大きな傷となりました。

■韓国キリスト教の発展
　解放（1945年）後の韓国において、最も大きな変化は、キリスト教の急激な伸長でした。植民地時代にも平壌を中心に多くの教会やミッションスクールがありましたが、共産主義により北側のクリスチャンは南側へと移動し、彼らが中心となって朝鮮戦争後の韓国のキリスト教の性格が形成されました。すなわち「保守的な信仰」および「反共主義」です。そのため大多数の教会は「親米反共」を掲げた政権に協力しましたが、一部では民主化闘争の先頭に立つ教会や聖職者も存在しました。

　1960年代以降の急速な都市化にともなって都市部では教会が林立しました。

その成長の背後には、その都市化や近代化での不安などから「現世利益」を求めてキリスト教信仰をもつようになった人々が多かったことが指摘されています。今では海外に多くの宣教師を派遣するまでになっており、日本にも多くの韓国人宣教師が来日しています。

　以上、「日本宗教は東アジアの伝統のなかに位置づけられること」、「日本仏教と神道は切っても切れない関係にあったこと」、「日本の儒教（儒学）の社会的地位は他地域とは違ったこと」、「東アジアは仏教、儒教、道教（日本の場合は神道）の教えが渾然となった宗教風土が共通していること」、「中国、台湾も宗教多元社会であること」、「近代以降にいくつかの日系宗教が日本の外に進出したこと」、「韓国は他の地域と違って、キリスト教が大きな勢力を持っている」ことなどを駆け足で見てきました。

　近代に入って、諸宗教は変容を余儀なくされてきました。しかしそれでも我々の日常生活に「伝統」として残っている部分も大きいです。また日系新宗教や韓国のキリスト教の事例を見ても解るように、宗教は「文化交流（時には葛藤）」の場でもあるのです。

まずはここから読んでみよう

　浅見雅一・安廷苑『韓国とキリスト教』中公新書、2012年。

　井上寛司『「神道」の虚像と実像』講談社現代新書、2011年。

　加地伸行『儒教とは何か〔増補版〕』中公新書、2015年。

もっと知りたい人のために

　苅部直・片岡龍編『日本思想史ハンドブック』新書館、2008年。

　柳東植『韓国のキリスト教』東京大学出版会、1987年。

　尾藤正英『日本文化の歴史』岩波新書、2000年。

第24章

日本の僧侶は結婚しているのか

碧海寿広

日本では多くの僧侶が結婚します。これは日本人には不自然ではないですが、他の仏教国に暮らす人たちからは、とても不思議に思われます。日本の仏教は、実はかなり独特なのです。

```
┌─ CONTENTS ──────┬─ KEYWORD ─┐
│  1  日本仏教の特異性          │  ◇日本仏教   │
│  2  仏教の日本化             │  ◇上座部仏教  │
│  3  戒律と日本の僧侶          │  ◇大乗仏教   │
│  4  日本仏教を評価する         │  ◇戒　律    │
└────────────────┴──────────┘
```

1　日本仏教の特異性

■日本仏教の性格

日本人が仏教とかかわるおもな機会は、葬儀の際、僧侶にお経をあげてもらったり、墓参りのため、寺院を訪れるときだと思います。いわゆる死者供養との関連で、仏教に近づく場合が多い。仏教は本来、生きている人を救うための教えなので、死者供養との結びつきが著しく強い日本の仏教は、ときに「葬式仏教」などと揶揄されたりもします。これは日本仏教の大きな特徴の一つです。

加えて、僧侶が結婚して家庭を築いているのも、日本仏教の特異な性格の一つと言えます。仏教の教えに身を捧げ、出家生活を選んだ僧侶は、通常、戒律にもとづき性行為を断ちます。したがって、結婚することもありえません。と

ころが、日本では多くの僧侶が結婚しており、また、それに違和感を抱く一般人も少ない。日本仏教について考えるには、この点、とても大きなポイントになってきます。

上座部仏教の僧侶（ミャンマー）

■上座部仏教の僧侶

　たとえば、タイやミャンマーなどでは、出家した男性僧侶は女性と性的な交わりを持たないどころか、異性との接触すら避けます。出家修行の妨げになるからです。これら東南アジアの国々や、南アジアのスリランカなどでは、上座部仏教という仏教の一派が信奉されています。上座部仏教では、出家者（僧侶）と在家者（それ以外の一般人）の区別を厳格に行い、僧侶は一般人とは全く異なる生活スタイルを採用します。

　性行為の禁止や異性との接触の回避のほかには、食事のルールが目を引きます。上座部仏教の僧侶たちは、正午までに二度の食事を取るだけで、午後は水分補給しかしません。あるいは、酒も一切飲みません。これらも戒律に反するからです。

■在家仏教の伝統

　ひるがえって、日本の僧侶は結婚するだけでなく、食事や飲酒なども、一般人と同じように行うケースが大半です。出家と在家の区別がはっきりしないわけです。言い換えれば、僧侶が出家者ではなく、在家者として生きている。この在家仏教の伝統こそ、日本仏教の核心と言えます。なぜ、そうした伝統が確立したのでしょうか？　少し歴史を振り返ってみましょう。

2　仏教の日本化

■仏教のはじまり

　仏教の開祖は、紀元前5世紀頃のインドに生きたとされる、釈迦（ブッダ）です。小国の王子として恵まれた暮らしを送っていましたが、そうした暮らしに虚しさを感じ、出家します。そして各種の修行や瞑想の果てに、大いなる智慧をつかみ、悟ります。釈迦が、その智慧の内容を広く世に伝えたことから、仏教がはじまります。

　釈迦に弟子入りした者たちは、師がつかんだ智慧を自分も理解し、悟るために、師と同様に出家して、修行や瞑想に励みました。師とともに出家者の組織（サンガと言います）を形成し、智慧の獲得を目指したのです。こうした状況は、釈迦が死去（涅槃）してからも続きます。サンガでは引き続き出家者たちが修行に励み、また、彼らが釈迦の教えを整理し編纂することで、数多くの経典が生まれます。かくして、釈迦を開祖とする仏教の伝統が築かれてゆきます。

■大乗仏教の形成

　紀元前後の頃、仏教の伝統に大きな異変が起こります。それまで、仏教では出家者が何より重んじられていました。ところが、出家者の厳しい修行生活を営める人は、どうしても数が限られます。それでは、出家者以外の多くの一般人は、仏教では救われないのか？　こうした疑問を抱いた人たちは、在家者の救いを強調する、新しい仏教を提唱します。新説を述べる数々の経典（『法華経』や『般若心経』など）を作成し、救いに至るための実践のあり方も見直しました。それらの運動を総称して、大乗仏教と言います。

　かくして、仏教の伝統が大きく二つに分かれます。釈迦の在世当時からの仏教のあり方を重視する従来の伝統は、おもにスリランカから東南アジアへと伝播します。この伝統が、近代以降に上座部仏教と称されるようになります。一方、在家者の活動を高く評価する新興勢力の大乗仏教は、中央アジアを経て中

国や朝鮮、そして日本に伝わります。つまり、日本の仏教は大乗仏教の伝統に連なるわけです。

■日本仏教の展開

　日本仏教は歴史的に、近隣の中国や朝鮮との交流を通して発展してきました。したがって、これら東アジア諸国の大乗仏教には、共通点が少なくありません。中国で発達した禅や浄土教が、日本の禅宗や浄土宗といった宗派の基盤を形づくってます。日本の古代の仏像には、朝鮮のそれと通じるデザインのものが少なからず存在します。

　しかしながら、僧侶が結婚する風習は、おおよそ日本に特有のものです。同じ大乗仏教とはいえ、中国や朝鮮の僧侶は戒律を守り、結婚しません。現在の韓国には結婚する僧侶が若干いますが、これは、戦前の日本統治時代の、日本仏教からの影響の名残です。つまり、大乗仏教にも出家者と在家者の間にはっきりした区別はあるわけで、その区別がかなり曖昧なのは、日本仏教の特徴です。そして、両者の区別が曖昧になったのには、日本における戒律の軽視、という背景があります。

3　戒律と日本の僧侶

■戒律とは何か？

　戒律は、釈迦が生きた時代から仏教の重要な構成要素でした。出家者たちは、戒律を守り、正しい生き方を継続することで、釈迦が切り開いた智慧の獲得へと近づけるようになります。他方で、サンガという出家者の組織を安定的に維持するためにも、戒律によって僧侶の言動を細かく規制するのは、とても大事でした。

　対外的にも、サンガに所属する僧侶が戒律をきちんと守ることで、在家者からの信頼が高まります。僧侶たちが、生産（労働）と再生産（生殖や子育て）を放棄し、自己の修行や瞑想にひたすら没頭していても、在家者から生活上のサポート（布施）を得られるのは、なぜか？　それは、戒律に基づく出家者たち

の立派な生活ぶりを、普通の暮らしをする人々が支援したいと願うからです。

■日本における戒律

ところが、この戒律が日本では十分に定着しませんでした。奈良時代に中国からやって来た鑑真が戒律を伝え、以後、日本でも戒律を守る僧侶は当然のごとく居続けます。しかし、戒律を軽視ないしは否定する流れもまた、しばしば大きな勢力として国内に広がり、やがて後者の戒律軽視の方向性が主流になりました。

平安時代の僧侶で日本の天台宗の開祖である最澄が、この方向性を定めた一人とされます。最澄は、大乗戒なるものを推奨した人物です。従来、出家して僧侶になるためには、出家者用の戒律を守る必要がありました。これに対し、最澄は出家者用の戒律を退け、出家者と在家者に共通する大乗戒を広めようとします。日本で出家者と在家者の区別が曖昧になる一つのきっかけが、ここにあります。

■親鸞と浄土真宗

鎌倉時代の僧侶で浄土真宗の開祖である親鸞は、さらに戒律そのものを否定します。個人が自分の力でがんばり、釈迦の智慧に到達するのは不可能と考えた親鸞は、戒律を守ることを諦め、結婚します。そして、僧侶でありながら在家者として生き、それでもなお人間が救われる仏教のあり方を提示しました。この親鸞が提唱した浄土真宗は、次第に国内で巨大な勢力となり、日本における在家仏教の伝統の形成に、大きく貢献します。

ちなみに、親鸞は、16世紀ドイツの宗教改革者ルターとの近似性がしばしば指摘されます。ルターは、独身の聖職者（神父）の権威が大きかったそれまでのキリスト教のあり方を批判し、個々人が聖書を通して神と直接的にふれあうべきと主張しました。ここからプロテスタントの伝統が形成されます。プロテスタントでは、従来のキリスト教（カトリック）と異なり、聖職者（牧師）の結婚が認められています。この点、親鸞が開拓した浄土真宗と通じる部分がある

わけです。

　鎌倉時代に親鸞という改革者が出現したとはいえ、江戸時代まで僧侶が結婚する風習は、浄土真宗を除き、それほど一般的ではありませんでした。隠れて妻を持つ僧侶も一定数はいたようですが、公然と妻帯するのは、はばかられたようです。

■近現代の戒律

　しかし、明治時代になると僧侶の結婚は急速に一般化します。1872年、明治政府は宗教政策の一環として、江戸幕府が禁じた僧侶の妻帯を許可します。これに反発した僧侶のなかには、戒律復興運動を起こす者もいました。けれど、こうした運動は功を奏せず、明治末には僧侶の結婚が、浄土真宗以外でも珍しくなくなります。

　かくして、戒律を軽視する日本の在家仏教の伝統が確立します。すでに述べたとおり、日本仏教もその一部である大乗仏教は、上座部仏教に比べ、在家者の活動を重んじはします。とはいえ、出家者と在家者の区別を解消したりはしません。出家者はあくまでも、戒律に基づき独身生活を送るべき存在です。この前提が少なからず崩れ、在家仏教の力がきわめて強烈なのが、現代の日本仏教と言えるでしょう。

4　日本仏教を評価する

■妻帯ゆえの問題

　僧侶が戒律を守らず、結婚もする日本の在家仏教には、正負の両側面があると思われます。負の側面としては、まず、僧侶の修行生活が成立しにくい、というのがあります。人が出家して修行や瞑想に取り組み、釈迦の示した智慧の獲得に努める、というのが、本来の僧侶のあり方です。戒律を無視して家庭生活などを送っていては、こうした僧侶の生き方は、とても成り立ちません。

　また、戒律を守らない日本の僧侶は、守っている東南アジアの僧侶などから、

しばしば低く見られます。戒律を守れないのは僧侶としての適正に欠けるので、これは当然の成り行きでしょう。他国の僧侶の目から見て、日本仏教は堕落している印象が強いのです。

　加えて、僧侶の妻をめぐる問題があります。近代以降、僧侶の結婚は一般的になっていくと述べましたが、日本仏教の宗派のなかには、表向きは依然として「出家」の理念を掲げているところもあります。宗教学者の川橋範子は、この状況は「虚偽の出家主義」だと指摘しています。いずれにせよ、戒律に基づき独身生活を送る僧侶という理念と、妻帯の現実に矛盾が生じており、結果、「出家者の妻」という、位置づけの難しい存在が出現してしまうのです。僧侶の妻を宗派内でどう位置づけ、彼女たちの立場を保証するのかに関して、これまでもさまざまな対応が行われてきました。しかし、依然として大きな問題として議論され続けています。

■在家仏教の利点

　一方、戒律を守らない在家仏教ゆえの利点もあります。一つには、僧侶とそれ以外の人々との距離の近さ、というのがあるでしょう。在家者とは少なからず異なる生活を送る出家者とは違い、日本の多くの僧侶は、家庭人としての生活実感を持っています。それゆえ、普通の人々の悩みや苦しみを共有しやすい。在家者の救済が強調される大乗仏教にとって、これは大きな利点です。

　たとえば、東京や京都には「坊主バー」を名乗る飲み屋がいくつか存在します。僧侶がバーテンダーとして客に酒を提供し、接客する業態の店舗です。仏教の戒律は飲酒を禁じているので、これは、いかにも戒律軽視の日本仏教から生まれた業務形態だと言えるでしょう。

　坊主バーには、日々さまざまな客が訪れ、ときにバーテンダーの僧侶に人生相談を持ち掛けます。飲酒しながら僧侶に話を聞いてもらうのは、戒律に照ら

し合わせれば、やはり異様な事態です。けれど、それが来客した人々の悩みの解消につながるのであれば、僧侶の活動として肯定的に評価しうるはずです。

■日本仏教の「ゆるさ」

　世界の各地に広がったほかの宗教と同じく、仏教もまた、それぞれの国や地域の文化や社会に応じて、個性的な変化を遂げてきました。なかでも日本での仏教の変貌ぶりは激しく、僧侶の結婚の一般化という、仏教史上でも珍しい状況を作り出しました。

　その根幹には戒律軽視という背景があるわけですが、こうした背景をより掘り下げてみると、日本人の宗教に対する態度の「ゆるさ」というのも指摘できるかもしれません。戒律のような厳格な宗教的ルールによって日々の生活を規制し続けるのが、どうも苦手のようなのです。神が人間に下した宗教的ルールをよく守っている、イスラームが根づいた国の人々などとの違いが際立つところです。

　世界的に見てもだいぶ変わった日本の仏教の特徴をよく考察してみると、日本宗教の「ゆるさ」が明らかになりそうです。この「ゆるさ」は、日本の宗教のほかの側面にも見いだされるのでしょうか？　いろいろな事例から考えてみると、学びが深まるように思います。

まずはここから読んでみよう

　阿満利麿『仏教と日本人』ちくま新書、2007年。

　中村生雄『肉食妻帯考──日本仏教の発生』青土社、2011年。

　松尾剛次『仏教入門』岩波ジュニア新書、1999年。

もっと知りたい人のために

　川橋範子『妻帯仏教の民族誌──ジェンダー宗教学からのアプローチ』人文書院、2012年。

　松尾剛次編『思想の身体　戒の巻』春秋社、2006年。

　蓑輪顕量「現代日本仏教の特徴──妻帯の歴史的背景を考える」『愛知学院大学文学部紀要』38号、2008年。

第 25 章

女人禁制とはなにか

碧海寿広

　一般に人類を平等に救うとイメージされがちな宗教ですが、宗教の教えや文化のなかでは、しばしば明確な男女差別が行われてきました。日本でも、宗教に基づく女性差別や、ジェンダー平等を求める宗教界の改革運動があります。

1　女性は土俵に上がれない？

■大相撲と女人禁制

　2018年4月、京都府舞鶴市で開催された大相撲春巡業での出来事です。土俵の上で倒れた男性の救命措置のため、女性が土俵に上がったところ、それを見ていた行司が、「女性の方は（土俵から）下りてください」とアナウンスしました。この「事件」は、各種のメディアで報道されて、大きな話題となります。

　大相撲の土俵は神聖な場所であり、女性はそこに上がってはならない――。この問題については、以前からも女性差別ではないかと議論されてきました。著名な女性作家が、問題の背景を解説する啓蒙書を執筆したりもしています（内館牧子『女はなぜ土俵に上がれないのか』2006年）。

　江戸時代の大相撲では、女人相撲も実施されていました。ところが、1909年

に大相撲が国技となったのにあわせ、土俵の神聖化が進みます。土俵には「神聖な土」が用いられ、大相撲の開催前日に「神迎え」の儀礼が行われるようになる。かくして神聖化された土俵という空間に、「女人禁制」の考えが入り込むようになります。

■女人禁制と宗教

女人禁制とは、女性であることを理由に、特定の場所や行事への立ち入り参加を禁じる習俗です。日本では、おもに社寺、霊山、祭場などの伝統宗教の場でよく見られます。また、漁業や狩猟など、伝統的に男性が担ってきた職種でも、女人禁制の習俗が存在しました。これらの生業を守護する神様が女性（女神）なので、人間の女性が近寄ると嫉妬して事故が起こる、といった理由によります。いずれにせよ、女人禁制の習俗は、宗教と密接に関係するのです。

日本の神道では、月経や出産にともなう血の穢れを嫌います（不浄観）。一方、仏教では戒律により男女の接触が禁じられるのに加え、後述のとおり、教義の歴史的変遷のなかで、女性蔑視の思想が形成されます。これらの神道や仏教の考え方が組み合わさって、日本の伝統宗教のなかに女人禁制の習俗が生み出されてきたのです。

1872年、近代化を目指す明治政府は、社寺や霊山での女人禁制を解除します。しかし、その後も女人禁制を維持する霊場や祭礼が一定数は存続しました。政府の方針に反しても、自らの宗教伝統を固守する団体があったわけです。

■霊山と女人禁制

たとえば、大峰山の山上ヶ岳（奈良）や後山（岡山）では、現在もなお恒常的な女人禁制の習俗が存在します。それゆえ、山上ヶ岳も含むエリアで定期的に開催される修験者（山伏）の修行（大峰奥駈修行）の際、女性の修行者は、一時的に男性修行者との別行動を余儀なくされたりします。

霊山の女人禁制を開放するか否かについては、長らく議論がなされてきました。とくに、2004年に山上ヶ岳を含む「紀伊山地の霊場と参詣道」が世界遺産

山内の女人禁制を知らせる看板

に登録されると、同地の女人禁制の開放を求める市民運動が立ち上がり、多数の署名を集めてユネスコや日本政府に提出しました。しかし、女人禁制の維持を求める伝統派は態度を崩さず、依然としてこの習俗は維持されています（小林奈央子「「女人禁制」はつづけるべきか？——霊山、ジェンダー、家夫長制」『基礎ゼミ宗教学』）。

2　宗教と男女差別

■宗教とジェンダー

　ジェンダーとは、社会的・文化的につくられた性差のことを指します。男女差別は、一般に、このジェンダーの力学に基づき行われます。そして、宗教の教えや文化には、時代や地域ごとのジェンダーのあり方を、しばしば大きく規定する力があります。

　キリスト教、イスラーム、仏教は、日本ではときに「世界三大宗教」などと評されますが、いずれの宗教にも、男性優位の傾向が見られます。「神」が「父」として説明されたり、教団の運営の中心に男性がいたりする場合が多いのです。これらは、それぞれの宗教が形成される際の、宗教を取り巻く社会状況の影響が大きいです。しかし、その後に社会の価値観が変化してからも、宗教のなかで旧来の男尊女卑的な発想が温存されることが少なくありません。

■キリスト教の場合

　キリスト教の教典『聖書』では、神は「父」として描かれます。また、神は自らの似姿として人間を創造した後、最初の男性アダムのあばら骨から、最初

の女性エバをつくった、と述べられています。すなわち、『聖書』における神のイメージは男性であり、さらに男性の一部から創造された女性は、男性に従属する存在とも示唆されるのです。

　組織的にも、キリスト教のうちカトリックの聖職者である司祭になれるのは、独身男性だけです。女性はシスター（修道女）にしかなれません。イエス・キリストの十二使徒がすべて男性だったから、といった理由に基づきます。他方、プロテスタントの牧師については、女性でもなれます。英国国教会でも、1990年に女性司祭が認められました。

■イスラームの場合

　イスラームでも、宗教的な指導者は基本的に男性です。聖典の『コーラン』などでは、女性は男性より劣位にあり、保護されるべき存在であると規定されます。たとえば、一夫多妻制が推奨されますが、その逆はないです。夫婦の離婚は男性の側に決定権があります。夫が妻を暴力で調教することが、聖典の記述で容認されてすらいます。これらの点は、近代化を進める国や地域では否定されつつありますが、いまも変わらず維持されている場所もあります。

　また、イスラームの文化圏で、女性にヴェールの着用が義務づけられているのは、比較的よく知られているでしょう。この風習も、男性の庇護対象としての女性、という認識から生まれています。加えて、女性の（性的な）魅力を覆い隠すことで、社会秩序を維持する、といった意図もあるようです。

　なお、近年のエジプトなどでは、近代的な教育を受けた女性が、男女同権の思想をよく理解しながら、主体的にヴェールをかぶる、という現象が広がっています。イスラ

ヴェールを被るイスラム教徒

ム教徒の女性としての強いアイデンティティを表明するためです。こうした事例も「男女差別」と言えるのかは、意見が分かれそうです。

■仏教の場合

　仏教では、釈迦の弟子たちによる集団（サンガ）が形成された当初より、女性が出家するにあたってのルール「八敬法」が示されたと伝わります。そこでは、女性の出家者が男性僧侶に服従する義務や、男性よりも厳しい女性向けの戒律などが定められています。たとえ100歳の尼僧であっても、新米の男性僧侶を敬うべき、などと指示されているのです。

　日本でも、仏教界の男女差別はまた違ったかたちで展開しました。仏教が伝来した古代には、男性（僧）と女性（尼僧）で地位はわりと平等でした。そもそも、日本初の出家者は女性です。奈良時代の宮廷内では、僧と尼僧がともに儀礼や説法に活躍していたようです。

　ところが、平安時代になると、僧が中心の体制になり、尼僧が国家的な儀礼の場から排除されるようになります。さらに、女性の穢れ観から、「五障三従」（女性は悟るのに障害があり、また男性に従属すべきといった考え）などの女性差別的な仏教思想が、次第に浸透します。室町時代以降は、女性だけが血の穢れを理由に堕ちる地獄を描く『血盆経』の信仰も広まっていきます。

　こうした仏教界の女性差別は、近代以降もかたちを変えて続きます。僧侶のあいだでの性差による格差が各所でみられ、また男性僧侶は能力的に劣った女性を教化し導くべき、といった発想も、依然として残っているのです。

3　男女平等をめざして

■フェミニズムと宗教

　宗教のなかの男女差別を批判し、男女平等の達成を目指そうとする動きは、各宗教で起こってきました。近代以降の西洋社会で発達した、フェミニズム（女性の権利拡張のための思想と運動）からの影響も大きいです。

　たとえば、キリスト教では「フェミニスト神学」が展開されています。キリスト教の男性中心主義の改善を試みる運動です。1960年代後半から、アメリカを中心に始まりました。そこでは、神を「彼」や「父」と呼ぶ伝統への異議が唱えられ、「親（Parent）」や「父 - 母（Father-Mather）」と呼び直す、といった提言がなされています。

　こうしたキリスト教のフェミニズム的な再解釈に対しては、『聖書』の記述の強引な曲解ではないか、との批判もあります。とくに、『聖書』の教えを忠実に守ろうとするアメリカのキリスト教右派からの、激しい反発を招いています。とはいえ、差別の原因となる宗教の教義をとらえ直すための試みとして、きわめて重要な挑戦だと言えるでしょう。

■日本仏教の改革運動

　日本でも、やはりフェミニズムの影響下で仏教や寺院の改革運動が進行中です。尼僧、僧侶の妻、あるいはそれ以外の伝統仏教にかかわる女性たちが、自分たちが置かれた被差別的な状況を告発し、教団や社会に対し、差別の撤廃を訴えています。また、当事者たちが全国的なネットワークを形成し、ともに環境改善に努めてきました。

　仏教教団の側も、男女平等に向けた動きに呼応しはじめています。浄土真宗本願寺派では、2018年に「仏教婦人会綱領」を改訂し、旧綱領にあった「み仏の母」「仏の子どもを育てます」といった文言を消去しました。女性であれば誰もが子供を産み育てるべき、といった旧来の偏見が反省されたわけです。

　こうした新しい動きが出てきたにせよ、日本の仏教界には、まだまだ多くの男女差別があります。仏教は日本で長い歴史を有し、そのため男女差別もいわば負の伝統（因習ともいえます）と化しているので、急速な改革は難しいのです。それでも、男女同権が求められる時代の流れにあわせ、少しずつの改善が目指されているのが現状です。

4　宗教と女性のゆくえ

■日本の宗教と女性

　先に、日本で最初の出家者は女性（尼僧）だったと述べましたが、この例に限らず、日本では宗教者としての女性の役割が大きい時代や地域もあります。東北地方のイタコやカミサマ、沖縄のユタといった女性シャーマンの重要性については、これまで、宗教学者や民俗学者が詳しく明らかにしてきました。

　幕末以降の近代化のなかでは、女性を教祖とする新宗教が次々と誕生します。中山みきを教祖とする天理教や、出口なおに始まる大本などが、その代表です。仏教などの伝統宗教では、総じて女性宗教者が劣位に置かれてきましたが、新宗教ではむしろ、女性こそが新たな運動の開拓者となり、教団の中心になるケースが少なくありませんでした。

　あるいは、伝統宗教にせよ新宗教にせよ、信徒の側に目を向けてみれば、そこで女性が非常に大きな役割を果たしてきたのは、間違いありません。寺院での行事などは女性信徒の熱心な支えがなければ成り立たず、大半の新宗教の信者も、女性のほうが多いです。こうした女性信徒の働きには、あまり光が当たりにくいですが、日本の宗教の実態を考えるにあたり、決して見過ごしてはならないでしょう。

■多文化共生社会と宗教

　2015年9月、国連総会で新たにSDGs（持続可能な開発目標）が採択され、日本の政府や企業も、この行動指針に基づくさまざまな取り組みを開始しています。SDGsには17のグローバル目標が掲げられてますが、その一つが「ジェンダー平等を達成し、すべての女性及び女児の能力強化を行う」ことです。

　そうしたなか、宗教界でもますますのジェンダー平等や女性の活躍が求められるのは、当然の成り行きでしょう。文化や社会を超えて、人類の多くが納得のゆく男女の生き方を示せる宗教が、今後のグローバル社会では必要とされる

はずです。

　もちろん、グローバルな目標に呼応するからといって、それぞれの宗教伝統の特色を軽視してよい、という話にはなりません。そうではなく、各宗教のなかで育まれてきた固有の伝統をきちんと保存しつつ、他方で、現代では容認できない宗教界の差別を克服していく、という繊細な判断力が求められます。

　これからの多文化共生社会においては、宗教の多様性の尊重も、男女間の差別の撤廃も、どちらも同様に大事です。両者は、ときに相反することもあるでしょう。しかし、これら二つの現代的な課題をともに成し遂げることが出来たとき、日本の宗教は、世界が参考にすべき魅力的な価値を提示できるのではないでしょうか。

　また、そもそもキリスト教や仏教などの代表的な宗教には、全人類を差別なく救おうとする普遍性がそなわっているはずです。そうした宗教のポテンシャルが発揮されれば、男女間の平等と宗教の固有性の尊重を、同時に達成することも可能になると思います。

まずはここから読んでみよう

　後藤絵美『神のためにまとうヴェール──現代エジプトの女性とイスラーム』
　　中央公論新社、2014年。

　竹下節子『女のキリスト教史──「もう一つのフェミニズム」の系譜』ちくま
　　新書、2019年。

　田中雅一・川橋範子『ジェンダーで学ぶ宗教学』世界思想社、2007年。

もっと知りたい人のために

　鈴木正崇『女人禁制』吉川弘文館、2002年。

　那須英勝・本多彩・碧海寿広編『現代日本の仏教と女性──文化の越境とジェ
　　ンダー』法藏館、2019年。

　丹羽宣子『〈僧侶らしさ〉と〈女性らしさ〉の宗教社会学──日蓮宗僧侶の事例
　　から』晃洋書房、2019年。

第26章

水子供養とはなにか

鶴　真一

　日本人がさほど疑問を感じないにもかかわらず、外国人が不思議に思う宗教的事象があります。水子供養はその一つです。人工妊娠中絶などによって誕生しなかった子どもを供養する水子供養がなぜ外国人の関心をひいたのでしょう。

1　亡くなった子のために

■水子供養の特異性

　水子とは、本来は生まれたばかりの嬰児、赤ん坊を指す言葉です。ただし今日でいう「水子」は人工妊娠中絶や流産・死産などにより死亡した胎児・新生児を意味します。この水子を供養するという水子供養は、戦後、とくに1970年代以降にかなり意図的につくられた新しい宗教民俗です。1990年ごろから韓国、台湾、中国などでも行われているものの、いわゆる西洋、キリスト教文化圏にはこれに相当するものはなく、日本固有のものということもできます。

■水子供養の様子

　水子供養を行うのは寺院（仏教）だけではありませんが、亡くなった人を弔

うという役割を仏教が伝統的に担ってきた
ことから、多くは寺院で行われています。
水子供養を行うお堂には、「水子地蔵」が
祀られていることがほとんどです（宗派に
よって、観音菩薩や各寺院の本尊である場合も
あります）。地蔵菩薩はもともと、早世した
子どもを守る存在として信仰されてきたと
いう伝統があるので、水子供養に地蔵菩薩
がかかわるのは自然な成り行きであると言
えるでしょう。亡くなった子どものために、
ぬいぐるみやおもちゃなどが供えられてい

水子地蔵（化野念仏寺）

ることもよくあります。後悔の念や謝罪の
言葉を絵馬に書いて奉納したり、設置されているノートに苦しい胸の内を書き
残したりといった風景もよく見られます。上の写真は、京都市にある化野念仏
寺の水子地蔵です。水子地蔵の周囲に、おもちゃや千羽鶴が供えられているの
が見えます。

2　中絶の歴史

■伝統的な堕胎観

　中絶や堕胎は昔からなされてきました。しかし、それを取り巻く社会的状況
や考え方は現代とは違っていました。戦国時代に日本に渡来したキリスト教の
宣教師たちの記録には、当時の日本では堕胎だけでなく、生まれてすぐの嬰児
を殺す間引きがしばしば見られるという記述があります。そこには当時の日本
人が述べていた理由も挙げられており、「貧しくて育てられない」とか「仕事
を続けられなくなる」といったものであったようです。当時のキリスト教会は
避妊や堕胎に対しては厳しい姿勢で臨んでいたので、子どものいのちを親の都
合で奪っても仕方ないという日本人の感覚は、宣教師たちの目にはかなり異常

なものと映ったことでしょう。

　江戸時代では、間引きや堕胎は「もどす」とか「かえす」と言われており、「殺す」とはほとんど言われていませんでした。"戻ったり帰ったりしているだけで、いずれはまた戻ってくる"と考えられており、乳幼児の死亡率も非常に高く、堕胎が「いのちを奪う行為」だと意識されていなかったようです。「七歳までは神のうち」という言葉もあり、子どもは一定の年齢になるまでは正式な人間としては扱われない風習もありました。胎児や生まれてすぐの子どもはまだ人間としての位置づけが曖昧で、この世とあの世を行ったり来たりできる存在であると考えられていたようです。そのためか、間引きや堕胎に対しても罪悪感が希薄だったと推察されます。

　江戸時代あたりから、労働人口の確保という理由から、間引きや堕胎が公に禁止されるようになります。これは、人口が減少すると労働力が不足し、領主の収入（石高）が維持できないという支配者側の都合によるものでした。その一方で、庶民の側では、「妊娠期間中に働けない」、「子どもが増えると育児に手をとられる」、「貧しくて養育ができない」などの理由から、間引きや堕胎が密かに行われていました。支配者側の取り締まりも徐々に厳しいものになるのと並行して、間引きや堕胎は"道徳的に悪いことである"とか"祟りがある"といった理由づけが新たに登場し、間引きや堕胎を外側から取り締まるだけでなく、罪悪感を植えつけて内側から阻止しようという試みもなされるようになりました。

　明治時代になっても江戸時代と同様の論理で、国策である「富国強兵」のもと、労働力と兵員の確保のために人口を増やす必要があったため、堕胎は禁止され、罪として刑法に明文化されました。

　しかし、戦後間もない1948年（昭和23）に、一定の条件のもとで中絶を認める優生保護法が制定されます。そして、翌1949年に中絶を認める理由として「経済的理由」も付け加えられました。敗戦後に戦地からの復員や引き揚げで人口が増えて治安が維持できなかったり食料が満足に確保できなかったりといった事情から、今度は、出生数の抑制が必要になったのです。堕胎・中絶は

よくないことだという意識をもちつつも、生活上の事情からそうせざるをえなかったのです。

　優生保護法には、「不良な子孫の出生を防止する」という目的があり、またハンセン病患者への間違った認識が含まれていたため、1996年（平成8）に「母体保護法」へ改正されました。しかし、経済的理由により中絶を認める条項は残り、現在に至っています。

■中絶件数の推移

　日本はかつて諸外国にくらべて中絶件数が多かったことから、"中絶天国"と揶揄されていた時代（1950年代）がありました。内閣府の『男女共同参画白書（平成28年版）』によると、1955年（昭和30）には117万件の中絶が行われたことがわかります。しかし、その後減少を続け、2016年（平成28）には16万8000件となっています。現代の日本は、諸外国と比べて中絶件数がとくに多いというわけでもありません。

　とはいえ、厚生労働省の『人口動態統計の年間推計（平成30年）』によれば、出生数は1955年（昭和30）が173万人であるのに対し、2016年（平成28）では92万人ですので、本来生まれてくるはずだった子どものうち、1955年（昭和30）では約40％が、そして2016年（平成28）では約15％が中絶によって失われていることになります。それにくわえ、個人で堕胎を行ったり中絶手術を行った医師が報告していなかったりする場合があるとされており、実際の堕胎・中絶の件数はもっと多いのではないかと推測されます。

3　水子供養のブーム

■多くの中絶経験者

　1970年代頃から水子供養が盛んにおこなわれるようになったのですが、そのことを理解するには、まず人工妊娠中絶の経験者が驚くほど多かったいう事実を知る必要があります。社会学者の高橋三郎らの共同研究によれば、1993年時

点で、60歳代の女性では7割前後が中絶の経験者でした。戦後まもなくの時期に、生活苦から中絶せざるをえなかった過去をもつ人々がいまでは想像しにくいほど存在していたのです。高度経済成長をとげ1970年代にはいると、そのような人たちのなかから、次第に現状を振り返り、過去の中絶に対して後悔や反省の念を抱く人が出てきたのです。

■堕胎に対する意識の変化

　水子が供養の対象と意識されることは、堕胎が「いのちを奪う行為」であり、水子が「死者」として強く意識されるようになってきたことでもあります。実際、「供養」の対象になるのは亡くなった者であり、かつてのように、水子はこの世とあの世を行ったり来たりする存在だという意識のもとでは、供養するという発想は出てこないからです。

　こうした意識の変化が生じた理由の一つに挙げられるのが、産科医療の近代化です。超音波検査機などで胎児を視覚的に捉えられるようになると、胎児が"一個の人格"であると強く意識されるようになります。堕胎・中絶は「いのちを奪う行為」だという明確な意識がめばえ、堕胎・中絶に対する抵抗感や罪悪感が強くなってきたのではないかと考えられます。

　こういった時代状況のなか、"水子の霊が祟りをなす"といった一部の宗教家たちの言説がメディアで盛んに取り上げられるようになりました。第21章で論じたオカルトブームの時代が到来し、日常生活の不幸や苦難の原因を霊的なものに求めることが流行したのです。このこととあいまって、中絶に対する罪悪感を「癒す」ものとして、水子供養は機能したのです。

■共同苦悩の消滅

　水子供養の登場は、日本の宗教状況の一つの特徴をよく示しています。それは「共同苦悩の消滅」に伴う、孤立しがちな個人の行動にかかわります。宗教学者の小野泰博によれば、「流れ灌頂」（出産時に亡くなった女性を供養する儀式）をはじめとして、亡くなった人を地域の人びとが協力して供養する「共同供

養」の風習が昭和50年代まで各地で見られていました。ところが、そうした風習が時代の変化とともに消滅したことによって、出産に関する「不安の個別化」が起こり、水子供養ブームが生じたのではないかと指摘しています。都市化と核家族化という社会の変化によって地域や親族とのつながりが薄れた結果、誰にも打ち明けられず不安を抱えたままの個人が、気持ちを共有する新たな場を求め集まるという要求が、水子供養の背景にあるのです。

　1990年代以降は、以前のように水子供養の存在は目立ってはいません。しかし、消滅したわけではなく、むしろ自然な風習の一つになったといえます。水子供養は、現代日本人の精神的欲求に呼応したものとして定着しているのです。

4　中絶に対する考え方の違い

■アメリカ大統領選挙と中絶問題

　水子供養は近年になって登場してきた新しい風習であるとはいえ、大衆向け新聞や週刊誌をはじめとするマスコミを通して、広く知られるようになっていました。しかし、日本の研究者は、死者を弔う供養の対象に水子が含まれるようになっただけのことであり、たんなる都市民俗などと考え学術的に論じることに熱心ではありませんでした。ところが、欧米の研究者の研究は、それを宗教として捉え、「生命」を尊重するはずの宗教が中絶の事実を追認する「水子供養」をすすめるのを矛盾と考える傾向がありました。欧米の研究者の注目に刺激を受けるような形で、日本人もこの研究を進めるようになっていったのです。

　アメリカの研究者が日本の水子供養に関心をいだいた背景には、大統領選挙での論点ともなるアメリカの中絶問題があります。キリスト教では伝統的に中絶を「殺人」とみなしてきました。現代においても、カトリックや保守的なプロテスタントは中絶に反対する立場をとっています。このような状況のなか、４年ごとに行われるアメリカ大統領選挙が近づくと、とりわけ保守系である共和党候補者が「中絶に反対する」という声明を出します。中絶問題に対して賛

成か反対かが、保守的なプロテスタントの投票行動に大きく影響するからです。保守的なプロテスタントの代表格が福音派と呼ばれる人々で、アメリカの全人口の約25％を占める国内最大の宗派です。信者数の多さから、強力な政治的影響力をもっており、候補者が無視できない存在となっているわけです。

　アメリカでは他にも、中絶反対を訴える「いのちの行進（March for life）」という大規模な市民活動が1973年以降、首都ワシントンで毎年集会を行っており、保守系である共和党の国会議員や大統領も参加しています。こうした様子を撮影した動画が YouTube に数多く掲載されていますので、一度検索してみてください。また、中絶反対を掲げる「神の軍」というキリスト教系テロ組織が1980年代以降、中絶を行う医師の誘拐や殺傷、または、中絶を行う病院に人が入れないように封鎖したり爆破したりするなど過激な行動に出ることもあり、深刻な社会問題となっています。

▶YouTube^{JP}　| march for life　　　　　　　　🔍 |

■中絶と宗教

　アメリカでは1973年に、中絶を女性の権利として一部容認する画期的な最高裁判決（ロー対ウェイド判決）が下ったことをきっかけに、中絶の是非について世論を二分する社会的問題になりました。中絶に対しては、女性本人が決めるべき事柄であるとして中絶を容認する「選択尊重派（プロチョイス）」と、胎児のいのちを守るという観点から禁止すべきであるとして中絶に反対する「生命尊重派（プロライフ）」があり、当時から現在に至るまで激しい議論や活動が行われてきています。2018年時点では、「選択尊重派」と「生命尊重派」はどちらも約48％で拮抗しています（ギャラップ2018世論調査）。生命尊重派の人たちが中絶に反対するのは、"いのちが尊いから"というだけではなく、"受精の瞬間からいのちは始まる"というキリスト教的な生命観によるものです。したがって、たとえ胎児であろうと人として尊重すべきであるということになります。

■水子供養研究の意味

アメリカの日本研究者のウィリアム・ラフルーアは、中絶が大きな政治的争点となるアメリカ社会にとって参考になることを期待し、日本の水子供養の研究に着手しました。中絶の是非を問う厳しい二項対立がおこらない日本の事情を水子供養を手がかりに探求したのです。そして、水子供養が「癒し」のような治療機能をもつ可能性を指摘しました。

これに対して、近現代日本宗教史研究者のヘレン・ハーデカーはジェンダー論の観点から、水子供養が提示する価値観のなかに男性中心主義が色濃くあること、またそれにともなう商業主義があることを批判しています。

この2人の論にはいずれもさらに考察すべき重要な研究上の論点が含まれています。とはいえ、ここで強調したいことは、日本人には身近すぎて当たり前に思えることのなかに、現代日本人の宗教性を解明する手がかりがあるということです。水子供養は、外国人のまなざしを意識化することで、日本人の自己理解がすすむことを示す格好の事例といえるでしょう。

まずはここから読んでみよう

　波平恵美子『いのちの文化人類学』新潮社、1996年。

　高橋三郎編『水子供養──現代社会の不安と癒し』行路社、1999年。

　ウィリアム・ラフルーア『水子──〈中絶〉をめぐる日本文化の底流』森下直貴ほか訳、青木書店、2006年。

もっと知りたい人のために

　ティアナ・ノーグレン『中絶と避妊の政治学──戦後日本のリプロダクション政策』岩本美砂子ほか訳、青木書店、2008年。

　荻野美穂『中絶論争とアメリカ社会──身体をめぐる戦争』岩波書店、2012年。

　ヘレン・ハーデカー『水子供養　商品としての儀式──近代日本のジェンダー／セクシュアリティと宗教』塚原久美監訳、清水邦彦監修、明石書店、2017年。

第 27 章

クローン人間をつくっていいのか

鶴　真一

　ES 細胞や iPS 細胞の研究は再生医療への応用が期待される反面、いのちへのかかわり方に対する反省を私たちに迫る問題でもあります。いのちへの新たなかかわり方について、宗教の立場からは何が言えるのでしょうか。

1　いのちを「つくる」

■いのちの初期化

　2012年、京都大学の山中伸弥教授がノーベル生理学・医学賞を受賞しました。受賞理由は、たった四つの遺伝子を皮膚細胞に導入することによって、さまざまな体細胞に分化できる多能性とほぼ無限の増殖性をもつ「人工多能性幹細胞 (iPS 細胞)」を作製することに成功した、というものでした。つまり、時間を逆戻りすることのないはずの細胞を"初期化"できる方法を見つけたことが評価されたのです。この技術を使えば、自分の細胞からさまざまな組織や臓器をつくることが可能になるわけですから、将来的には、自分のからだのあちこちが傷ついたり衰えたりしても、新しいものをつくって取り換えれば済みますし、そういうことを繰り返すことで、いつまでも健康で長生きできるようにもなります。

■ES 細胞の倫理的問題

私たちのからだを形成するおびただしい数の細胞や組織は、日々新しいもの入れ替わっています。これを新陳代謝と言いますが、からだのさまざまな部分で、こうした変化の営みが絶えず繰り返されています。こうしたことが可能になるのは、私たちのからだのなかに「幹細胞」という、"新しい細胞や組織のもとになるもの"があるからです。

そもそも、いのちの始まりは受精卵です。とすれば、さまざまに分化する以前の受精卵のなかにある幹細胞には、人体のあらゆる部分になることができる能力（多能性）が備わっているということになります。これが"万能細胞"と呼ばれる「ES 細胞」です。ES 細胞を手に入れることができれば、それを人工的に操作して、さまざまな組織や臓器をつくり出すことができるようになります。

ES 細胞は、受精後の早い段階の胚の外側の膜を壊して、なかにある細胞の塊を取り出し、これを培養することで手に入れることができます。ただ、この手法では、いのちの萌芽である受精卵を破壊する必要があり、そのまま子宮に戻せばヒトとなるはずのものを破壊することでもあります。"いのちは受精の瞬間から始まる"と考えるキリスト教的な生命観に従えば、それは殺人に等しい行為であり、強く批判されることになります。

■ES 細胞の技術的問題

ES 細胞には、こうした倫理的な問題の他にも、技術的な問題もあります。ES 細胞は他人のカップル（AさんとBさん）の受精卵から作られるので、そのES 細胞から組織や臓器をつくって別人（Cさん）に移植しようとしても、遺伝子が一致しないので拒絶反応が起きてしまいます。これは、現在行われている臓器移植でも生じる問題です。

そこで、本人の遺伝子を導入した「クローン胚」と呼ばれるものをつくり、そこから ES 細胞を取り出せば、拒絶反応の問題をクリアできるのではないかと考えられます。しかし、現段階では、クローン胚の作製には多くの卵子が必要であり、そのために女性に多大な負担をかけることをどのように正当化でき

るのかという問題があります。ES細胞にまつわるこうした一連の倫理的、技術的な問題を一挙に解決できるのが、受精卵を使用せず、からだのどこの細胞からでも作製可能な「iPS細胞」なのです。

2　いのちを「つくり変える」

■治療を超えて

iPS細胞には大きな期待が寄せられていますが、必ずしも良いことばかりではありません。というのも、細胞を"初期化"できるということは、自然な生殖を経ずとも人工的にいのちを"つくり出す"ことができるということでもあり、また、それを人為的に操作して、いのちを望み通りに"つくり変える"ことができるということでもあるからです。これは、いのちの"はじまり"を破壊してもよいかという問題とは逆方向の問題です。つまり、元の状態に戻すための「治療」を超えて、いのちの"これから"を変更してもよいか、という問題です。

■キメラという怪物

ヒトの遺伝情報を特定の動物に導入して、その動物の体内でヒトの組織や臓器をつくり、それを再びヒトに移植する可能性が模索されています。まだ研究段階ですが、たとえば、ブタの体内でヒトの心臓を育てるといった研究が行われており、2017年にアメリカですでに成功しています。このブタのように、異なる遺伝情報をもつ細胞が混じっている状態のことを生物学では「キメラ」とか「キマイラ」と言います。「キメラ」とは、ギリシア神話に登場する想像上の怪物で、頭はライオン、胴体はヤギ、尻尾は毒蛇という姿をしています。この怪物にちなんで、異質なものが混じり合っている状態のことを「キメラ」と呼ぶわけです。

日本でも、クローン技術規制法が2019年3月に改正され、こうしたキメラを誕生させてもよいということになりました。しかし、そもそも、ヒトとブタのキメラをつくってもよいのでしょうか。また、キメラがどんどん誕生するようになると、"どこからがヒトで、どこからがブタなのか"という種の境界が曖

味になり、「ヒトとは何か」さえよくわからなくなってしまう恐れはないでしょうか。

■人間の品種改良

ES 細胞や iPS 細胞からは、精子と卵子といった生殖細胞もつくることができます。それを受精させればヒトになるわけですから、万能細胞という人工的な細胞から、いのちそのものを生み出すことができるということになります。そうなると、子どもをもつのに異性は必要なくなり、性交も必要なくなり、父

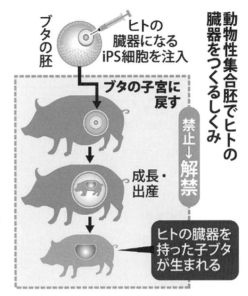

iPS 細胞のしくみ
（毎日新聞（2018年 1 月29日）「文科省専門委　ヒト臓器、動物で作製容認　移植は認めず」より）

親や母親の意味さえも曖昧になってくるなど、人類が今まで培ってきた生殖や家族にまつわる考え方が大きく変わってしまう、あるいは消えて無くなってしまう可能性もあります。また、さまざまな条件をアレンジして、望み通りのいのちを生み出すことが可能になるわけですから、家畜や農作物と同じように、人間においても"品種改良"が行われるかもしれません。

3　宗教と生命倫理

■クローン人間をつくってもよいか

1996年、イギリスのロスリン研究所が世界で初めて哺乳類（羊）でクローンをつくることに成功しました。これまでは SF の話にすぎなかったことが現実のものとなった瞬間であり、現代科学の進歩を世界に強く印象づける出来事でした。しかし、その反面、同じ哺乳類である人間でもクローンをつくることが

現実味を帯びてきたわけです。この一件をきっかけに、「クローン人間をつくってもよいか」という問題については主に生命倫理学の分野で盛んに議論がなされてきましたが、宗教の立場からも賛否が表明されています。

　宗教の立場からクローン人間の製造に肯定的な立場を表明しているのは、現在のところ、ラエリアンムーブメントという団体だけです。この団体の主張するところでは、"神は遺伝子工学を使って人類を創造したのだから、クローン人間をつくり出す技術を人類が手に入れた以上、これを積極的に行うべきだ"ということのようです。実際、この団体はクローン技術を研究する会社を設立し、2003年と2004年にクローン人間を誕生させたと発表しています。ただ、科学者による検証を拒否しているために、真偽のほどは分かっていません。

　否定的な立場を表明している宗教団体はいくつか存在します。1997年、キリスト教のカトリック教会は、「クローン技術に関する考察」という否定的な見解を発表しました。それを受けるかたちで日本カトリック教会も同年、同様の見解を発表しています。それによると、「絶対的価値と尊厳を有する人間を創造するという業は、神に属するものであり、絶対に人間の手にゆだねられてはならないものである」。したがって、「クローン人間の研究は、人間本来の生殖の基本や人間そのものの尊厳を侵し、遺伝的にも良くない結果を招く恐れがあり、さらにまた人間が神の聖域に踏み込んでいく道を開いてしまう可能性もあることから、クローン人間の研究については否定的である」ということです。医学的な懸念だけでなく、宗教的な信念にもとづく主張であることが分かります。

　2003年には、法華系の新宗教団体である立正佼成会も否定的な立場を表明しました。「この世における生命個体は、それぞれが唯一のものであり、固有のものであり、有限のものであり、神仏からの所与のもの」であるという基本的な信念のもとに、「いのちの尊厳」を教えの根幹に据える宗教者としての立場から、「自然の摂理に反し、人為的操作によってクローン人間を創り出すことは、いのちの尊厳を冒涜すると同時に、生命倫理の根本を揺るがすものである」とし、「人為的操作によって遺伝的に同じ人間を複製することは、生命を『モノ』化し、人類の生存そのものまで脅かす危険を秘めて」いると主張して

います。また、神道系の新宗教団体である大本(おほもと)も、「命は神からの賜りもの」という生命観にもとづいて、受精卵研究やクローン人間の作成は、明らかに「生命の尊厳」を冒すものであるという見解を以前から表明しています。

このように否定的な立場をとる主張は、いのちを神とのかかわりにおいて捉えており、いのちに人為的な操作を加えることは、神によって与えられた「生命の尊厳」を損なうものであると考えている点で共通しています。とはいえ、仏教や神道などを含め多くの宗教団体では、こうした問題に対して明確な態度をとれるだけの根拠が教義のなかに見いだせないことから、いまだに立場を明確にしていないのが現状です。

■生命倫理学と宗教的価値観

生物学や医学の発展にともなって、そこから生じる倫理的問題について考えるのが「生命倫理学」という学問分野です。生命倫理学上の議論は、新たなルールや政策をつくる際の根拠となるものですから、さまざまな信念や価値観からできるだけ中立に行わなければなりません。とりわけ欧米では、世俗的（非宗教的）な立場から、いのちに関する価値観の土台をなすキリスト教的な考え方に反論するというかたちで展開されてきました。そのため、生命倫理学では、宗教の立場からは否定されることの多い中絶や安楽死の問題に関して、「場合によっては倫理的に問題はない」という答えが出てくることになります。

いのちにかかわる倫理的な問題を合理的に考えていこうというのが生命倫理学の試みですが、その一方で、いのちの捉え方が文化によって異なるのは、その背景に宗教的な考え方があるからです。なぜいのちは尊いと言われるのか。なぜ人はいのちに手を加えることに抵抗を感じてしまうのか。ものごとを合理的に考えようとすればするほど、私たちがいかに宗教的な信念に由来する価値観を前提にしているかということに気づかされ、また、そうした価値観に対する反省を迫られます。倫理的な思考と宗教的な信念との双方に目を配りながら、いのちの"これから"をどうしていくべきなのか考える必要があるでしょう。

4 いのちの未来

■どのような未来を思い描くのか

　遺伝子レベルでの再生医療に関する議論では、「いのちの始まりを壊してよいのか」という問題が中心になっています。これは、いのちのはじまりを重視するキリスト教的な価値観があるためだと考えられます。しかし、人々の期待を集めながら現在進められているこうした研究が現実のものとなったとき、どのような世界が開けているのか、ということについてもっとよく考えてみる必要があります。というのも、ある遺伝子を操作した場合、他の遺伝子や身体の部位にどのような影響が出るのかを完全に予測することはできませんし、問題が生じても、元に戻せない状態になってしまっているかもしれないからです。

　こうした懸念はすでに現実のものになろうとしています。2015年に、中国の中山大学のチームがヒト受精卵の遺伝子改編を行ったという論文を発表しましたし、2018年には、中国の研究者がゲノム編集の技術を使ってエイズウイルスに耐性がある遺伝子を持つ双子を誕生させたという報道がありました。こうした改編を行った場合、エイズウイルスには感染しないものの、平均的な人よりも短命になる可能性や、一般的な疾患（とりわけインフルエンザ）で亡くなる確率が非常に高くなる可能性があると指摘されています。期待していた結果に付随する諸々の問題を十分に予測できないままこうした操作が実行されてしまうということが、今後も起きないとは限りません。

■未来への責任

　哲学者のハンス・ヨナスは、科学技術が人間や環境にもたらすリスクに対し、「未来世代への責任」という視点から倫理的な議論を展開しました。将来どのような事態をもたらすのか十分に予測できておらず、また、不都合が生じた場合に元に戻すことができない状態にまで現状を変えてしまうものには関与すべきではない、というのが主な主張でした。彼が着目したのは、自然を取り返し

のつかない形で変更・破壊することに対する「恐れ」の感情であり、傷つきやすいものに対する「畏敬」の感情でした。この考えに従えば、遺伝子の改編は、たとえ良い結果が期待できるとしても、その後の世代にどのような影響を及ぼすのかが十分に予測できないのであれば、認められないということになります。

　また、政治哲学者のマイケル・サンデルも、いのちまでをも思い通りにつくり出そうとする風潮に警鐘を鳴らし、「予期せざるものを受け入れる姿勢」の重要性を説いています。これは単なる“心がけ”の問題ではなく、いのちに対する私たちの姿勢の土台をなしてきた考え方の問題です。サンデルによると、人間は思い通りにならないことに直面することで、みずからの限界を自覚し、「謙虚」「責任」「連帯」といった徳目を人間社会の根幹に据え、重視してきたのです。何でも思い通りにできることによって限界に対する意識が薄れ、人類がこれまで培ってきた重要な価値観までもが破壊されてしまうのではないかと指摘しています。

　どの分野についても言えることですが、新たな技術によって私たちは何を手に入れ、何を失うのかを、もっと慎重に考える必要があるのではないでしょうか。

まずはここから読んでみよう

　マイケル・サンデル『完全な人間を目指さなくてもよい理由——遺伝子操作と
　　エンハンスメントの倫理』林芳紀・伊吹友秀訳、ナカニシヤ出版、2010年。

　小林亜津子『はじめて学ぶ生命倫理——「いのち」は誰が決めるのか』ちくま
　　プリマー新書、2011年。

　島薗進『いのちを〝つくって〟もいいですか？——生命科学のジレンマを考え
　　る哲学講義』NHK出版、2016年。

もっと知りたい人のために

　フランシス・フクヤマ『人間の終わり——バイオテクノロジーはなぜ危険か』
　　鈴木淑美監訳、ダイヤモンド社、2002年。

　上村芳郎『クローン人間の倫理』みすず書房、2003年。

　レオン・カス『生命操作は人を幸せにするのか——蝕まれる人間の未来』堤理
　　華訳、日本教文社、2005年。

第28章

人は縄文時代のなにに惹かれるのか

岩田文昭

縄文時代が人気です。縄文土器の展覧会には多くの人が集まり、関連する書籍も刊行が続いています。縄文時代の人気を手がかりとして、現代日本人の心性を考え、そこから宗教を捉える理論について考えることにしましょう。

CONTENTS — KEYWORD

◇梅原　猛
◇ヤスパース
◇ベ　ラ　ー
◇教養主義

1　縄文時代の人気

「戦争もなく、自然と共生し、1万年も続いた縄文時代」といううたい文句とともに、縄文時代についての著作が売れています。その理由としては、独特な形をした縄文土器の美しさなど、いろいろと考えられます。縄文時代を称揚する思想を提示した哲学者・梅原 猛 からまず考えてみましょう。

■梅原猛の縄文時代論

梅原猛は、日本の文化・宗教の根底に縄文文化があるとこう主張します。紀元前1万年前以上にさかのぼる縄文文化には、他の地域とは違い、古くから土器文化があった。それを高度に発達させた後、大陸から稲作の技術をもった人々が流入し、稲作文化・弥生文化を広めた。縄文文化は狩猟採集文化だが、

これまで日本の民衆信仰について論じてきた民俗学者の多くは、稲作農民を典型的日本人として前提にしていた。そして、日本の文化・宗教の本流を稲作農民によって築かれた農民の文化としてきた。しかしそうではない。狩猟採集文化である縄文文化が本来の姿であり、稲作農民の文化は縄文文化のうえに二次的に重なった付随的なものである。

このような主張をもとに、梅原はさらに日本人の宗教もその根は、縄文人が信じていたアニミズムにあり、それこそ日本国有の信仰であり、本来の神道であるといいま

縄文時代の火焔型土器
（所蔵・写真提供：十日町市博物館、写真：小川忠博）

す。この本来の神道の上に外来の仏教や儒教や道教が伝わったのであり、後世の神道は、これらの外来の宗教・思想に影響を受けているというのです。

梅原は、原日本人のアニミズムの信仰の特徴を2点あげます。第一は、森の信仰です。あらゆる存在が霊的なものであり、その意味で平等であるという信仰です。梅原からすると、農耕文化は自然の支配の衝動にもとづいています。農耕民は大地を人間の生活に資するために、樹木を倒したり、燃やしたりするからです。森の信仰に、自然と人間の「共生」の思想を見るのです。

第二は、霊魂は「この世」とあまり違いのない「あの世」との間を往復するという信仰です。原日本人は極楽とか地獄のように、この世とまったく異なる世界を信じたのではない。この世の行為の善悪によって裁かれて、賞罰によって死後の世界が決まるという高等宗教の信仰は、結局は一つの宗教を信じる者のみが救われるという思想につながっていくと梅原は批判し、日本人の信仰はそうしたものではないというのです。

縄文時代の宗教を考えなおすことは、日本の独自性を主張するものではなく、普遍原理として、現在の世界における人間と自然との関係を原初的に捉え返す

ものになると梅原は主張します。それは日本人の自尊心を満たす論です。そして、梅原の論は、宗教的な欲求を持ちつつも、伝統的な宗教にしばしば見られる、党派性や排他性を嫌う人たちに受け入れられていったのです。

2　枢軸の時代と宗教の進化

　梅原猛は、都市国家や消費社会については触れずに、農耕以前の文化を世界の新たな普遍原理にすることを提案しています。これは従来の一般的な思想史理解とは異なっています。梅原とは違った精神史の捉え方を見てみましょう。

■枢軸の時代

　哲学者ヤスパースは、人類の精神史において、紀元前800年から紀元前200年の間、とくに紀元前500年頃に注目し、それを「枢軸の時代（Achsenzeit）」と述べます（ヤスパース『歴史の起源と目標』理想社、1964年）。この時代に人類の精神的基礎が築かれ、人間が世界の豊かさを前にして自己の限界を自覚するようになったとされます。この時代の精神革命に強い影響を受けた、それ以降の諸文明は「枢軸文明」といえます。

　実際、現代まで大きな影響を与えた思想家、宗教家がこの時期に世界の各地に輩出しました。中国では、老子、孔子、墨子など諸子百家といわれる思想家が登場しました。インドでは、仏教の開祖であるゴータマ・ブッダが有名ですが、ジャイナ教のヴァルダマーナも活躍しました。ギリシアでは、パルメニデス、ヘラクレイトス、プラトンらの哲学者が登場し、西洋思想の基盤をつくりました。パレスチナでは、イエスの教えを先どりするような、旧約の預言者であるエリヤ、イザヤ、エレミアらが相次いで登場しました。

　この時期の、中国・インド・ギリシアはいずれも都市国家時代の末期であり、消費経済も発展していたという共通の社会的条件があります。それまでと違った無限に広がる世界に、新たな仕方で出会った人たちが、世界の深淵を前に無力さを覚え、従来とは異なる精神的基盤を求めたのでしょう。

■ベラーの「宗教の進化」論

　ロバート・ベラーの論文「宗教の進化」は、枢軸の時代に根をもつ宗教を「歴史宗教」と名づけ、その考察をしています（ベラー『社会変革と宗教倫理』未來社、1973年所収）。ベラーは、人類文化が発展し社会構造が複雑になるにしたがって、宗教の形も変化するとし、次の五つの宗教の範型を提示しています。すなわち、「未開宗教（primitive religion）」「古代宗教（archaic religion）」「歴史宗教（historic religion）」「近代宗教（early modern religion）」「現代宗教（modern religion）」です。このなかで、「古代宗教」と「歴史宗教」との間に大きな区切り目があるとベラーは指摘します。

　「未開宗教」と「古代宗教」は、現世を肯定する、一元論の世界観を有する点で共通性があります。この世界観では、人間と聖なるものとの間に根本的な断絶はありません。聖性から遠ざかった人間は、儀礼に参加することで容易に復帰することができます。梅原猛の説明する縄文時代の世界観も、現世肯定的で楽天的なこのような一元論に属します。

　次の「歴史宗教」はヤスパースのいう枢軸文明の中核に位置してきた、キリスト教や仏教などがそれにあたります。歴史宗教は二元論です。現世拒否をし、現世と死後の生活との差異を示し、天国や浄土など、別の世界における生活を焦点化します。ここには、人間と聖なるものの間に超えがたい溝があります。一方で、俗なる世界での生は、価値の本源から切断され、苦難と悲しみのつきまとう汚辱にまみれたものとされます。他方で、完全な存在・至福の状態があります。この俗と聖の世界をつなぐのが歴史宗教の教説です。そして、それを選ぶのは個人であり、個人が自らの責任において選び取られるのです。

　歴史宗教のあり方に批判もなされますが、ベラーはこの二元論の重要な意義も指摘します。それは、超越的原理が設定されることにより、宗教が政治秩序から自立したことです。未開宗教や古代宗教では、政治権力と宗教的権威が一体化しており、現実の体制を批判する原理は見いだすことは容易ではありません。ところが、歴史宗教の段階に至り、宗教的理念にもとづいた現実の政治を批判する可能性が開かれたのです。

つぎの段階の「近代宗教」は、プロテスタントの宗教改革をモデルにしています。ベラーは宗教改革に近いものとして日本の親鸞の名をあげています。神による救済の直接性が強調され、信仰が内面化されます。注目すべきことは、ここで新たな現世肯定の萌芽が生まれ、現世は神の命令を実行する場であるという方向性が生まれたことです。

　最後の「現代宗教」の大きな特徴は、現世の肯定が強調され、二元論的な世界観が崩壊されている点です。ただし、原始的一元論に復帰したのではなく、二元論が多層的世界にとって変わったのです。神や仏を自分の外に求めるのではなく、自己が象徴化され多次元的なものになったのです。

　ベラーの理論はすべての宗教を説明する、完全なものではありません。しかし、現代日本人が縄文時代に親近感を持つ理由を理解するヒントを与えてくれます。宗教的なものに関心をもつにしても、閉鎖性の感じられる歴史宗教の教団に所属することには抵抗があります。また、現代人は来世や浄土という世界より、現実世界の意味を重視する傾向にあります。そのため、現世肯定的で楽天的な世界観の共感を抱く人が少なくないのでしょう。

3　新霊性運動・文化

　縄文時代に関心を持つといっても、現代人は縄文時代の宗教儀式を実践したりするわけではありません。文化遺産として、本を読んだり、展覧会に行ったりするわけです。このような現代における精神世界の状況を、広い視野から説明するために、宗教学者・島薗進は「新霊性運動・文化」という学術用語を提案しています。

■新霊性運動・文化
　島薗のいう「霊性」とは、通常の現実を超越する次元の事柄を尊んだり、神秘的な意識や経験の領域に親しんだり、高次の精神的な力を発揮しようとしたりする、個人の特性を指します。「宗教」というと集団やシステムのほうから

客観的にみる語感が伴いますが、「霊性」は価値ある個人の事柄として主体的にみる姿勢につながります。「スピリチュアティ」にも霊性と同様な意味があるので、この「霊性」と「スピリチュアティ」とを重ねて島薗は用います。

　1980年代には日本だけでなく、アメリカ合衆国など世界各地で、新たな霊性追求、スピリチュアティ興隆の現象が目立つようになりました。この潮流には、共通の目標を掲げてともに行動し「運動」する面もありましたが、個々の人がゆるやかに関与する「文化」的な面もあるので、これらのさまざまな現象を指すために「新霊性運動・文化」という用語が考案されたのです。この潮流は、次第にメジャーな文化に浸透していき、大学や病院・福祉機関の実践の場にも影響を及ぼすようになっていきました。と同時に、次々にヨーガ、気功、気づきのセラピーなどが現れるようになりました。その形態は運動体の場合や、ビジネスの場合もあります。さらに、「新霊性運動・文化」の内容の一つとして、自然や森を尊ぶエコロジー的な霊性をアニミズムと呼んで称揚する言説も盛んになされるようになったことも指摘することができます。

　「新霊性運動・文化」にはさまざまな領域のものが含まれ、その明確な定義をすることは容易ではありません。しかし、宗教的な雰囲気があるものの、それに関わっている人が宗教とは認めないような事象について、その理解を深める「発見的概念」として有効です。島薗は、梅原猛を新霊性文化に同調し、その潮流を称揚する「霊性的知識人」のひとりとして位置づけていますが、この概念を用いると、縄文時代の人気を考察する視点をえることができるのです。

4　宗教と自己形成

　近年の宗教学の研究では、宗教の本質の探究を真正面からすることは少なくなってきました。それは宗教が多様で、さまざまに変容していることへの学問的理解が進んでいるからです。それとともに「宗教」という概念が西洋近代の特定の宗教観を背景に形成されたことへの反省が進んでいるからです。そのため、これが宗教の本質であると論じることはいっそう困難になっています。

■宗教と日本理解

とはいえ、宗教という概念によって差し示される事象を学ぶことの重要性はむしろ増しているといってよいでしょう。宗教が理解できれば、すべてがわかるということはできませんが、宗教の理解が不足していると、世界のさまざまな出来事や人々の考え方が十分に理解できないことは間違いありません。

しかし、他者理解とともに重要なのは、自己理解です。日本という国の特徴も外国というまなざしを意識して明確になります。日本独自の宗教的事象と思われていることも実は外国から影響を受けて成立したものも多くあり、また外国にも似たような事象が存在することもあります。古くから日本に存在していると思われていたことも、実は比較的最近になって、新たに構築されたものがあることを本書は示してきました。

このように日本を理解するのにも宗教理解を深めることは不可欠です。だが、より重要なのはひとりひとりが自己理解を深め、自己形成をはかることです。もっとも、自己理解や自己形成にとって、宗教の位置は歴史的に大きく変わってきました。最後にこのことを考えてみましょう。

■現代人の自己形成

大学生になると、哲学・歴史・文学・宗教などの人文学の読書を中心に人格の完成を目指そうとした人たちが少なからずいた時代がありました。その人たちのとった態度を教養主義といいます。とりわけ、大正時代はそのような態度をとった若者が多く、それは大正教養主義といわれます。

現在の東京大学や京都大学などでの教養課程にあたる教育を、戦前は高等学校が担っていました。この旧制の高等学校に入学した少なからぬ学生は、教養主義によって人格の形成をはかりました。すべての学生というわけではありませんでしたが、学生のなかでも議論をリードするような人が自己形成を目指してキリスト教や仏教を自ら学んだのです。現在では想像しにくい状況ですが、この当時の「宗教」という言葉にはモダンなイメージがあり、自己形成の核に宗教が必要だと考えられたのです。

　しかし、現在では教養主義の考え方は崩壊したといっていいほど弱くなっています。さらにそもそも、自己形成とか人格の完成という言葉に違和感を抱く人もいるでしょう。とはいえ、現代の学生が人間形成にまったく無関心でもないと思われます。そのような言葉を実際に使わないにしても、サークル活動や友人とのつきあいやバイトなどさまざまな活動をするような学生生活を、人生を構築する重要な機会と捉えている人もいるのではないでしょうか。

　本書で紹介してきたように、日本にはさまざまな宗教的事象があり、宗教と意識しないことがあるにしても、それらに接しています。そのなかには、新霊性運動・文化といわれるものあります。さらに、世界には日本以上にさまざまな宗教的事象が存在しています。人類の歴史のなかで宗教が占めてきた位置に鑑みれば、宗教が人間存在の根幹近くでなんらかの役割を担ってきたことは明らかです。宗教を肯定的に見るか、批判的に考察するかは、各自の判断に任されることですが、少なくとも宗教に関心を持つことが自己形成に大きな意味を持つことはたしかです。本書を手がかりにして、宗教にさらに関心をもっていただき、自己理解を深めていかれることを願っています。

まずはここから読んでみよう

　梅原猛『日本人の「あの世」観』中公文庫、1989年。

　島薗進『精神世界のゆくえ』秋山書店、2007年。

　筒井清忠『日本型「教養」の運命』岩波現代文庫、2009年。

もっと知りたい人のために

　島薗進『スピリチュアリティの興隆』岩波書店、2007年。

　藤原聖子編『いま宗教に向き合う　3』岩波書店、2018年。

　Ｒ・Ｎ・ベラー『社会変革と宗教倫理』河合秀和訳、未來社、1973年。

おわりに

　宗教がわかればすべてのことが理解できる、ということはありません。しかし、宗教を知らなければ、日本の文化や思想も、また外国についても十分な理解ができないことはたしかです。本書は、宗教学を学ぶ大学生をはじめ、一般に宗教に関心をもっている方に、すこしでも宗教の理解が深まることを願って作成されました。

　本書で紹介した宗教は、日本に関するものが多いですが、その紹介にあたっては外国との対比が念頭におかれています。仏教もキリスト教も日本で発祥したわけではありません。また日本固有のものと思われている神道も、古代からその形態が変わらず続いているわけではありません。仏教などの影響を受けながら、何度も編成されなおされてきました。とくに近年における、伝統的な宗教事象の変容は著しく、本書は、その点を比較的詳しく説明しています。

　最近では、2019年冬に発生が確認され、2020年1月には日本でも感染者が出始めた、新型コロナウイルスの感染拡大は、宗教にも新たな局面をもたらしました。人が集まり祈る場所が感染拡大のクラスターとなった事例もあり、集団での礼拝が自粛され、国によっては集団での礼拝が禁止もされました。夏を彩る祇園祭りの山鉾巡礼や天神祭りの船渡御が中止され、四国八十八カ所霊場の寺院は一時期、納経所を閉鎖しました。法要や葬儀も簡略化され、とりわけコロナウイルスで亡くなった人の葬儀は、従来のようには行われませんでした。

　このような状況のなか、新たな形の宗教行為も登場してきました。インターネットを通して同時に祈ることは、さまざまな宗教でなされました。また、法話や説教がオンラインで配信する試みも盛んになされました。オンラインでの結婚式もなされました。

　それではコロナ後の宗教ははたしてどうなるでしょうか。一口でいって、変

わる面と変わらない面がありながら、宗教は存続するということになるのではないでしょうか。長い歴史のなかで、宗教はその外形を変えながら存続してきました。

　外出自粛の要請が出されていたときに、一つのエピソードが思い出されました。それは浄土宗の開祖、法然に関するものです。法然が京都で病気になったとき、関東に住む弟子が心配し、見舞いのため京都に行くと手紙を送りました。それに対して、法然はわざわざ遠くからくる必要はないと返事をしました。たとえいま会えなくても、念仏して互いに往生することができる。それがめでたいことではないかと答えたのです。手紙とインターネットとの違いはあれ、離れたところにいても同信のものが支え合うという構図が800年前にすでにあったわけです。宗教には現実の世界を越える希望を与えうることを法然の言葉は示唆しており、このような宗教の一面は今後とも存続するように思われます。

　本書の執筆者は研究者として脂がのった中堅に属する人が多く、旺盛な執筆活動をしているなかで、原稿を寄せていただくことができました。各章、それぞれに工夫がこらされ、読みごたえがあるものばかりです。いずれの章からでも、関心をひかれるところから読み進めていただければ幸甚です。

　最後になりましたが、本書を担当していただいたミネルヴァ書房の宮川友里さんにはたいへんお世話になりました。心よりお礼申し上げます。

2020年8月

岩田文昭

参考文献

渡辺京二『逝きし世の面影』平凡社ライブラリー、2005年。

■序章　日本人は無宗教なのか

井上順孝編集責任『第12回学生宗教意識調査』國學院大學日本文化研究所、2015年。

中村元「「宗教」という訳語」『日本学士院紀要』第46巻第2号1992年。

文化庁編『宗教年鑑　令和元年版』2020年2月14日取得。

https://www.bunka.go.jp/tokei_hakusho_shuppan/hakusho_nenjihokokusho/shukyo_nenkan/pdf/r01nenkan_gaiyo.pdf

読売新聞社、全国世論調査、読売新聞、2008年5月29日。

脇本平也「宗教」小口偉一・堀一郎監修『宗教学辞典』東京大学出版会、1973年。

J. Gordon Melton and M. Baumann, eds., *Religions of the World: a comprehensive encyclopedia of beliefs and practices*, 2nd ed., Santa Barbara: ABC-CLIO, 2010.

■第1章　京都の宗教施設を外国人に案内しよう

岩井洋『目からウロコの宗教——人はなぜ「神」を求めるのか』PHP研究所、2003年。

上田正昭ほか『京の社——神々と祭り』人文書院、1985年。

大谷栄一・菊地暁・永岡崇編『日本宗教史のキーワード——近代主義を超えて』慶應義塾大学出版会、2018年。

木下直之『ハリボテの町』朝日新聞社、1996年。

清水寺史編纂委員会編『清水寺史』音羽山清水寺、1995年。

高取正男『日本的思考の原型』平凡社ライブラリー、1995年。

直江廣治編『稲荷信仰』雄山閣出版、1983年。

林屋辰三郎『京都』岩波新書、1962年。

速水侑編『観音信仰』雄山閣出版、1982年。

伏見稲荷大社宣揚課編『お山のお塚』伏見稲荷大社社務所、1965年。

本願寺史料研究所編纂『本願寺史』本願寺出版社、2010年。

横山正幸編著『実録「清水の舞台より飛び落ちる」——江戸時代の「清水寺成就院日記」を読む』横山正幸、2000年。

村上紀夫『京都　地蔵盆の歴史』法藏館、2017年。

■第2章　東京の宗教施設を外国人に案内しよう

山口輝臣『明治神宮の出現』吉川弘文館、2005年。

岡田荘司・笹生衛編『事典　神社の歴史と祭り』吉川弘文館、2013年。

吉田伸之編『寺社をささえる人びと6』吉川弘文館、2007年。

■第3章　日本人は岩や山を拝んでいるのか

石井美保『精霊たちのフロンティア——ガーナ南部の開拓移民社会における"超常現象"の民族誌』世界思想社、2007年。

石井美保『環世界の人類学——南インドにおける野生・近代・神霊祭祀』京都大学学術出版会、2017年。

伊藤俊太郎編『日本人の自然観——縄文から現代科学まで』河出書房新社、1995年。

岩田慶治『アニミズム時代』法藏館、1993年。

エドワード・B・タイラー『原始文化』（上・下）松村一男監修、奥山倫明・奥山史亮・長谷千代子・堀雅彦訳、国書刊行会、2019年。

片平幸『日本庭園像の形成』思文閣出版、2014年。

奥野克巳・山口未花子・近藤祉秋編『人と動物の人類学』春風社、2012年。

鈴木正崇『山岳信仰——日本文化の根底を探る』中央公論新社、2015年。

鈴木正崇「アニミズムの地平——岩田慶治の方法を越えて」鈴木正崇編『森羅万象のささやき——民俗宗教研究の諸相』風響社、2015年。

田辺繁治『精霊の人類学——北タイにおける共同性のポリティクス』岩波書店、2013年。

寺田寅彦「日本人の自然観」『寺田寅彦全集第六巻』岩田書店、1997年。

野本寛一『神と自然の景観論——信仰環境を読む』講談社、2006年。

平藤喜久子「アニミズム」月本昭男編『宗教の誕生——宗教の起源・古代の宗教』山川出版社、2017年。

柳田國男「先祖の話」、『柳田國男全集　第十五巻』筑摩書房、1998年。

村上陽一郎『西欧近代科学〈新版〉——その自然観の歴史と構造』新曜社、2002年。

渡辺正雄『日本人と近代科学——西洋への対応と課題』岩波書店、1976年。

第4章　日本にはどんな聖地や巡礼があるのか

おかざき真里『阿・吽』小学館、2014年から連載中。

司馬遼太郎『空海の風景』中央公論社、1975年。

星野英紀『四国遍路の宗教学的研究——その構造と近現代の展開』法藏館、2001年。

第5章　正月やお盆の行事とはなんなのか

柳田國男『年中行事覚書』講談社学術文庫、1977年。

柳川啓一『現代日本人の宗教』法藏館、1991年。

平山昇『鉄道が変えた社寺参詣』交通新聞社、2012年。

■第6章　日本の祭りと儀礼とは

小口偉一・堀一郎監修『宗教学辞典』東京大学出版会、1973年。

星野英紀ほか編『宗教学事典』丸善株式会社、2010年。

高谷重夫『雨乞習俗の研究』法政大学出版局、1982年。

柳川啓一『祭りと儀礼の宗教学』筑摩書房、1987年。

桜井徳太郎『祭りと信仰　民俗学への招待』講談社学術文庫、1987年。

柳川啓一『宗教学とは何か』法藏館、1989年。

薗田稔『祭りの現象学』弘文堂、1990年。

ロジェ・カイヨワ『人間と聖なるもの』塚原史ほか訳、せりか書房、1994年。

宮田登『冠婚葬祭』岩波新書、1999年。

白川静『字訓　新装普及版』平凡社、1999年。

芦田徹郎『祭りと宗教の現代社会学』世界思想社、2001年。

折口信夫『古代研究1　祭りの発生』中公クラシックス、2002年。

ジェームズ・フレーザー『初版　金枝篇』（上・下）吉川信訳、ちくま学芸文庫、2003年。

島薗進・葛西賢太・福嶋信吉・藤原聖子編『宗教学キーワード』有斐閣、2006年。

新谷尚紀『日本人の春夏秋冬』小学館、2007年。

遠山淳・中村生雄・佐藤弘夫編『日本文化論キーワード』有斐閣、2009年。

石井研士『プレステップ宗教学』弘文堂、2010年。

ファン・ヘネップ『通過儀礼』綾部恒雄・綾部裕子訳、岩波文庫、2012年。

エミール・デュルケーム『宗教生活の基本形態
　　──オーストラリアにおけるトーテム体
　　系』（上・下）山崎亮訳、ちくま学芸文庫、
　　2014年。
倉田健太・稲田道彦「日本における祭り研究の
　　整理を通じた現代の神社祭礼の考察──香
　　川県綾歌郡宇多津町の事例」『香川大学経
　　済論叢』第89巻第1号、2016年、229-256
　　頁。
大谷栄一・川又俊則・猪瀬優里編『基礎ゼミ
　　宗教学』世界思想社、2017年。
倉石あつ子・小松和彦・宮田登編『人生儀礼事
　　典』小学館、2000年。

■第7章　日本人の休日とは
片山真人『暦の科学』ベレ出版、2012年。
佐藤幸治『文化としての暦』創言社、1998年。
土屋吉正『暦とキリスト教』オリエンス宗教研
　　究所、1987年。
中牧弘允編『世界の暦文化事典』丸善出版社、
　　2017年。
林淳「暦の変遷と六曜」『消費される〈宗教〉』
　　春秋社、1996年。
コリン・J・ハンフリーズ『最後の晩餐の真実』
　　黒川由美訳、太田出版、2013年。
S・ホーキング『ビッグ・クエスチョン』青木
　　薫訳、NHK出版、2019年。
リオフランク・ホルフォード＝ストレブンズ
　　『暦と時間の歴史』正宗聡訳、丸善出版、
　　2013年。
H・マイヤー『西暦はどのようにして生まれた
　　のか』野村美紀子訳、オリエンス宗教研究
　　所、1987年。
渡邊敏夫『暦入門　暦のすべて』雄山閣、2012年。

■第8章　日本では終活が盛んと聞いたが
島薗進・竹内整一編『死生学1　死生学とは何
　　か』東京大学出版会、2008年。

自由国民社著刊『現代用語の基礎知識　2011年
　　版』2011年。
鈴木岩弓・森謙二編『現代日本の葬送と墓制
　　──イエ亡き時代の死者のゆくえ』吉川弘
　　文館、2018年。
柳田國男『先祖の話』筑摩書房、1946年。

■第9章　日本の墓とはどんなものか
社団法人全日本墓園協会法令研究会編、厚生省
　　生活衛生局企画課監修『逐条解説　墓地、
　　埋葬等に関する法律　改訂版』第一法規出
　　版、1988年。
鈴木岩弓・森謙二編『現代日本の葬送と墓制
　　──イエ亡き時代の死者のゆくえ』吉川弘
　　文館、2018年。
勝田至『日本葬制史』吉川弘文館、2012年。
孝本貢『現代日本における先祖祭祀』御茶の水
　　書房、2001年。
柳田國男『先祖の話』筑摩書房、1946年。

■第10章　日本の政治と宗教の関係はどうか
塚田穂高「宗教が政治に関わるということ」西
　　村明編『隠される宗教、顕れる宗教』岩波
　　書店、2018年。
森孝一『宗教からよむ「アメリカ」』講談社、
　　1996年。

■第11章　学校に「宗教」の時間はないのか
井上順孝「シンポジウム：「心の教育」の可能
　　性を問う──公教育における宗教教育」
　　『基督教研究』63巻2号、2002年、1-39頁。
岩田一彦『社会科の授業設計』東京書籍、1991年。
岩田文昭「国公立学校における宗教教育の現状
　　と課題」『宗教研究』369号、2011年、
　　139-163頁。
国際宗教研究所編集『現代宗教2007　宗教教
　　育の地平』秋山書店、2007年。
笹尾省二・相馬伸一『社会科教育の課題と方

法』渓水社、2008年。

宗教教育研究会編『宗教を考える教育』教文館、2010年。

シュルター智子『宗教科にみる〈他者〉』晃洋書房、2018年。

日本宗教学会「宗教と教育に関する委員会」編『宗教教育の理論と実際』鈴木出版、1980年。

藤原聖子『世界の教科書でよむ〈宗教〉』ちくまプリマー新書、2011年。

藤原聖子「テロに抗するイギリスの宗教教育」『現代宗教　2016』（2019年8月31日閲覧）http://www.iisr.jp/journal/journal2016/P055-P076.pdf

藤原聖子『ポスト多文化主義教育が描く宗教』岩波書店、2017年。

森分孝治『社会科授業構成の理論と方法』明治図書、1978年。

森分孝治・片上宗二編『社会科　重要用語300の基礎知識』明治図書、2000年。

文部科学省『中学校学習指導（平成29年3月告示）』。

山口和孝『新教育課程と道徳教育』エイデル研究所、1993年。

Clarke, S., *Themes to inspire* for KS3, Book 3, Hodder Education, 2013.

■第12章　日本人は戦死者を追悼しているのか

西村明『戦後日本と戦争死者慰霊——シズメとフルイのダイナミズム』有志社、2006年。

白川哲夫『「戦没者慰霊」と近代日本——殉難者と護国神社の成立史』勉誠出版、2015年。

高橋哲哉『靖国問題』ちくま新書、2005年。

田中伸尚『靖国の戦後史』岩波新書、2002年。

西村明「忠魂碑の戦後——宗教学者の違憲訴訟への関与から考える」堀江宗正編『宗教と社会の戦後史』東京大学出版会、2019年。

赤江達也「ひとつの運動と複数の論理——戦後日本の政教分離訴訟について」慶應義塾大学三田哲学会『哲学』117号、2007年。

大谷栄一「戦没者をどこで追悼する？——靖国問題、「戦争の記憶」、コメモレイション」（第14章）、大谷栄一・川又俊則・猪瀬優理編『基礎ゼミ　宗教学』世界思想社、2017年。

浜井和史『海外戦没者の戦後史——遺骨帰還と慰霊』吉川弘文館、2014年

原田敬一『兵士はどこへ行った——軍用墓地と国民国家』有志舎、2013年。

星野英紀・山中弘・岡本亮輔編『聖地巡礼ツーリズム』弘文堂、2012年。

■第13章　天皇制とはなにか

テッサ・モーリス＝スズキ「無害な君主制として天皇制は生き延びられるか——英国君主制との比較から」小菅信子訳、『世界』670号、2000年。

久野収・鶴見俊輔『現代日本の思想——その五つの渦』岩波新書、1956年。

朝日新聞、2019年4月19日朝刊。

小倉滋司・山口輝臣『天皇の歴史9　天皇と宗教』講談社学術文庫、2018年。

沖縄県立美術館検閲抗議の会編『アート・検閲、そして天皇——「アトミックサンシャイン」in沖縄展が隠蔽したもの』社会評論社、2011年。

■第14章　新宗教とはなにか

創価学会ホームページ（2019年10月31日閲覧）https://www.sokanet.jp/

第三文明社編『池田名誉会長が語る恩師・戸田城聖先生』第三文明社、2001年。

鈴木広『都市的世界』誠信書房、1970年。

島薗進『現代救済宗教論』青弓社、2006年。

天理教教会本部編『天理教原典集』天理教教会本部、1952年。

對馬路人・西山茂・島薗進・白水寛子「新宗教における生命主義的救済観」『思想』665号、

1979年。

島薗進『ポストモダンの新宗教』東京堂出版、
　2001年。

■第15章　日本の大学に危険な宗教サークル
　　　　はあるのか

櫻井義秀『「カルト」を問い直す――信教の自
　由というリスク』中公新書ラクレ、2006年。

日本脱カルト協会ホームページ（2019年10月31
　日閲覧）http://www.jscpr.org/

森達也監督『A』「A」製作委員会、1998年。

猪瀬優理「脱会過程の諸相――エホバの証人と
　脱会カウンセリング」櫻井義秀編『カルト
　とスピリチュアリティ――現代日本におけ
　る「救い」と「癒し」のゆくえ』北海道大
　学出版会、2009年。

渡邊太「脱落復帰＝リスタートに向けて――引
　きこもりとカルト」櫻井義秀編『カルトと
　スピリチュアリティ――現代日本における
　「救い」と「癒し」のゆくえ』北海道大学
　出版会、2009年。

■第16章　キリスト教はどのように受容され
　　　　ているのか

櫻井義秀・平藤喜久子編『よくわかる宗教学』
　ミネルヴァ書房、2015年。

日本聖書協会『聖書 聖書協会共同訳』2018年。

鈴木範久『日本キリスト教史――年表で読む』
　教文館、2017年。

森岡清美『日本の近代社会とキリスト教』評論
　社、1970年。

橘木俊詔『宗教と学校』河出ブックス、2013年。

クラウス・クラハト、克美・タテノクラハト
　『クリスマス――どうやって日本に定着し
　たか』角川書店、1999年。

嶺重淑・波部雄一郎編『よくわかるクリスマ
　ス』教文館、2014年。

石井研士『結婚式 幸せを創る儀式』NHK
　ブックス、2005年。

大橋幸泰『潜伏キリシタン――江戸時代の禁教
　政策と民衆』講談社学術文庫、2019年。

宮崎賢太郎『隠れキリシタンの信仰世界』東京
　大学出版会、1996年。

文化庁編『宗教年鑑　令和元年版』2020年2月
　14日取得。

■第17章　イスラム教徒用のレストランはあ
　　　　るか

苅米一志『殺生と往生のあいだ――中世仏教と
　民衆生活』吉川弘文館、2015年。

佐々木道雄『焼肉の文化史――焼肉・ホルモ
　ン・内臓食の俗説と真実』明石書店、2004
　年。

中村生雄『肉食妻帯考――日本仏教の発生』青
　土社、2011年。

原田信男『歴史のなかの米と肉――食物と天
　皇・差別』平凡社ライブラリー、2005年。

マーヴィン・ハリス『食と文化の謎』板橋作美
　訳、岩波現代文庫、2001年。

八木久美子『慈悲深き神の食卓――イスラムを
　「食」からみる』東京外国語大学出版会、
　2015年。

■第18章　日本の宗教は苦しんでいる人を助
　　　　けているのか

「WHO（世界保健機関）による緩和ケアの定
　義（2002年）」定訳作成について（https://
　www.jspm.ne.jp/proposal/proposal.
　html）、2019年8月24日ダウンロード。

「活動する教誨師の人数」『公益財団法人全国教
　誨師連盟』（http://kyoukaishi.server-sh
　ared.com/serviceindex1.html）、2019年
　8月10日ダウンロード。

赤池一将・石塚伸一『宗教教誨の現在と未来
　――矯正・保護と宗教意識』本願寺出版社、
　2017年。

葛西賢太・板井正斉『ケアとしての宗教』明石
　書店、2015年。

堀川恵子『教誨師』講談社文庫、2018年。

奥野修司『看取り先生の遺言　2000人以上を看取った、がん専門医の「往生伝」』文春文庫、2016年。

エリザベス・キュブラー＝ロス『死ぬ瞬間——死とその過程について』鈴木晶訳、中公文庫、2001年。

窪寺俊之・伊藤高章・谷山洋三編『スピリチュアルケアを語る　第三集　臨床的教育法の試み』関西学院大学出版会、2010年。

柴田実・深谷美枝『病院チャプレンによるスピリチュアルケア——宗教専門職の語りから学ぶ臨床実践』三輪書店、2011年。

田宮仁『「ビハーラ」の提唱と展開』学文社、2007年。

花山信勝『巣鴨の生と死　ある教誨師の記録』中公文庫、1995年。

■第19章　坐禅する外国人が多いのか

岩田文昭「京都学派の宗教哲学と宗教思想」『季刊日本思想史』第72号、2008年、170-186頁。

岩本明美「アメリカ禅の誕生——ローリー大道老師のマウンテン禅院」『東アジア文化交渉研究』別冊第6号、2010年、11-31頁。

鈴木俊隆『禅マインド　ビギナーズ・マインド』松永太郎訳、サンガ、2010年。

竹村牧男『西田幾多郎と鈴木大拙——その魂の交流に聴く』大東出版社、2004年。

藤田正勝『日本哲学史』昭和堂、2018年。

エルンスト・ベンツ『禅　東から西へ』柴田健策・榎木真吉訳、春秋社、1984年。

オイゲン・ヘリゲル『新訳　弓と禅——付・「武士道的な弓道」講演録』魚住孝至訳、角川ソフィア文庫、2015年。

■第20章　日本人はどんな瞑想をしているのか

Patricia M. Barnes, et.al., "Complementary and Alternative Medicine Use Among Adults: United States," *National Institutes of Health Advance Data from Vital and Health Statistics*, no. 343, May 27, 2004.

ジョン・カバットジン『マインドフルネスストレス低減法』春木豊訳、北大路書房。

『精神科治療学』32巻5号、2017年5月。

バンテ・H・グナラタナ『マインドフルネス——気づきの瞑想』出村佳子訳、サンガ、2012年。

日本緩和医療学会『がんの補完代替療法　クリニカル・エビデンス　2016年版』金原出版、2016年。

関水博道「『朝活禅』開催を通して考える現代坐禅教化の課題と方向性」曹洞宗総合研究センター『学術大会紀要（第20回）』曹洞宗総合研究センター、2019年。187-192頁。

『曹洞宗宗勢総合調査報告書　2015年（平成27年）』曹洞宗宗務庁、2017年。

飯塚まり編著『進化するマインドフルネス——ウェルビーイングへと続く道』創元社、2018年。

■第21章　なぜオカルトブームが起こるのか

一柳廣孝『〈こっくりさん〉と〈千里眼〉——日本近代と心霊学』講談社、1994年。

一柳廣孝「カリフォルニアから吹く風——オカルトから「精神世界」へ」吉田司雄編『オカルトの惑星——1980年代、もう一つの世界地図』青弓社、2009年。

井上順孝責任編集、宗教情報リサーチセンター編『情報時代のオウム真理教』春秋社、2011年。

ミルチア・エリアーデ『オカルティズム・魔術・文化流行』楠正弘・池上良正訳、未來社、1978年。

金子毅「オカルト・ジャパン・シンドローム——裏から見た高度成長」一柳廣孝編『オ

カルトの帝国——1970年代の日本を読む』青弓社、2006年。

島薗進「イノチと救い——二元的宗教構造の理論枠組みを超えて」山折哲雄・川村邦光編『民俗宗教を学ぶ』世界思想社、1999年。

島薗進『スピリチュアリティの興隆——新霊性文化とその周辺』岩波書店、2007年。

西山茂「霊術系新宗教の台頭と二つの「近代化」」國學院大學日本文化研究所編『近代化と宗教ブーム』同朋舎出版、1990年。

ローレンス・E・サリヴァン編『エリアーデ・オカルト事典』法藏館、2002年。

■第22章　日本の神話と物語にはどんなものがあるのか

伊藤博之ほか編『仏教思想と日本文学』仏教文学講座第2巻、勉誠社、1995年。

及川智早『日本神話はいかに描かれてきたか——近代国家が求めたイメージ』新潮選書、2017年。

千葉幸一郎「空前の親鸞ブーム粗描」五十嵐伸治ほか編『大正宗教小説の流行——その背景と〝いま〟』論創社、2011年。

大澤千恵子『見えない世界の物語——超越性とファンタジー』講談社選書メチエ、2014年。

日向一雅『源氏物語の世界』岩波新書、2004年。

松村一男『神話学入門』講談社学術文庫、2019年。

和﨑光太郎『明治の〈青年〉——立志・修養・煩悶』ミネルヴァ書房、2017年。

今井秀和「現代消費社会における「ブッダ」像——手塚治虫『ブッダ』から中村光『聖☆おにいさん』への転生」森覚編『メディアのなかの仏教——近現代の仏教的人間像』勉誠出版、2020年。

文部科学省編『小学校学習指導要領（平成29年告示）』https://www.mext.go.jp/content/1413522_001.pdf（2020年1月16日閲覧）

文部科学省編『中学校学習指導要領（平成29年告示）』https://www.mext.go.jp/content/1413522_002.pdf（2020年1月16日閲覧）

■第23章　東アジアのなかの日本の宗教とは

川瀬貴也『植民地朝鮮の宗教と学知』第1章、第2章、青弓社、2009年。

川瀬貴也「「解放」後韓国の宗教とナショナリズム——キリスト教を中心に」池澤優編『政治化する宗教、宗教化する政治』岩波書店、2018年。

櫻井義秀「現代東アジアの宗教」櫻井義秀編『現代中国の宗教変動とアジアのキリスト教』北海道大学出版会、2017年。

佐藤弘夫『神国日本』ちくま新書、2006年。

徐正敏『韓国キリスト教史概論』かんよう出版、2012年。

寺田喜朗『旧植民地における日系新宗教の受容——台湾生長の家のモノグラフ』ハーベスト社、2009年。

中西直樹『植民地台湾と日本仏教』三人社、2016年。

文化庁文化部宗務課『在留外国人の宗教事情に関する資料集——東アジア・南アメリカ編』2014年。

李元範「韓国における日本の新宗教」李元範・櫻井義秀編著『越境する日韓宗教文化——韓国の日系新宗教　日本の韓流キリスト教』北海道大学出版会、2011年。

大韓民国国家統計ポータル「全国宗教人口（2015年度）」（2019年8月23日閲覧）http://kosis.kr/statHtml/statHtml.do?orgId=101&tblId=DT_1PM1502&vw_cd=&list_id=&scrId=&seqNo=&lang_mode=ko&obj_var_id=&itm_id=&conn_path=E1（韓国語）

中華民国内政部統計處「宗教教務概況」（2019年8月23日閲覧）https://www.moi.gov.

tw/files/site_stuff/321/2/year/year.html
（中国語）

■第24章　日本の僧侶は結婚しているのか

加藤智見『親鸞とルター——信仰の宗教学的考察』早稲田大学出版部、1998年。

佐々木閑『「律」に学ぶ生き方の智慧』新潮選書、2011年。

中村生雄『肉食妻帯考——日本仏教の発生』青土社、2011年。

川橋範子『妻帯仏教の民族誌——ジェンダー宗教学からのアプローチ』人文書院、2012年。

松尾剛次編『思想の身体　戒の巻』春秋社、2006年。

蓑輪顕量「現代日本仏教の特徴——妻帯の歴史的背景を考える」『愛知学院大学文学部紀要』第38号、2008年。

Richard Jaffe, *Neither Monk nor Layman: Clerical Marriage in Modern Japanese Buddhism*, Princeton University Press, 2002.

■第25章　女人禁制とはなにか

内館牧子『女はなぜ土俵に上がれないのか』幻冬舎新書、2006年。

川橋範子『妻帯仏教の民族誌——ジェンダー宗教学からのアプローチ』人文書院、2012年。

川橋範子・小松加代子編『宗教とジェンダーのポリティクス——フェミニスト人類学のまなざし』昭和堂、2016年。

川村邦光『巫女の民俗学——〈女の力〉の近代』青弓社、2006年。

小原克博「神のジェンダーに関する一考察——フェミニスト神学との対論を通じて」『宗教と社会』第4号、1998年。

光華女子大学光華女子短期大学真宗文化研究所編『日本史の中の女性と仏教』法藏館、1999年。

後藤絵美『神のためにまとうヴェール——現代エジブとの女性とイスラーム』中央公論新社、2014年。

小林奈央子「「女人禁制」はつづけるべきか？——霊山、ジェンダー、家夫長制」大谷栄一・川又俊則・猪瀬優理編『基礎ゼミ　宗教学』世界思想社、2017年。

女性と仏教　東海・関東ネットワーク『仏教とジェンダー——女たちの如是我聞』朱鷺書房、1999年。

鈴木正崇『女人禁制』吉川弘文館、2002年。

安丸良夫『出口なお——女性教祖と救済思想』岩波現代文庫、2013年。

野村育世『仏教と女の精神史』吉川弘文館、2004年。

那須英勝・本多彩・碧海寿広編『現代日本の仏教と女性——文化の越境とジェンダー』法藏館、2019年。

丹羽宣子『〈僧侶らしさ〉と〈女性らしさ〉の宗教社会学——日蓮宗僧侶の事例から』晃洋書房、2019年。

Jessica Starling, *Guardians of the Buddha's Home: Domestic Religion in Contemporary Jodo Shinshu*, University of Hawai'i Press, 2019.

■第26章　水子供養とはなにか

猪瀬優理「ジェンダーの観点からみる水子供養」『龍谷大学社会学部紀要』48号、2016年、19-31頁。

小野泰博「流れ灌頂から水子供養へ　共同供養の喪失の意味するもの」『伝統と現代』第75号、1982年、18-25頁。

小野泰博「水子供養と仏教」『仏教民俗学体系　第四巻　祖先祭祀と葬墓』1988年、391-409頁。

ヴェルブロウスキー、R・J・ツヴィ「水子供養——日本の最も重要な「新宗教」に関する覚書」『國學院大學日本文化研究所紀要』第72輯、1993年9月、241-302頁。

森栗茂一「水子供養の発生と現状」『国立歴史
　民俗博物館研究報告』第57集、1994年3月、
　95-127頁。

鳥井由紀子「「水子供養」研究の動向（1977-
　1994）と「水子供養」関連文献目録——第
　1群：研究論文・評論・ルポルタージュ
　等」『東京大学宗教学年報』第12号、1995
　年、127-141頁。

森栗茂一『不思議谷の子供たち』新人物往来社、
　1995年。

森栗茂一「水子供養はなぜ流行る」『現代の世
　相4　あの世とこの世』小学館、1996年。

沢山美果子『出産と身体の近世』勁草書房、
　1998年。

ルイス・フロイス『完訳フロイス日本史』全12
　巻、中公文庫、2000年。

松崎健三「堕胎（中絶）・間引きに見る生命観
　と倫理観——その民俗文化史的考察』『日
　本常民文化紀要』第21輯、2000年3月、
　119-175頁。

荻野美穂「堕胎・間引きから水子供養まで——
　日本の中絶文化をめぐって」『いくつもの
　日本6　女の領域／男の領域』岩波書店、
　2003年。

安藤泰至「「宗教と生命倫理」とはいかなる事
　柄か」『宗教哲学研究』第25号、2008年3
　月、37-53頁。

松浦由美子「「たたり」と宗教ブーム——変容
　する宗教の中の水子供養」『多元文化』第
　8号、2008年3月、65-78頁。

清水邦彦「水子供養から見る日本人の生命観」
　『倫理学』第27号、2011年3月、45-57頁。

金律里「水子供養絵馬からみる死者イメージ」
　『東京大学宗教学年報』第30号、2012年3
　月、85-102頁。

鈴木由利子「水子供養にみる胎児観の変遷」
　『国立歴史民俗博物館研究報告』205巻、
　2017年、157-209頁。

■第27章　クローン人間を作っていいのか

ナスバウム、マーサ・C／サンスタイン、キャ
　ス・R編『クローン、是か非か』産業図書、
　1999年。

ハンス・ヨナス『責任という原理——科学技術
　文明のための倫理学の試み』東信堂、2000
　年。

蔵田伸雄「生命倫理と宗教——「バイオエシッ
　クス」の限界」『佛教大学総合研究所紀要』
　別冊2号、2003年3月、47-59頁。

レオン・R・カス『治療を超えて——バイオテ
　クノロジーと幸福の追求』青木書店、2005
　年。

島薗進『いのちの始まりの生命倫理——受精
　卵・クローン胚の作成・利用は認められる
　か』春秋社、2006年。

浄土宗総合研究所「再生医療の進展とその倫理
　的問題』『教化研究』第21号、2010年、84-
　122頁。

国際宗教研究所『現代宗教2019　特集：科学
　技術と宗教』2019年。

日本ラエリアンムーブメントHP　https://
　www.raelianjapan.jp/（2019年8月1日
　閲覧）

カトリック中央協議会「クローン人間の研究に
　関する日本のカトリック教会の見解」
　（1997年5月）、カトリック中央協議会HP
　https://www.cbcj.catholic.jp/1997/05/
　03/5109/（2019年8月1日閲覧）

ローマ教皇庁「REFLECTIONS ON CLONI
　NG」（1997年）、ローマ教皇庁HP　http://
　www.vatican.va/roman_curia/pontific
　al_academies/acdlife/documents/rc_
　pa_acdlife_doc_30091997_clon_en.html
　（2019年8月1日閲覧）

立正佼成会「クローン人間誕生に対する声明」
　（2003年4月）、立正佼成会HP　http://
　www.kosei-kai.or.jp/030katsudo/0301/
　post_128.html（2019年8月1日閲覧）

大本「生命倫理活動」、大本 HP　http://oomo
　　to.or.jp/wp/seimeirinri/（2019年8月1
　　日閲覧）

■第28章　人は縄文時代の何に惹かれるのか
梅原猛『日本の深層』集英社文庫、1983年。
梅原猛『日本人の「あの世」観』中公文庫、
　　1989年。
島薗進「74　枢軸時代と歴史宗教」島薗進ほか
　　編著『宗教学キーワード』有斐閣、2006年、
　　174-175頁。
島薗進『精神世界のゆくえ』秋山書店、2007年。
島薗進『スピリチュアリティの興隆』岩波書店、
　　2007年。
島薗進「新霊性運動＝文化」島薗進ほか編著

『宗教学事典』丸善出版社、2010年、
　　598-599頁。
竹内洋『教養主義の没落』中公新書、2003年。
土谷耕作『縄文の世界はおもしろい』エコハ出
　　版、2018年。
堀江宗正編『いま宗教に向きあう1』岩波書店、
　　2018年。
R・N・ベラー『社会変革と宗教倫理』河合秀
　　和訳、未來社、1973年。
カール・ヤスパース『歴史の起源と目標』重田
　　英世訳、理想社、1964年。
Bellah, R.N., *Beyond Belief: essays on religion in a post-traditional world*, University of California Press, 1991.

索　引

執筆者紹介 (50音順)

赤江達也 (あかえ・たつや)

2005年筑波大学大学院博士課程社会科学研究科修了。博士（社会学）（筑波大学）。
台湾・国立高雄第一科技大学助理教授などを経て、現在、関西学院大学社会学部教授。
著書に『「紙上の教会」と日本近代』（岩波書店、2013年）、『矢内原忠雄』（岩波新書、2017年）、「無教会キリスト教とナショナリズム──南原繁から考える」『思想』1160号（2020年）、「キリスト教会の外へ」島薗進・大谷栄一・末木文美士・西村明編『近代日本宗教史第2巻　国家と信仰──明治後期』（春秋社、2021年）など。

＊岩田文昭 (いわた・ふみあき)

編著者紹介を参照。

大澤絢子 (おおさわ・あやこ)

2016年東京工業大学大学院社会理工学研究科価値システム専攻博士課程修了。博士（学術）（東京工業大学）。
龍谷大学世界仏教文化研究センター博士研究員を経て、現在、日本学術振興会特別研究員（PD）。
著書に、『親鸞「六つの顔」はなぜ生まれたのか』（筑摩選書、2019年）、「経済活動としての信仰告白──山中峯太郎『イエスか親鸞か』を中心に」『仏教文化学会紀要』28号（2019年）、「小泉八雲──怪談の近代」嵩満也・吉永進一・碧海寿広編『日本仏教と西洋世界』（法藏館、2020年）など。

大道晴香 (おおみち・はるか)

2016年國學院大學大学院　文学研究科博士課程後期修了。博士（宗教学）（國學院大學）。
日本学術振興会特別研究員（DC1）、非常勤講師などを経て、現在、國學院大學神道文化学部助教。
著書に、『「イタコ」の誕生』（弘文堂、2017年）、『怪異を歩く』（一柳廣孝監修、今井秀和・大道晴香編、青弓社、2016年）、「死者の「声」を「聞く」ということ──聴覚メディアとしての口寄せ巫女」山中由里子・山田仁史編『この世のキワ』（勉誠出版、2019年）など。

＊碧海寿広 (おおみ・としひろ)

編著者紹介を参照。

岡本亮輔（おかもと・りょうすけ）

2010年筑波大学大学院人文社会科学研究科一貫制博士課程修了。博士（文学）（筑波大学）。フランス国立社会科学研究院研究員、日本学術振興会特別研究員、成蹊大学非常勤講師などを経て、現在、北海道大学准教授。

著書に『聖地と祈りの宗教社会学』（春風社、2012年）、『聖地巡礼』（中公新書、2015年）、『江戸東京の聖地を歩く』（ちくま新書、2017年）、『Pilgrimages in the Secular Age』（出版文化産業振興財団、2019年）など。

葛西賢太（かさい・けんた）

1998年東京大学大学院人文社会系研究科基礎文化専攻博士課程修了。博士（文学）（東京大学）。日本学術振興会特別研究員、上越教育大学学校教育学部助手、宗教情報センター研究員を経て、現在、上智大学グリーフケア研究所特任准教授。

著書に『断酒が作り出す共同性』（世界思想社、2007年）、『仏教心理学キーワード事典』（共編著、春秋社、2015年）、訳書に、E・カーツ著『アルコホーリクス・アノニマスの歴史』（明石書店、近刊）など。

川瀬貴也（かわせ・たかや）

2002年東京大学大学院人文社会系研究科博士課程修了。博士（文学）（東京大学）。京都府立大学講師を経て、現在、京都府立大学教授。

著書に『植民地朝鮮の宗教と学知』（青弓社、2009年）、「「解放」後韓国の宗教とナショナリズム──キリスト教を中心として」池澤優編『政治化する宗教、宗教化する政治』（岩波書店、2018年）、「植民地朝鮮における宗教政策と日朝仏教──一九二〇年代から三〇年代を中心に」『宗教研究』383号（2015年）など。

菊地　暁（きくち・あきら）

1999年大阪大学大学院文学研究科博士課程（後期）修了。大阪大学博士（文学）。現在、京都大学人文科学研究所助教。

著書に『柳田国男と民俗学の近代』（吉川弘文館、2001年）、『身体論のすすめ』（編著、丸善、2005年）、『今和次郎「日本の民家」再訪』（共著、平凡社、2012年）、『日本宗教史のキーワード』（共編著、慶應義塾大学出版会、2018年）、『学校で地域を紡ぐ』（共編著、小さ子社、2020年）など。

末村正代（すえむら・まさよ）

2015年関西大学大学院文学研究科博士後期課程修了。博士（文学）（関西大学）。現在、関西大学非常勤講師。

著書に「鈴木大拙における妙好人研究の位置づけ」『宗教哲学研究』34号（2017年）、「鈴木大拙の名号観──一遍から妙好人へ」『西田哲学会年報』15号（2018年）など。

高尾賢一郎（たかお・けんいちろう）

2013年同志社大学大学院神学研究科博士後期課程単位取得満期退学。博士（神学）（同志社大学）。
日本学術振興会特別研究員（PD）などを経て、現在、中東調査会研究員。
著書に『イスラーム宗教警察』（亜紀書房、2018年）、『宗教と風紀——〈聖なる規範〉から読み解く現代』（共編著、岩波書店、2021年）など。

鶴　真一（つる・しんいち）

2002年京都大学大学院文学研究科博士後期課程修了。博士（文学）（京都大学）。
現在、大阪教育大学非常勤講師。
著書に「加害者意識としての責任概念——H・ヨナス『責任原理』における倫理と宗教」『宗教学研究室紀要』2号（2005年）、「道徳教育における『畏敬の念』」『公民論集』16号（2008年）、「レヴィナスにおける超越と倫理」『宗教哲学研究』26号（2009年）など。

問芝志保（といしば・しほ）

2019年筑波大学大学院人文社会科学研究科一貫制博士課程修了。博士（文学）（筑波大学）。
現在、日本学術振興会特別研究員（PD）。
著書に『先祖祭祀と墓制の近代——創られた国民的習俗』（春風社、2020年）、「寺院と墓地の現在——「墓じまい時代」の課題」相澤秀生・川又俊則編著『岐路に立つ仏教寺院』（法藏館、2019年）、「明治民法と祖先祭祀論」鈴木岩弓・森謙二編『現代日本の葬送と墓制』（吉川弘文館、2018年）など。

永岡　崇（ながおか・たかし）

2012年大阪大学大学院文学研究科博士後期課程修了。博士（文学）（大阪大学）。
日本学術振興会特別研究員などを経て、現在、駒澤大学講師。
著書に『宗教文化は誰のものか』（名古屋大学出版会、2020年）、『新宗教と総力戦』（名古屋大学出版会、2015年）、『日本宗教史のキーワード』（共編、慶應義塾大学出版会、2018年）、「近代竹内文献という出来事——"偽史"の生成と制度への問い」小澤実編『近代日本の偽史言説』（勉誠出版、2017年）など。

平藤喜久子（ひらふじ・きくこ）

2003年学習院大学大学院人文科学研究科博士後期課程修了。博士（日本語日本文学）（学習院大学）。
日本学術振興会特別研究員などを経て、現在、國學院大學教授。
著書に『世界の神様解剖図鑑』（エクスナレッジ、2020年）、『ファシズムと聖なるもの／古代的なるもの』（共編著、北海道大学出版会、2020年）、『よくわかる宗教学』（共編著、ミネルヴァ書房、2015年）など。

《編著者紹介》

岩田文昭（いわた・ふみあき）

1990年京都大学大学院文学研究科博士後期課程単位取得退学。京都大学博士（文学）。
日本学術振興会特別研究員などを経て、現在、大阪教育大学教授。
著書に『フランス・スピリチュアリスムの宗教哲学』（創文社、2001年）、『近代仏教と
青年』（岩波書店、2014年）、Religion and Psychotherapy in Modern Japan（共編著、
Routledge, 2014）、Re-Enchanting Education and Spiritual Wellbeing（共著、
Routledge, 2017）など。

碧海寿広（おおみ・としひろ）

2009年慶應義塾大学大学院社会学研究科博士課程単位取得退学。博士（社会学）（慶応
義塾大学）。
龍谷大学アジア仏教文化研究センター博士研究員などを経て、現在、武蔵野大学准教授。
著書に『科学化する仏教』（角川選書、2020年）、『仏像と日本人』（中公新書、2018年）、
『入門 近代仏教思想』（ちくま新書、2016年）、『近代仏教のなかの真宗』（法藏館、
2014年）など。

知っておきたい 日本の宗教

2020年10月20日　初版第1刷発行		〈検印省略〉
2021年4月10日　初版第2刷発行		

定価はカバーに
表示しています

編 著 者	岩　田　文　昭
	碧　海　寿　広
発 行 者	杉　田　啓　三
印 刷 者	坂　本　喜　杏

発行所　株式会社　ミネルヴァ書房
607-8494　京都市山科区日ノ岡堤谷町1
電話代表　（075）581-5191
振替口座　01020-0-8076

©岩田・碧海ほか，2020　　冨山房インターナショナル・新生製本

ISBN 978-4-623-09000-6
Printed in Japan

ミネルヴァ日本評伝選

━━━━ ミネルヴァ書房 ━━━━

http://www.minervashobo.co.jp/